廟墓ラントウと現世浄土の思想

―中近世移行期の墓制と先祖祭祀―

水谷　類

みずたに　たぐい

Tagui Mizutani

群馬県赤城村三間入薬師堂、天文 12 年銘石堂（ラントウ）

序にかえて

思えば、村里や街中を歩いていて路地や細道、間道を見つけると、ついつい迷い込んでしまう性癖がある。舗装道路は性に合わない。学問の道でも、他人の踏み入らない裏道を歩くのが、とうとう病み付きになってしまった。本書の主役、ラントウとの出会いも、まさしくそんな私の性癖の産物であった。良かったのか悪かったのか。しかし曲がりなりにもこうして一書、いや、二冊の書籍として日の目を見たのだから、幸せというべきだろう。それにしても、我ながら呆れるほどの気の散らかりようである。本来ひとつだった博士（史学）学位請求論文『廟墓ラントウと墓前祭祀の研究—中近世移行期の墓制と先祖祭祀—』が、二冊に分割刊行された。まずは少し言い訳をしておかなくてはならないだろう。

『廟墓ラントウと墓前祭祀の研究—中近世移行期の墓制と先祖祭祀—』の、「はじめに—廟墓研究の現状と課題」「第一章　廟墓の世紀」「第二章　四十九院の成立と展開」が本著『廟墓ラントウと現世浄土の思想』になった。同じく「第三章　モガリと霊屋」「第四章　墓前祭祀と聖所のトポロジー」「終章　まとめと残された課題」が後著『墓前祭祀と聖所のトポロジー—モガリから祀り墓へ』となった。二冊に分割するために必要最小限の手を入れ、論文提出後得た新資料に基づく若干の加筆、修正した以外は、ほぼ提出した学位請求論文そのままである。当初、出版の事情から二冊に分割することを検討しはじめ、結果として案外、分離しても違和感がないこと、読者が求め易くなるかも知れないと考えたことから、このような仕儀にいたった。ご批判もあろうと思うが、お赦しいただきたい。

こうしてひとつの論文から二冊の書が刊行されることになったが、論文の前半に相当する本著は、廟墓ラントウを中心として、中近世移行期に存在したラントウという特殊な墓制を扱い、その起源と歴史的な意味を求めることに専心した。勢い、ラントウと深く繋がっている四十九院の考察に、多くの紙幅を割いている。全体としては葬と墓の施設が対象である。

一方、論文の後半に当たる『墓前祭祀と聖所のトポロジー』は、廟墓ラントウの存在を前提として説き起こしている。墓前で死霊を対象にして行われていた「祀り、祭る」行為を採り上げた。鳥居やモガリ、霊屋などを、施設としてではなく、人間と霊の活動するトポスととらえ直した。その延長として儀礼や芸能、中世説話にも言及することになった。詳しくは後著をご覧いただきたい。

結局のところ両書は、切っても切れない関係にあることは間違いない。いうなれば前著（本書）は「静」または「陰」であり、後著は「動」「陽」である。角度を変えつつも、同じように日本の葬制・墓制の下層の水脈まで、なんとか掘り進めようと試みた作業である。

両書とも、日本人の「死生観」、「葬送と祭り」、それらを変容させ、展開させてきた日本社会を、歴史民俗学的に解き明かすことを目指している。結果としてこの作業は、私自身に多くの課題を突き付けることになってしまったのだが、それはそれとして意義深いことであった。何といっても、葬送と祭り、聖と穢れ、神社と廟墓が、観念的・現象的には分離しながらも、根っこでは親密に結びついていたことに気が付いたことこそ、筆者の一番の成果であった。

改めて思えば、相対するそれらは、まるで仲の悪い兄弟に似ている。同じ胎から産まれ出たにもかかわらず、互いに激しく反発しあっている。絶縁すればするほど惹かれ合い、融合してはまた反目する。そうした日本人の精神史の一面を、紆余曲折する闇路の末に僅かながらも垣間見ることができた。裏道を歩いてきた甲斐があったというものだ。

とはいえ、あまりにも多くの宿題を抱えてしまった。両書は旅の第一夜、まだまだほんの入り口に過ぎない。今後は、課題や空白を、ひとつひとつ埋めていく作業に取り掛からねばならないと、覚悟を新たにしている。

二〇〇九年三月吉日

筆者記

廟墓ラントウと現世浄土の思想
―中近世移行期の墓制と先祖祭祀―

《目次》

序章―廟墓研究の現状と課題

1　人神祭祀―もうひとつの『先祖の話』

柳田国男は大正一五年、人を神に祀るということが「近い頃までの日本民族の常の習はしであった」と書き、彼が興味を示す人を神として祀った事例を全国に博捜してみせた①。人を神として祀る信仰習俗に対する柳田の関心は継続し、彼自らが「人神考」と名付けたそのテーマを発展させて、約二〇年後『先祖の話』へと結実させる。戦後すぐに公刊されたこの書は、昭和二〇年四月から筆を起こし五月には脱稿したと序文にあるとおり猛烈なスピードでの執筆であったが、そのテーマに対する構想はもちろん人神考以来のものだったのである。

『先祖の話』が、戦後日本の民俗学における祖霊信仰研究におよぼした影響ははかり知れない。彼はこのなかで「人神」という言葉は用いず、あくまでも「先祖」を神に祀ることに終始している。しかしその姿勢は、先の「人を神に祀る風習」ですでに現れていた。ただ大きくちがう点は、大正一五年の著作は英雄神や御霊神、またその延長にあった八幡社と霊神に焦点を当てていたのに対し、昭和二〇年のそれは日本の家やマキ（地域共同体的集落）が祀る氏神や産土神に焦点を絞ったところであろう。人神でなく、より広大な裾野を広げている日本の神祇信仰全体の解明に考察の重心を移したのであった。

柳田自身も書いているように、彼が『先祖の話』で力を入れて説きたかったのは「日本人の死後の観念、すなわち霊は永久にこの国土のうちに留まって、そう遠方へは行ってしまわないという信仰」が日本人にはあって、その観念が先祖祭祀、祖霊祭祀の根底にある、ということであった。この言説によれば、この著作が人神考の延長線上にあることは明らかであろう。しかし好奇心旺盛な柳田の眼はセンゾの霊を祀る家の話から突然、正月と盆の先祖祭祀の類似点、さらにはミタマをめぐる習俗、伝承へと読者の視点を次々に移動させる。いうまでもなく田の神と祖霊を同体とする彼一流の展開へと、それは方向転換していく。盆と正月、田の神と山の神などの信仰分野にまで版図を広げることで、はじめ彼の視野にあった人神考は、最終的には先祖祭祀論の周縁部に置き去りにされてしまったのである（以下、本文中では、他者の論文の引用やその論点の要約の場合を除き、原則として「先祖」をセンゾと表記する）。

彼は『先祖の話』のなかで、「墓所は祭場」という一節を立て、取巻きたちと論を戦わせてきた両墓制についての考えをごく簡易にまとめている。彼の考える両墓制の発生要因は「墓所がまた一つの屋外の祭場であって、これと氏神の社とは神仏の差ではけっしてなく、もとは荒忌のみたまを別に祭ろうとする、先祖の神に対する心づかいから、考え出された隔離ではなかったか」としている。このことは神社での氏神祭祀と、仏教色を多分に帯びた家々でのセンゾ祭祀とが、本来同一の基盤の上に乗っていると柳田が考えていたことを示している。氏神と家のセンゾとの違いについて説くのではなく、両者が同じ水脈から出ていること、ひいては見掛け上の仏教的なセンゾ供養の背景には民俗的な霊魂信仰が強く息づいていることを、彼自身は感じ取っていたのである。

さて戦前までに柳田が考えていた日本人の神観念・他界観念を、非常事態のなかで綴ったのが『先祖の話』であり、『日本の祭』『神道と民俗学』『祭日考』『山宮考』など、後に彼のセンゾ信仰論の主要著作とされる仕事のほとんどはこの時期になったものであった。いずれも戦中から敗戦直後に執筆され、まもなく公刊されている。彼なりの民俗神道論ともいうべきこれら一連の学説は、大正七年の「神道私見」以来のものといってよいが、柳田が、人が死後神に祀（祭）られることを、神道や仏教などの既成宗教とは別の、日本の民俗信仰の基底に据えていたことをまずは確認しておきたい。

一言でいえば、カミもホトケも、ミタマもモノノケも、基本的には同じ世界の住人、と彼は考えていた。異界と現世とを自由に往き来する異能の神霊たち、山の神、田の神と山に隠る死霊との交流と混淆、氏神と霊神とセンゾの霊たちが跋扈する百鬼夜行の霊魂世界、そうした日本の民俗世界を見渡すための視座を柳田は獲得していた。

しかし一方で、『先祖の話』ではたびたび、「仏教以前」を前面に押し出した論点が目に付くのも確かである。宮田登は、この書で柳田は他の著作にまさって「固有という視点を展開させている」とする。「柳田は祖霊信仰を日本人の固有信仰と位置づけ、家の神祭りの基本的な性格を明らかにした」ともいう②。宮田の言説にしたがえば、日本の祭りは日本人独自（固有）の霊魂観にもとづいて行われているのだが、日本の「固有」を見いだすのに障害になっているとして柳田がまず矛先を向けたのが仏教であった、ということになる。いわば仏教は、「固有の日本文化」が纏った上着、と柳田は考えた。ここに彼の「新国学」的思考が姿を現している。仏教が伝来以来今日にいたるまで、日本人の文化形成に果たした役割は大きい。本稿のテーマに限定しても、葬制・墓制のあらゆる場面に仏教が発信する思想、儀礼は、他の信仰的要素に分かちがたく染み込んでいる。にもかかわらず、今日までの民俗学の葬制・墓制研究が、仏教の関与している側面に対して必要以上に冷淡であるような印象を受けるのは、実は『先祖の話』で柳田が発するオーラにも近い「固有」「脱仏教」「新国学」の呪縛にあっているため、といえなくもないほどである。

『先祖の話』は、それが負うその後の民俗学研究に対する責任は別に問うとして、戦後日本民俗学で中心的なテーマのひとつとなった祖霊論、両墓制論に大きな影響力を持つ著作となった。しかしながら、それにおよそ二〇年ほど先行し、扱う素材が隣接しながらも、ほとんど置き去りにされてしまった著作、テーマが「人を神に祀る風習」の人神考だった。

確かにこの小さな論考は、時代に斬り込む鋭いメッセージ性もなく、内容的には全国各地の新田八幡社、八幡今宮に武将の霊が祀られている例が多いことなどから、御霊信仰の諸相と巫覡習俗に関心が移ってしまい、人神を祀る日本人の習慣についての根源的な追及には発展しないまま散漫、かつ尻切れトンボの論考に終っている。表現は適切でないかも知れないが、柳田は結局このテーマを放棄してしまったのである。その代り、日本人の多くが関心を持つことになった「固有」の神観念としての祖霊信仰論に目を移し『先祖の話』が結実したといえるだろう。

私はいまさら、柳田の方向修正に異議を唱えるつもりはない。ただひとつ指摘しておきたいのは、もしも『先祖の話』以降の民俗学の祖霊信仰研究に不備があるとするならばそれは、柳田が当初抱いていた「人を神に祀る風習」に対する関心を、センゾ信仰論の周縁に追いやってしまったことに原因があったのではないか、さらにいえば彼を継ぐ民俗研究者が柳田にやり残したテーマのあることに気付かなかったからということである。なぜならば、人を神に祀る信仰というテーマは、現象としては八幡信仰のみならず、御霊信仰・天神信仰、氏神信仰・荒神信仰・屋敷神信仰など、日本の諸々の神祇信仰とその祭祀に深く関連し、またミコや遊行の宗教者、芸能者、唱導文芸の担い手たちの中世・近世社会において果たした役割、ひいては本地垂迹論と神仏習合論、神仏分離を繰り返す古代・中世・近世・近代の宗教史の、まさに主戦場であるとさえ思われるからである。

柳田が人神をあえて関心の外に置き、かつ民俗学研究の方法論として仏教の関与を篩いに掛ける方向性を示しながら、祖霊・センゾ信仰を山の神・田の神信仰と通底させ、そこから日本「固有」信仰を抽出しようとしたために、日本民俗学はその後、仏教史をはじめとする宗教史や歴史学、考古学とその働き場所、草刈り場を棲み分けるという結果を招いてしまったことは残念であった。

2　「廟墓」という視点

本稿で採り上げる「廟墓」は、一言でいえば、死霊（人神）を祭祀する機能を備えた墓制の施設であり、日本風にいえばミタマヤである。供養という概念も「仏教的な祭祀」のひとつと私は考えているので、盆や春秋の彼岸にお詣りする現代の石塔墓も「廟墓」の側面を持っている。ただし「廟」には本来建物としての意味内容が含まれているので、センゾの霊を祀る施設としての「廟」と、死者を葬する「墓」との両方の役割を兼ね備えた葬送墓制のための建物・施設を、ここではひとまず「廟墓」と規定しておきたい。

「廟墓」という場合中国では、霊廟と墓（埋葬施設）の両方を差す言葉（「廟と墓」の意）であるが、日本の場合その両方がひとつの施設として営まれる場合と二つ以上の施設として営まれる場合とがある。前者がすなわち単墓制の墓で、後者は両墓制の場合の埋め墓と詣り墓であるが、そのうち詣り墓の施設として家型、堂型、祠型をした一群があり、これらをまとめてわたしは廟墓と呼ぶことにしたい。

日本で長い間ハカと呼んできた施設と概念には、葬送と祭祀の役割と機能があいまいであったためそこに混乱が生じてしまった。実際にはセンゾ祭祀のための施設であったとしても、土葬の埋葬遺体や火葬骨をそこに収めた場合、単墓制であるという理由で、それを「詣り墓」とは呼ばない。現実にはその単墓の施設をセンゾ祭祀の施設に使用しているにもかかわらず、それを詣り墓と呼ばないことになってしまうという不都合さがそこにはある。センゾを祀る（祭る）のが詣り墓であるはずだが、それは両墓制の場合にしか使えないのである。

そこで当該の墓制が単墓制、両墓制のいずれであるかを問わず、センゾ祭祀の役割と機能を有する施設で建物の形態を持っているものを「廟墓」と名付けたいのである。単に「廟」とするだけでは、『大漢和辞典』の「廟」の説明にあるように「たまや。みたまや」を意味する建物のことと誤解される怖れがあるため、あえて「廟墓」とすることで、センゾ祭祀の施設として造立される建物、墓塔、墓石などを含む複合的な施設を「廟墓」と呼ぶことにした。

ただし同じセンゾ祭祀のための施設であっても、位牌を祭祀の対象とする仏壇は、原則的には「廟墓」としない。それをハカと観念する習慣は日本人にはないのがその第一の理由である。位牌などセンゾの霊を宿すと信じられている依代を収めた独立した施設としての位牌堂は「廟」そのものであり、当面は「廟墓」の範疇から外しておく必要があろう。「廟墓」の「墓」の側面が徐々に排除され、死霊祭祀の場が埋め墓＝葬所から離れていく中世後半以降に大陸や半島から導入されたのが位牌祭祀であり、また、独立した位牌堂という施設であった。そして仏壇は、屋内に設けたセンゾ祭祀専用の施設であり、廟墓とは一線を画している、と私は考えている。

これまでの葬制・墓制研究者のなかには、「廟墓」はすでに両墓制論の概念に含まれている、と反論する向きがあるかも知れない。しかし、たとえば藤原鎌足の遺骨を収め、かつ御影像を安置したという多武峯（後の談山神社）の塔廟や、豊臣秀吉の霊を祭神とする豊国廟（豊国社）と阿弥陀峯の墓所など、葬所とともに仏堂あるいは霊廟の両様相を備えている複合施設を、これまで民俗学は両墓制の事例として扱ってきただろうか、と問いたい。全国各地にある諸大名の霊廟には、施設として神社の形式を採用しているものがいくつもあり（たとえば高野山奥の院の佐竹氏霊廟）、また仏堂形式のものも多くあるが、それらを民俗学は両墓制論のなかでどう評価してきたのだろう。私の管見に入る限り、「廟」（私のいう廟墓）と名の付く事例を墓制研究の対象としたものは皆無であった。

中国で廟といえば英雄や知恵者など、社会に大きく貢献した個人の霊を祀る宗教的建物であり、孔子廟、天后廟などがその代表である。廟は、中国においては墓と別の施設で、神格化された死者の霊を祀り、祭る建物である。『大漢和辞典』でも廟は、埋葬施設ではなく祭祀施設としている。そこに祀られる神霊が家族・同族・一族を越えてよりひろい人びとの信仰の対象になると、廟は墓制の施設から、単独で神霊を祀る施設となる。日本においてもたとえば菅原道真霊を祀る太宰府安楽寺が菅神廟と呼ばれ、やがて太宰府天満宮となるように、墓堂から廟へ、廟から神社へ、という流れがそこにはあったように思われる。この段階に入ると廟は墓と袂を分かって、祭祀専用の施設になるのである。しかしそれでも、廟は死者の墓の一施設であったことが人びとには深く記憶されていて、機能としての墓の要素が取り去られた後でも、そこに祀られる神霊が人間の死霊に起源する、つまりは人神であるという観念まで完全に失われることはなかった。つまり廟は、それがカミ信仰崇拝の対象になってしまうと墓であったことは忘れられてしまうこともあるけれども、本来的には詣り墓としての側面を保っているという、まさに中間的な宗教施設なのである。

話をふたたび柳田に戻そう。彼が設定した人神という概念はあまりにその外延が不鮮明であったため、古代においては氏族の祖神、古代末から中世にかけては祇園牛頭天王信仰、御霊信仰、八幡信仰、天神信仰、近世以降は行人塚や佐倉宗吾信仰など、宗教史学、歴史学ではそれぞれ個別のテーマへと細分化されてしまった。人神を祀る根底にあったはずの「死後、人を神に祀る」という信仰習俗自体が、現代の学問的都合によって分裂させられてしまったともいえる。その結果、廟墓および霊廟は、それぞれの地方史、郷土史が地元の諸大名、武家など英雄の記念碑的遺物として、または文化財建造物としての霊廟の存在を書き留める程度の存在になって今日にいたっている。しかし個人的な存在であっても社会的存在であっても、廟墓はあくまで祭祀施設であり、ひろい意味では神社や寺院と同列に置かれるべき宗教的施設であったと私は考える。

あえて本稿の表題に「廟墓」という用語を用いた理由は、以上述べてきたとおり、この言葉がいまはほとんど学問的な地位を持っていないことを逆に利用して、民俗学的には「詣り墓」とするところをあえて「廟墓」とすることで、もう一度日本の祖霊信仰、センゾ祭祀、葬制・墓制、それぞれの社会史的意義を見直すきっかけにしたいと目論んでいるからである。かつて柳田が一時的にせよ持っていた「人を神に祀る」信仰への視点を掘り起こし、見捨てられてしまった「廟墓」にもう一度目を向けることで、改めて日本の葬制・墓制史を組み立てなおすための踏み台にしてみたいと考えてもいる。

3　豊国社と霊廟

「廟墓ラントウ」の説明に入る前に、まず豊国廟が造られる経緯についてそのあらましを辿ってみたい。

豊臣秀吉は慶長三（一五九八）年八月一八日、伏見城内で没した。朝鮮出兵の最中であったためその死は秘匿され、翌年四月一三日、遺言によって京都の東南、秀吉自身が建立した方広寺大仏のある阿弥陀峯に葬られた。その葬儀一切は秀吉の信任厚かった木食上人応其が取り仕切ったようである[3]。応其は墓を峯上に築き、麓に祠を構えて「廟社」としたという[4]。翌慶長四年四月に遷宮が行われ、神祇管領吉田家によって秀吉「霊神」に対する宗源行事、遷宮式が執行[5]、四月一八日には豊国大明神の神号が勅許された。同月一九日には徳川家康以下諸大名等が列参したという[6]。

噂によれば秀吉は、自ら「新八幡と祝い申すべきよし、遺言があったが、勅許がなかったために豊国の明神と称することになった」[7]（なお読下しは筆者。以下同じ）、「秀吉は、阿弥陀岳に大社として祝い祀るよう遺言していたが、天皇は吉田と相談してそれを許さなかった」[8]ともあり、秀吉は新八幡の神号で大社に祭られることを希望していたけれども、吉田家の進言によって豊国大明神の神号に落ち着いたというのである。

その後、徳川家康が豊国社に寄進した社領は一万石で、社殿、神職は吉田家が取り仕切って京都の大社として定着し、町衆等にも受け入れられる。とくに慶長九（一六〇四）年八月一四日から同一八日、秀吉七回忌として挙行された臨時祭礼は盛大で、新作能を加えた四座の猿楽興行や町衆による五百人踊り、国持・郡持大名衆が指し出した二百疋の騎馬行列などが京都の大路を埋め尽くした。その狂乱のさまは狩野内膳筆「豊国祭礼図屏風」（豊国神社蔵）、「豊国祭礼図屏風」（徳川美術館蔵）などに活写されている。田楽衆を中心に艶かな揃いの衣裳で輪踊りを繰り広げる女性たちの風流踊り、南蛮人や竹の子姿等の仮装行列、華麗な刺繍や錦を吊り下げた傘鉾、かぶき者姿のストリートパフォーマンスなど、安土桃山の時代の気分が画面いっぱいに横溢している。下京上京の町衆等による乱舞は御所紫宸殿の庭にも呼び込まれ、後陽成天皇にも供覧している[9]。まさに京都中を挙げての祝祭となったのである。

狩野内膳筆「豊国祭礼図屏風」（江戸初期。豊国神社蔵）

しかし立ち止まって考えてみると、豊国社のこの祭礼は、豊臣秀吉七回忌の臨時祭礼であり、祭礼とはいいながら秀吉の供養のために行われたことを忘れてはならない。祭りの対象となった神はこの場合、秀吉という、貧しい足軽から身を起こして天下を取った稀代の英雄の霊魂であり、その墓前で行われた祭りだったのである。

一方、いかにも天下統一を果たした秀吉に対して丁重な態度を示したかに見える家康ではあったが、その内心は当時日本に滞在していたキリスト教宣教師にも見抜かれていて、家康が秀吉の年忌の祭事を「恰も日本において最も有名なる神の一とせらるゝ祇園社の祭事の如く荘厳」したのは、「其先代（秀吉）よりも己（家康）の幸福なることを誇り、人心を収攬せんがため」（カッコ内は引用者）であった、と厳しく揶揄されている[10]。

この年は慶長五（一六〇〇）年の関ヶ原合戦から四年後にあたり、天下の覇権はほぼ江戸幕府、徳川家康の手中に帰していた。そして一〇年後の慶長一九（一六一四）年と翌年の大坂の陣を経て、家康は突然豊国社を破却した。噂によると大坂の陣で秀頼が自殺した日、豊国社に何者かが香奠の包み銀を持ってきたとの風聞が家康のもとに伝えられたという。その時家康は、在世の時に智仁勇の三徳を兼備した人でなければ死後に神として祝うべきでない、と側近に語り、すぐさま豊国社にあった秀吉影像の束帯を取り、坊主にして、社殿を破却したのだという[11]。その後たびたび秀吉の祟りが京中を騒がすこともあったが、幕府はそれを黙止し続けることで御霊神化させないことに辛うじて成功したらしい[12]。

秀吉が生前、自らを新八幡として神社に祀ってもらいたいという希望をもらしていたのはどうも真実らしい。また家康が秀吉を嫌って豊国社を破却し、人が神に祀られるためにはそれなりの資格が必要である、と本音をもらしていたことが本当であるとすれば、家康自身すでに自分も死後、神として祀られることを望んでいたにちがいない。『本光国師日記』元和二（一六一六）年四月二日条に、生前家康は金地院崇伝等を召して「御体をは久能へ納、御葬礼を八増上寺にて申付、御位牌を八三州之大樹寺ニ立、一周忌も過候て以後日光山に小き堂をたて、勧請し候へ、八州之鎮守ニ可被為成との御意候」と語った。崇伝のこの証言によれば家康も、死後、自らが関東の鎮守神となることを希望していたことになる。家康自身は小さな祠に祀ってもらいたいという希望をもらしていた（この言説も崇伝による家康を憚っての脚色が含まれているかも知れない）が、徳川家、ひいては江戸幕府の威信を内外に示すため、それは禍々しいまでの黄金色に彩られた華麗な東照宮、東照権現御霊廟となって今日にいたるのである。

しかし生身の人間が、どうして神に祀られるなどということを期待するのであろうか。振り返ってみれば日本の歴史上の人物で死後、神社（廟）に神として祀られたのは限られた人びとであった。菅原道真は延喜三（九〇三）年の死去後太宰府近くに葬られ、廟所（安楽寺。後の太宰府天満宮）が設けられた。天慶五（九四二）年に多治比文子の託宣によって京都の北の外れ、北野の地に道真霊を祀る神社が設けられたが、勅祭が実施されたのは永延元（九八七）年で、その時、北野天満宮天神の号が一条天皇より贈られた。北野も太宰府も道真の廟とされるが、太宰府天満宮は廟墓であり、北野天満宮は廟社ということになる。菅原道真が神に祀られたのは死後半世紀以上を経てからであり、またその神格は当初祟り神、御霊神としてであった。

隠岐で失意のうちに死んだ後鳥羽院が八年後に鎌倉鶴ケ岡に祀られるなど、死後神に祀られる人物はいなかったわけではないが、彼等は御霊神、崇り神として怖れられ、祀られるばかりであり、中国の孔子廟のごとく、完全無欠な人物の神霊として尊敬され、神に祀られることは中世以前の日本においては稀なことだったと考えられる。このような風土のなかでなぜ秀吉、家康等が自ら神に祀られたいと考えたのであろう。この問題は、柳田国男に「それが如何様の信仰変化に因って、豊太閤の如き幸福なる武将をして、死して新八幡にならうといふ希望などを抱かしむるに至ったか。甚だ解し難い問題である」と言わしめている（前掲注①）。

死んで後、神として祀られる例は、秀吉、家康以後、国内の大名等の間で急速に広まったと思われる。

高野山金剛峰寺には徳川家康と同秀忠の霊屋があるが、その他山内には、福井藩祖松平秀康とその母の霊屋（前者は慶長一二年、後者は慶長九年建立）、上杉謙信（江戸前期建立）、佐竹義重（慶長四年建立）、井伊掃部頭などの霊廟がある。このうち松平（結城）秀康とその母の霊屋は石造で、越前国福井城にほど近い足羽山で産出する笏谷石製、内部は三和土になっており宝篋印塔を納めている。また佐竹義重と井伊掃部頭の木造霊屋は、側壁に四十九院を墨書した板率塔婆を立て並べ、内部の三和土にやはり宝篋印塔、五輪塔を立てている。佐竹と井伊の霊屋は一見して神社建築であり、神社と仏教的要素とが混在するものとなっている。

松平秀康とその母の霊屋（高野山奥の院。村上訊一氏『霊廟建築』）

上杉謙信（高野山奥の院。村上訊一氏『霊廟建築』）

建物の様式はさまざまであるが、村上訊一氏『霊廟建築』に拠りつつ全国にある主な大名の霊廟をざっと見渡してみると、[13]東北地方では、弘前藩主初代津軽為信の御影堂（寛永六年、曹洞宗長勝寺）をはじめとする藩主および妻の霊屋、盛岡藩主初代南部利直とその四男利康の霊屋（いずれも臨済宗三光寺。前者が寛永九年、後者が寛永八年）、仙台藩主伊達政宗霊屋（瑞鳳殿、寛永一四年建立、戦災で焼失）、同二代忠宗霊屋（感仙殿、寛文四年建立、同上）、忠宗二男光宗霊屋（圓通院、正保四年建立、臨済宗瑞巌寺塔頭、現存）などがある。なお伊達政宗霊屋（宗廟）は仙台市西部経ケ峯にある政宗埋葬墓所の上に建立され、内部には影像が安置されていた。秋田藩主佐竹氏の菩提寺である天徳寺（曹洞宗）には藩主位牌堂があり、その周囲に歴代藩主の石塔が立てられている。石塔には簡単な覆い屋が設けられている。その他、秋田県の亀田藩岩城家、新庄藩戸沢家、岩手県米沢藩上杉家のものがある。このうち米沢藩主上杉家の廟所には、元和九年の上杉景勝霊屋以下一一棟が整然と建て並べられている。これらのうち、津軽藩主諸代霊屋、盛岡藩主利直霊屋、上杉家霊屋はみな、周囲の壁面に四十九院率塔婆を立て並べ、内部に石造無縫塔を置く形式で、高野山にある佐竹義重・井伊掃部頭とほぼ同じ形式である。

仙台藩には藩主以外の上級家臣の霊屋も多く現存していることは興味深い。政宗霊屋同様、墓所の上に設けられ、内部には影像が安置されているという。明らかに政宗の霊屋の形式を踏襲しているのであり、廟墓を設置することは、将軍や藩主だけに限られた特殊な墓制ではなかったということがわかるのである。

関東地方では日光東照宮を除くとさほど大規模な霊屋はみられない。茨城県真壁市正伝寺（曹洞宗）に浅野氏霊屋（浅野長政霊屋、慶長一六年建立。同妻霊屋、元和二年建立）があり、方一間余りと小規模であるが、やはり三和土に石造五輪塔を安置し、周囲側壁には四十九院率塔婆、外部の壁面には浄土を表現した蓮の絵や彫刻が配されている。

長野県松代藩真田家霊屋は菩提寺長国寺（臨済宗。長野県長野市松代町）にある。初代信之霊屋は万治三（一六六〇）年建立で、背後の別区域内にある墓所入り口には鳥居が建てられている。尾張徳川家初代義直（家康九男）の霊廟は、愛知県瀬戸市の定光寺にある。遺命により儒式の霊廟で、葬送も儒葬で行われた。二代光友以降四代藩主までの霊廟は浄土宗建中寺（名古屋市東区）に建てられた。

金沢藩前田氏の藩祖利家は慶長四（一五九九）年に大坂で死去するが、墳墓は金沢野田山に造られた。二代利長の霊廟は瑞龍寺（曹洞宗。富山県高岡市）の境内に造られた（正保三・一六四六年ごろ建立）。高野山奥の院の結城秀康霊屋と同じ笏谷石製で、規模は小さいが造り方や造形に似たところが多い。内部には同石製の宝篋印塔が安置されている。同寺には織田信長の分骨を納めるという宝篋印塔を安置した、同型の石製霊廟もある。

滋賀県米原市清滝の徳源院（清滝寺、天台宗）には京極氏代々の墓石がある。同氏の一八代までは石造宝篋印塔が造立されているが、一九代孝次（慶長一四・一六〇九年五月三日没）以降数代は、宝篋印塔が石造の廟墓に収められている。この石材もやはり高野山奥の院にある松平秀康とその母の霊屋と同じ笏谷石製で、慶長年間の造立である。孝次以降霊廟になったのか、それ以前はどうだったのかについては不明だが、廟墓を設けるようになった時期について考察する際の大切な基準となるであろう。

近畿地方では姫路藩主本田家・松平家・榊原家歴代藩主霊廟が、書写山円教寺（天台宗。兵庫県姫路市）にある。そのうち最古のものは寛永三（一六二六）年建立の本田忠勝霊屋で、内部に五輪塔を安置する。和歌山藩徳川家霊屋は和歌山東照宮別当寺の天耀寺にあり、初代頼宣以降六代までの霊屋があった。九州地方は一七世紀後半以降に建立された佐賀藩鍋島家の霊屋が各地に散在、熊本藩細川家の初代忠利の霊屋は妙解寺（臨済宗、廃寺）に建てられた（江戸前期）。細川幽斎藤孝、同室、同二代目忠興、同室ガラシャの霊屋は泰勝寺（臨済宗妙心寺派。廃寺）にある。木造で方二間と決して大きくはないが、内部には大型の石造五輪塔が安置されている。

写真右上・津軽家霊屋（青森県弘前市。村上訊一『霊廟建築』）、同下・浅野氏霊屋（浅野長政霊屋、慶長16年建立。同妻霊屋、元和二年建立）、左・徳源院佐々木氏墓地孝次廟墓

このように、戦国時代末期の有力武将、江戸時代初期の大名・大名家臣等の霊廟は今も数多く残っているが、大半は初代から三、四代目まで、なかには夫婦並べて建てられているものも多い。建立された時代は慶長年間を頭に一七世紀後半あたりまでがピークで、それ以降は急速に造立例が減少している。

形式は仏堂形式、神社形式など区々だが、禅宗様式の建物や飾り物が主流を占めている。内部の三和土土間に石塔を安置し、豪勢なものでは屋内に浄土を表す極彩色の模様が描かれることが多く、また先にも述べたように、側壁に四十九院率塔婆を廻らしたものがとくに東北地方、関東地方の霊屋に多い傾向がある。

江戸時代に特徴的な霊廟、霊屋は、それ以前の時代にはあまりみられなかった墓制様式であり、これまでの事例から知られるとおり、仏式・神式・儒式が混合している。豪華華麗なものもあれば、質素で小規模なものもあり一定しないが、それだけに決まった形式はなかったと推定され、藩主等の思想や信仰のあり方に左右されていたのであろう。大名や上層の武家ばかりでなく、下級の武士などの霊屋、霊廟は挙げればキリがないほどであり、なかには明治期になって破却されたもの、家が断絶

して木造建物の維持ができなくなり倒壊してしまったものもかなりあったにちがいない。こうしてみると、江戸時代の大名家や武家は、家の祖を先駆けとして近世初期の約一世紀にわたって霊屋を造るのを常習としていた、といっても差し支えがないほどである。

これらの廟墓が人を神として祀った施設といえるかどうかに関しては異論もあると思う。しかし、故人がホトケと観念され供養の対象であったとして、これらの霊廟が法要の場であったとしても、そうした霊観念、仏教的行為が、神祭りでないとはいえまい。そもそも成仏した故人が祭りの対象となること自体、本来の仏教思想とは相容れなかったはずである。つまり廟墓は「神格化された死霊の祭祀施設」として機能していた、と考えるのが妥当ではなかろうか。

廟墓と私が呼んでいる施設は、「詣り墓」という側面からすれば墓石だけの場合も含まれる。そうとすれば霊屋を持たない墓石だけの廟墓は当然、武士に限らず一般の庶民も設けているのだが、廟という名前にこだわって、ここでは霊屋に限っておくとすると、特別な例外を除くと一般庶民がそれを造っていたとは考えられてこなかった。しかし、ごく普通の庶民も、時には武家のそれにも匹敵するような霊屋を作っていたことがわかってきたのである。それこそ本論が考察の対象としているラントウである。

栃木県宇都宮市新里の高橋家墓地。正面中央が明暦２年銘で、年号のみえるもののうち最古。ただしそれ以前と思われるものも一基ある

廟墓ラントウとは私の付けた名称であり、その根拠に関しては縷々後述するが、各地でラントウ、ミヤボトケ、マンネンドウ、ゴリンサマ、イシホウデンなどと呼ばれる施設は、これまでの調査によってほぼ全国に散在、分布している。しかし今日までこのような廟墓が学界内で注目されることはほとんどなかった。その理由については定かでないが、少なくとも東京、名古屋、京都、大阪など、大都市部の寺院や墓地にこの形式の庶民の廟墓がほとんどなかったため、都市に集中している研究者の目に留まらなかったのがひとつの理由であろう。

本稿の第一章で詳述するとおり、関東では東京都を除く全ての県、すなわち北から栃木・群馬・茨城・千葉・埼玉・神奈川の各県にこの形式の廟墓施設がある。ただし平均的にどの地域にもあるのではなく、分布地域にかなりの偏りがあるのも確かで、

そのことが逆に、廟墓の性格を考察するのに役立っているといえよう。また、家型、堂型、祠型のため、神祠と間違えられてきたのもこの種の施設の存在が見過ごされてきた要因のひとつであった。後述するとおり、千葉県東部地域のミヤボトケや兵庫県南部のイシホウデンでは、正面に鳥居が彫刻されているものさえあるからである。

栃木県宇都宮市新里高橋家墓地には一〇基余りの石堂型廟墓がある。伝承によれば高橋家は三河の出身で、戦国期に下野国にきて宇都宮氏の家臣となった。江戸開幕後は帰農して新里の土豪百姓となった。屋敷地の近くにある墓地は縦、奥行ともに一〇m以上と広く、内側と外側に代々の墓石塔があるが、そのうちの一〇基余りが当主のもの。五〇歳になると逆修としてこの石堂型の墓石塔を建てた、と銘文にみえる。年号のわかる最古のものは明暦二（一六五六）年、もっとも新しい堂型墓石塔は大正年間のものである。石材はこの村内で産出する大谷石で、高橋家自身もかつては大谷石の採掘権を持っていたという。

宇都宮高橋家は村落内では上層の百姓だが、廟墓を持つ家は村落内で格別の家柄だけであったかというと必ずしもそうではない。中世末、江戸時代初期の造立物は別として、寛文延宝期あたりから元禄期ごろになると、それが分布する地域では、一軒前の家が廟墓を造立するのは当たり前というまでになっている。さらに興味深いのは、この種の施設が造られたのは一七世紀から一八世紀までの時期で、ピーク時はほぼ百年くらいしかなかった。江戸時代後半にほぼ一般的になる角柱型墓石などの石塔墓にその後は取って代わられてしまうのである。つまり一七世紀から一八世紀という限られた時代に、一時的に流行した庶民の廟墓が、大名や武家等の廟墓と同様、江戸時代中期には変容してしまうことをこのラントウ墓制は教えてくれているのである。

4 墓制研究における「祀り（祭り）墓」

民俗学が両墓制に注目した経緯についてはすでに多くの論考があり、最近ではその研究がいくぶん停滞しているとはいえ、注目されている分野であることに変わりはない。本稿は両墓制について考察するものではなく、あくまでも廟墓ラントウに焦点をしぼるものであるが、廟墓ラントウが両墓制の「詣り墓」として存在している以上、両墓制についても自分なりの考えをまとめておかねばならないだろう。

柳田が着目して以来最近までの両墓制研究にはいくつかの画期があり、その各画期の代表的な論考があった。生前の柳田の基本的な考え方を継承したといわれる最上孝敬は、その著『詣り墓』[14]で「(両墓制は)文化の中心地近畿地方において中世末から近世初頭にかけて生じ、その風が次第に東西へおよんでいった」とし、柳田が「葬制の沿革について」で示した、両墓制は古代の改葬の風習から発展したという推論を、歴史的にずっと下った時期に移して展開させたものである。最上は、両墓制が近畿地方に比較的色濃く分布し、その他の地方では分布がまばらであることを一種の周圏論で説明しようと試みた。その後、竹田聴洲は、それまで行った京都市左京区京北町比賀江村中江のラントウバの調査を通して、永正五(一五〇八)年を最古としてそれ以降、一石五輪の石塔が近世初期まで連続していることから、両墓制における石塔墓、すなわち詣り墓の開始時期を室町末期の一五世紀から一六世紀初頭に求めた。[15]この成果はその後、埋め墓の多くが共同墓地であることに注目した佐藤米司によって、両墓制の成立は「中世末から近世初期にかけての惣村的結合の伸長とからみあわせて考えうるのではないか」という問題提起を生み出した。[16]両墓制成立時期についての一応の見通しがついた一方で、両墓を設ける必然性に関する議論も平衡して行われていた。とくに人びとの間にケガレ観、死穢忌避観が浸透した結果、埋め墓を生活空間から遠ざけ、かつセンゾ祭祀の場として詣り墓を設置する必要性が生まれた、という観点は柳田以来提起されていたが、それをさらに推し進めた原田敏明[17]、土井卓治[18]、田中久夫[19]各氏の研究がある。両墓制が、中世末期以降の村落安定期に、近世的イエの形成と深く結びつきながら登場してきたことについて、現在異論を挟むことはほとんど不可能であろう。

今日では両墓制論、両墓制研究は比較的落ち着いているということができるが、しかし残された課題がないわけではない。このことについては、これまでの両墓制研究を今日までリードしてきた新谷尚紀の所論を参考にしながら、その要点を整理しておきたい。

「両墓制についての基礎的考察」[20]で新谷尚紀は、葬地と規定される「埋め墓」がきわめて限定的で明確な概念であるのに対し、「祭地」と規定される「詣り墓」の概念、範囲が不明確であるために両墓制の概念規定そのものが不明確・不統一になっていると当時の両墓制研究の現状を分析し、「祭地」という広すぎる概念を明確にする方法として墓地の形態、葬地と祭地の位置関係によって両墓制の類型を確定しようとした。その後、新谷氏は『両墓制と他界観』[21]においてその考えを整理し、すなわち調査者の印象に委ねられてきた「両墓」の実態を、現に行われている墓地の状態を観察することで、石塔造立の習俗こそが両墓制成立のメルクマールとなるものではないか、とした。石塔を持つ墓地が埋め墓とどのような位置関係にあるかは実はそれほど大きな問題でなく、石塔があるかないかが肝要であるということを丹念に示したという点で、大きな成果といえよう。

新谷は結論のひとつとして「両墓とは、形態的にみる限り、一方（埋め墓）は死体埋葬地点に施された一連の墓上装置の集合であり、他の一方（詣り墓）はそれに対応し死者供養のために建てられた仏教式石造墓塔の集合である」（カッコ内は引用者）としている。石塔があるかないか、それは詣るという行為、生者が死者の霊と直接対面する行為が行われているかどうかを示す指標である。崇拝、礼拝の対象として石塔が用いられているかどうかが、詣り墓を埋め墓と区別し、単墓制と両墓制を区別する指標であるということになろう。

ここで問題とすべきは、詣り墓の詣る、祀る、祭る行為が具体的にどのようなものであるかの検討がほとんどなされていなかったことであろう。このことはひとり新谷に限らず、これまでの両墓制研究のなかでほとんど論じられてこなかった盲点ではないだろうか。

私の考えによれば詣るという行為は、被葬者、被祭者がどうであれ、詣る側の一方通行的な行為であり、供養、回向などの仏教的な行為がそれにあたるであろう。なぜならば、仏教は基本的には死者と生者の直接的な交流を否定しているのであり、死者ではなくホトケこそ礼拝と、祈りと、供養の対象とされる。もし現実的な習俗として、死者と交流するような行為が存在していたとしても、それはただ黙認していたにすぎない。こうした被葬者、被祭者の墓に詣るという一方的な行為を、原則的には「祀り、祭る」行為と考えることはできないであろう。死者の霊と直接交流するのが「祀り、祭る」行為であり、神祇信仰的な死霊祭祀だからである。とすると、これまでセンゾ祭祀と呼んできた死後の法要、数々の供養は、仏教的な原則からいえば祀り、祭る行為ということはできない。にもかかわらず我々日本人が永らくそれらを祭りと呼んでいるとするならば、意識的には仏教の供養行為として行っているものの、無意識的には神祇信仰の行為としてそれらの死霊祭祀を執り行っているといえるのである。

埋葬地、ひろい意味での葬所とは別に、こうした死霊を「祀り、祭る」場として、墓が新たに造立されるようになったのだとしたら、仏教的な供養の場としてだけでなく、実際に祭りを行う祭祀施設としての「墓」こそが「詣り墓」の実体なのではないだろうか。そこで私は、これ以後、両墓制に限らず、死者祭祀の装置として設けられたと認められる墓施設のことを「祀り（祭り）墓」と規定しておきたい。そしてできうる限り、「祀り（祭り）墓」としての墓の実態を明らかにしてみたいと考えている。廟墓とはまさに「祀り（祭り）墓」と呼ぶに相応しいものだからである。

5 廟墓ラントウについて

これまでの葬制墓制研究のなかで、はっきりとラントウについて言及したのは新谷尚紀氏と土井卓治氏だけであった。また両氏のラントウ論が本稿の基礎ともなっており、多大な学恩を受けていることにまず感謝と敬意を表しておきたい。

ラントウと聞くと多くの人が、禅僧をはじめとする僧侶が墓石として用いている無縫塔（卵塔）をまず想起する。事実すでに室町期から卵塔とラントウは混同、混用されていた[22]。無縫塔は鎌倉時代以降、禅宗の伝来・将来に伴って、中国から日本にもたらされたもので、中国ですでに卵塔と称されていた。卵塔の「卵」字の音はRANである。一方、日本で卵塔は蘭塔・欄塔とも書くことがあり、この場合の「蘭」「欄」字はLANで、中国で両字の読みは当然区別されているはずであるが、日本に将来されてから卵と蘭・欄との音が区別されず、早くから混同されてしまったのだろう。中国には蘭塔・欄塔という言葉も遺物も、私の乏しい知見によるかぎりまだ見つかっていない。近いうちに中国で類例が見つかるかも知れないが、そうでないとすると「蘭塔」は日本で創出されたものであることになる。少なくとも現時点でラントウなる語は日本製である可能性が高い。

今日まで流布している一般的なラントウに対する解釈をみるため『日本国語大辞典』（小学館）を参考にすると、同辞典でラントウは「卵塔・蘭塔　名詞　墓石の一種。座台の上に、卵形の石塔婆をのせたもの。多く禅僧の墓標として用いる。無縫塔。転じて、一般に墓石をいう。※異制庭訓往来「随其階級可致供養候也。〈略〉法堂。昇堂。塔頭。卵塔」※太平記一三三・将軍御逝去事「身は忽に化して暮天数片の煙と立上り、骨は空く留て卵塔（ラントウ）一掬の塵と成にけり」※文明本節用集「卵塔　ランタフ　塔頭廟所」※日葡辞書「ランタウ〈訳〉異教徒が墓石として積み上げる四角の石と丸い石」とあり、室町期の史料も掲げられている。

『文明本節用集』[22]では「卵塔　ランタフ　卵卵非也　塔頭廟所也」とし、『日葡辞書』[23]では「ランタゥ（卵塔・蘭塔）四角な石と円形の石とを重ねて置いた墓碑のようなもので、ゼンチョ（異教徒）が墓の上に据えるもの」とある。

さてラントウの史料上の初見は、現在のところ『看聞御記』である。同記応永二四（一四一七）年七月一五日条に「施餓鬼聴聞了佛殿焼香。次檻塔御廟前奉水向」とある「檻塔」、永享八（一四三六）年七月一二日条に「先亡母欄塔へ参焼香」とある「欄塔」は、伏見宮家の墓石が卵塔（無縫塔）であるはずはないことから、五輪塔または宝篋印塔を含む施設である可能性が大きい。筆者貞成は欄塔のことを「御廟」とも呼んでおり、まさしく欄塔・檻塔と呼ばれるこの施設が「廟墓ラントウ」そのものであったことがわかる。

新谷は前掲書[24]で、石造墓塔を一般に当時ラントウと呼んでいたと推定し「ラントウという語は、こののちやがて広く墓地の呼称ともなっていったらしい」、「両墓制の石塔墓地のことを広くラントウとかラントウバと呼んできているのは、まさに石塔の建立されている墓地であるということを直接的に言い表しているものといってよい」。ラントウバはラントウ、つまりは詣り墓としての石塔が安置された墓地である、としている。しかしその根拠は実は明確でなく、ラントウをはじめから石造墓塔と決めて論証が進められているように見受けられる。氏は他に、寛永三（一六二六）年刊『太閤記』に「かくて御位牌所として建立一宇　号総見院　同卵塔為作事料　銀子千百枚渡之」とか、井原西鶴の貞享三（一六八六）年作『本朝二十不孝』の「親達の墓に参り、此段々を難き卵塔の水艇に腰をかけ」とあるのを引き、ラントウが一般の石造墓塔の意味として用いられてきた、としているが、『看聞御記』をはじめとしてこれらの資料には、ラントウが石塔であることを証する文言は一切含まれていない。

写真上・京都市右京区京北中江町シモノボチの「卵塔」
同下・京都市右京区京北塔町三明院墓地のラントウ

確かに『日葡辞書』には、四角い石と丸い石とを重ねて置いた墓碑と記載されているが、それは当時のひとびとがラントウと呼んでいる主なる対象が石造墓塔（おそらくは五輪塔）を礼拝主体とする施設であったからで、人びとは廟墓全体をラントウと呼んでいたけれども宣教師等には中央の石塔を指す言葉と解釈されたと考えることもでき、これだけをもってラントウは石造墓塔であった、とは断言できないのではなかろうか。

これより先、岡山県に在住した土井卓治は、岡山県を中心として瀬戸内海沿岸地方でラントウと呼ばれている独特な石塔に早くから注目し、『看聞御記』に使用された文字がともに木扁であることから、この記事の「欄塔」「檻塔」は木造の建物だったのではないかと推測した。その上で「詣り墓」墓地を意味することの多いラントウバ、ダントバなどの民俗語彙は、もともと石造ラントウの前身である木造の施設のことではなかったか、という注目すべき提言をしている㉕。

土井のラントウ=木造施設説はまさに慧眼で、京都市右京区京北町（旧北桑田郡京北町中江）には、今も大型の木造ラントウが石塔を収める施設として使われている。同村は、竹田聴洲が村落と墓についての総合調査をしたことで一躍有名になったところであるが、中江集落内には二ヶ所の墓地があり、そのいずれにも数棟のラントウと呼ばれている木造の施設がある。大きくても間口二間余、奥行一間余の長方形の建物で、三和土の内部には室町期の五輪塔、宝篋印塔等を中心として多数の石塔・位牌・仏像が納められている。内部側壁には弥勒の兜率天を表す四十九院の名が墨書され、正面入口上部に「兜率天」の扁額を掲げるものもある。そのうちの一棟、岩本株のものはごく最近の平成七（一九九五）年に新築されたものであったが、棟札には「卵塔」と書かれていた。つまり村人がラントウと呼んできた建物は「卵塔」と認識されてきたことになる。

中江のラントウと同じように内部に石塔を安置し、四十九院が墨書されている事例としては、先にもふれた茨木県真壁町の曹洞宗寺院伝正寺にある浅野長政・同夫人霊屋（慶長一六年・元和二年建立）があり、中世末から近世前期ごろに建造された有力大名等の霊廟と中江のラントウは、規模や装飾の豪華さを除けばまったく同じ形式の墓地施設である。

ラントウは「欄塔」であって、木造か石造かはともかく、「欄」を廻らした塔の意であると私は考えている。実際には木造の小堂、石造の家型・堂塔型・祠型の墓地施設がその実体なのである。

石造ラントウの場合は数百年の時を経ても残りやすいが、木造のラントウはそれを守る者、修理する家筋（寺院の場合は檀家）が途絶えると朽損、倒壊して残りにくい。例えば、埼玉県鴻巣市の浄土宗寺院勝願寺には関東郡代伊奈氏の墓がある。伊奈氏墓には現在四基の宝篋印塔が残されているが、そのうちの一基、寛永一九（一六四二）年の塔には宝暦九（一七五九）年の「嚴麗塔廟修飾牌堂」という後刻があって、石塔を荘厳し牌堂（霊屋）を修築した由が記録されている。さらに勝願寺所蔵の宝永五（一七〇八）年境内図には、現在伊奈氏の墓があるところに明らかに木造と思われる建物が描かれ、その辺り一帯が「惣卵塔」であるとの注記も書き込まれている。近世のある時期までは伊奈氏墓である宝篋印塔は木造の小堂内に納められていたことを示しているのだが、現在は石塔がむき出しになっており、石塔の配置も改変されている。今日われわれが見ている石造物中心の墓地は造立当時の墓、墓地の姿とは明らかに異っていたのである（詳細は第一章二節参照）。

以上見てきたとおり、ラントウが、無縫塔の卵塔でないことはほぼ定説になっていることをまずは確認しておきたい。その上で、ラントウは石塔であるとする新谷の説は、いくつかの木造のラントウの事例もあることから、再検討する必要があることがわかってきた。

新谷自身、京都市中江の木造ラントウの存在を指摘しているほか、全国のラントウ、ラントウバ事例を整理し、ラントウおよびラントウバという語の意味するところを次の六つに分類した[26]。

① 僧侶の無縫塔
② 両墓制の石塔墓地、およびそこに林立している石塔群
③ 両墓制、単墓制の別なく墓地一般
④ 火葬場
⑤ 石造墓塔の一種で祠型のもの
⑥ 墓上施設の一種

このうちとくに注目されるのは①②③の用例であるとし、「両墓制成立の当初より石塔墓地の方をこのラントウとかラントウバという語で呼んでいたような事例においては、はじめからそれが石塔の墓地に他ならないとする認識が存在したとみることができよう」として、ラントウおよびラントウバは石塔および石塔墓地のことである、と結論している。

しかしこれまで見てきたように新谷の結論は、もともとラントウ＝石塔という氏の認識から導き出されてきたものであり、逆に、氏が注目しなかった⑤と⑥にこそラントウおよびラントウバの本質があるのではなかろうか。新谷は⑤の事例として岡山県、香川県の石造の祠型、堂宇型など、土井が注目したラントウを挙げている。さらに京都市中江のラントウにも言及しているので、木造のラントウについても知っていたことになる。

また、これまでは触れてこなかったけれども、⑥「墓上施設の一種」、すなわち埋葬墓地上の設えにもラントウと呼ばれる事例が奈良県一帯には広く分布しており、これも新谷はラントウ、ラントウバの典型から除外してしまっている。

奈良県のラントウは、氏の注の記述から引用すれば「埋葬地点の上を四十九本の板塔婆で囲む設えをいう。たとえば、奈良

奈良県奈良市大柳生のシジュウクイン。ラントウとも呼ばれている。最近までは高齢の男性の埋葬墓にのみ用いられる習わしであった

県添上郡月瀬村嵩ではとくに年長者や家柄の上位の人に限ってこの設えをつくりラントウと呼んでいる」とあり、氏自身が詳しく見聞したらしい事例報告である。奈良県は平野部から東部の大和高原地帯、伊賀地方にかけて、埋葬地点に方形の柵状（忌垣）の設えを設け、これをラントウと呼んでおり、明らかに他地域の両墓制地域で「詣り墓」のことをラントウ、ラントウバと呼ぶこととは矛盾する事例となっている。木造のラントウで家型を呈する事例は京都市右京区京北町ほかにもあり[27]、新谷自身が調査したという兵庫県淡路島三原町の、埋葬地点の上に「据える家型の設え」も「ラントウもしくはダントウ」と呼んでいるという。木造で家型の埋葬墓地の施設がラントウと呼ばれている事例は氏自身がいくつも報告していた。こうした多くの事例があるにもかかわらず「ラントウは石塔墓地である」と結論付けているのは、氏がはじめからラントウは石塔であり、ラントウバは詣り墓の石塔墓地である、という認識で論を進めているからであろう。

これまでの資料から判断すれば、石塔をふくむ廟墓施設のことをラントウと呼び、そのような施設が置かれた場所をラントウバと呼んでいることは明らかである。つまり石塔のみに限定せず、石塔をふくむ廟墓施設としてのラントウというものがあり、それが土井卓治の指摘した木造の墓地施設ということになるのである。伊豆諸島で埋葬地の墓上施設として据えられるラントウは、関東地方などのソトガン、中国地方、九州地方のスヤ、シズクヤと同じものである。ということは、埋葬地である捨て墓、埋め墓にもともとはラントウが据えられていて、それが全国的な傾向だったことを示している。また、奈良県の埋葬墓地に設けられるラントウはシジュウクイン（四十九院）とも呼ばれ、石塔墓は別に設けられていることからすれば、ラントウは両墓制の「詣り墓」であり、それは「石塔墓地」のことである、という新谷氏の論証は根底から危ういものであるということになる。

6　ラントウバとラントウ

これまでも述べてきたことだが、ラントウバとかダントバ、ダントバカ、ミラントウとイシラントウなどの語は、全国各地で聞くことができる墓地を意味する民俗語彙である。ラントウが置かれている場を意味するこれらの語は、最近まで漠然と、僧侶の墓として用いられる卵塔（無縫塔）が置かれた墓地と考えられてきたけれども、各地のラントウバには無縫塔がない例がかなりあることも研究者の間ではよく知られている事実であり、前節でも検討したようにラントウバのラントウが無縫塔の卵塔でないことは、これ以上繰り返すまでもない。

『日本方言辞典』[28]の「らんとーば［卵塔場］」の項目では、その意味内容1を「墓場。墓所。墓地」とし、民俗語彙の分布地域として、山形県西置賜郡・茨城県稲敷郡・栃木県河内郡・埼玉県秩父郡・千葉県・東京都八王子・神奈川県中郡・新潟県・愛知県北設楽郡・三重県志摩郡を挙げている。その他、ラントウ系語彙のだんとーば（東京都新島）、らんとば（山形県南置賜郡・栃木県安蘇郡・群馬県邑楽郡・千葉県匝瑳郡・長野県佐久・島根県隠岐島）、なんとば（千葉県千葉郡・同夷隅郡）、がんどば（熊本県天草郡）、らんとー（福島県・茨城県稲敷郡・千葉県・神奈川県・東京都利島・新潟県中越）、だんとー（東京都新島・新潟県佐渡・佐賀県）、なんとー（千葉県市原郡）、らんと（青森県三戸郡・宮城県加美郡・秋田県雄勝郡・山形県・福島県石城郡・同西白河郡・茨城県・千葉県匝瑳郡・同印旛郡・奈良県吉野郡（先祖の墓））、なんと（千葉県山武郡）、なんど（千葉県上総）、らんば（岩手県上閉伊郡・宮城県石巻・宮城県仙台市・山形県・福島県・新潟県佐渡）、らんぱ（福島県石城郡、だんば（山形県・新潟県佐渡）、たんば（福島県中郡）を挙げている。

また、「らんとーば」語の意味2として「両墓制で石碑の立っている寺の墓地。参り墓」を挙げ、千葉県香取郡・愛知県東加茂郡・愛知県日間賀島・三重県度会郡、また同類語には、だんとーば（福井県大飯郡）、らんとば・ざんとば（香川県小豆島）、だんとば（香川県息吹島）、らんとばか・だんとばか（兵庫県神戸市）、らんとー（三重県飯南郡・岡山市・香川県三豊郡）、らんと（福井県丹生郡・三重県度会郡）、同じく意味3として「石碑」としては、らんと・だんと（三重県度会郡）、意味4として「火葬場」のらんとば（富山県西礪波郡）、らんば（山形県・福島県・新潟県佐渡）、だんば（新潟県佐渡）、意味5として「埋葬地」のらんと（福島県石城郡）、他に「らんとばな」（茨城県稲敷郡・茨城県北相馬郡）を挙げている。全体的にみて関東・東北地方から東海地方に顕著であるが、比較的少ないのは九州地方と中国地方の西部である。こうした傾向は必ずしも充分ラントウ語の実態を示しているとはいいがたいサンプルであるけれども、おおまかな傾向を掴むことはできる。

ラントウ、ラントウバ系語彙は両墓制の「詣り墓」墓地に用いられる傾向が強いことは確かに新谷の指摘通りであり、にもかかわらずそれが必ずしも石塔墓地を指す呼称でなかったとすれば、こうした現象をどう考えるべきであろうか。また、一部ではあるが、決して無視はできないほどの事例として埋葬墓地の設えにラントウと称せられる家型、堂型のものが各地に転々と存在すること、また忌垣などの純粋な埋葬施設（四十九院系忌垣）もラントウと呼ばれる事例があることなども、見逃してはならないであろう。そして何よりも、ラントウの語が何に由来するものであるかについての考察を新谷はしていないのは決定的な難点であろう。やはり土井のラントウ＝木造説の方に妥当性があるといわざるをえない。

こうした疑問と課題について、ラントウが石造墓塔を含む「詣り墓」（筆者のいう祀り（祭り）墓）を指すと考えることは有効ではないだろうか。つまり両墓制成立の同じ時期には、埋め墓と詣り墓の区別なく墓地に石造墓塔を含む祀り（祭り）墓を設ける風潮が起こり、祀り（祭り）墓それ自体がラントウと呼ばれたのである。具体的には内部に五輪塔などの石造墓塔を安置する施設をラントウと呼び、ラントウとは「欄」を廻らした塔の意で用いられた。欄はいうまでもなく欄干など、建物の周囲の柵であって、仏典にはしばしば仏菩薩の浄土の建物を表現する際「欄楯」と記されている。兜率天内院の建物、阿弥陀仏極楽浄土の仏殿には、黄金と宝石で荘厳された華麗な欄楯が設けられている。こうした表現は欄を廻らした塔という表現を生み、日本で墓の施設としての建物を蘭塔、あるいは欄塔と呼んだのではあるまいか（ちなみに中国で「蘭」字は、美しい、華麗な、という意味で用いられている）。それが『看聞御記』の「欄塔」「檻塔」となったのであろう。しかし一方で、禅宗が僧の石造墓塔として大陸から将来した無縫塔もその形状から卵塔と呼ばれたため、両者が早くから混用されるようになったのである。

以上、ラントウについての基本的な考えの整理を終了するが、ここでまだ多くの課題が残されていることに気付く。まず第一は、両墓制の「詣り墓」の多くになぜラントウ（欄状・柵状の施設）が用いられたのか。第二に、欄塔の欄は具体的には何を意味し、何に起源するのか。そして第三に、廟墓ラントウという建物型の施設は突然日本の墓制に登場したのか、それとも在来の墓制にその原型となったものがあるのかどうか。最後に第四として、そもそも墓に「詣る」ばかりでなく「祀る＝祭る」ための意味と機能を付与した日本の墓制は、日本人の霊魂観、死生観、センゾ祭祀と歴史的にどうつながるのか、などの課題である。

7　祀り（祭り）墓と墓前祭祀

墓前祭祀はその名の通り、墓（廟墓）に子孫等が集ってセンゾを祀ることである。私は墓が、死者を埋葬したり火葬にしたりするための葬所と、センゾを祀り、祭る廟墓というふたつの機能を持っていると考えている。しかしそうしたふたつの機能は、必ずしもすべての時代に共通に観念されていたのではなく、多くの場合、後者の機能は近世が近づくにつれて一般社会に浸透していった。イエの継続を根底から支える家産、家職が世代を超えて存在することを制度的、慣習的に保証する社会体制が確立するに至らなければ、世代を超えた霊魂観であるセンゾ祭祀などという考え方は社会に生まれ、根付かないからである。中世後期から近世に向かってそうした社会が形成されつつあるということは、イエがそれを支える社会体制と有機的に共存していたことを表している。イエを支える社会体制とはいうまでもなく惣村社会＝ムラである。

人が生きている以上、死者を葬る場所、すなわち葬所はあるにちがいない。しかし継続的なイエが社会的に存在しなければ廟墓はありえない。葬所は一時的な死体の処理の場であり、時がたつと遺体も遺構も土に同化し、やがて跡形もなくなる。しかし、子孫が一定地域に定住してイエを形成して墓を守れば、墓は継続的な施設となる。もしも子孫がその地を離れ、故郷を省みないとすれば、墓（葬所）はやがて消えてなくなるであろう。つまり葬所としての墓は永続的なものではないし、それを望むものでもない。しかし定住が数世代以上におよぶと墓は恒常的な施設となる。まさに墓とは定住社会において現れる社会的な装置なのだ。非定住な家族による集住社会（このような非定住家族が集住する社会を筆者は「遊住」社会と捉えている）が中世における日本の村落の実体であり、そのなかで定住化を指向する複数の家族が自治的なムラ社会を形成した結果が惣村社会のムラであった。そしてこれが近世ムラ社会を準備するのである[29]。

もし近世以降の墓、墓地を定住社会に特徴的な装置のひとつと見做すことが許されるとすれば、村落社会の中世から近世への展開と墓、墓地の形態の変遷は表裏の間柄にあると思われる。墓と墓地の形成は近世村落社会のムラ（以後本稿では、近世的村落社会の自治的集落をムラと表記する）と、その構成単位であるイエ（同じく本稿では、近世的村落社会＝ムラの構成単位としての同居家族をイエと表記する）、そのそれぞれの形成と歩調を合わせて強く関わっていたはずである。

墓を、イエのセンゾ（霊＝タマ）を祀り、祭るための装置であると位置づけるとすれば、墓の形態やその設置場所である墓

佐賀県唐津市佐志のキシダケサマ。佐賀県東松浦郡地方一帯に分布するキシダケサマともミカワサマとも称する古墓の信仰があり「戦国時代の武将で松浦党に属し、岸岳城に拠ってこの地方を領した波多氏最後の当主三河守親一族の霊と伝える」（『日本の葬送・墓制』九州）周囲に置かれている石塔残欠は「古い石塔が出土するとそれを集めて祀」ったもの、という。中央の堂型の石塔には男女（夫婦か）になぞらえた像が彫られている。同型のものは鹿児島県西北部にもみられる（同上）

地がムラの形成過程および変容過程とともに変化するのは当然である。必ずしも固定していたとは限らない葬所でしかなかった墓地は、中世末期から近世初期にかけて政治的、制度的に進行するムラの定着とムラの境界（ムラギリ）の確定によって、ムラからの規制を大きく受けることになるだろう。イエと近しい同族の営みであった死者を葬る葬礼さえも、ムラの規制を受けつつ共同で行われるようになる。こうして、イエの墓地、イエのセンゾ祭祀は、ムラの関与と規制なしには成立も実施もできなくなるのである。

　そのようなムラ社会に属するイエがもし墓前祭祀を行うとすれば、死体埋葬場所が不明確な共同埋葬墓地で行うよりも、イエのセンゾ、イエの霊（タマ）を祀る墓が別に求められるのは必然的であろう。こうしてセンゾ祭祀のための装置としての廟墓は成立するのである。それが単墓制であるか、両墓制であるかはこの際関係ない。墓に祀り、祭る機能が付与されているかどうかこそがここでは問題なのである。両墓制は、葬所にもあったかも知れない祀り（祭り）墓の目的と機能、装置をただ地理的に分離させたもので、それは、ムラとイエの在り方に左右される。おそらくはケガレ観の普及などの理由で葬所と別に祀り（祭り）墓が必要とされたムラ・イエ社会では両墓制が採用されるし、それをさほど重要と認めないムラ・イエ社会では単墓制が採用された。当然その中間的なムラ・イエ社会もある。つまり両墓制の登場は、廟墓すなわち祀り（祭り）墓という概念と施設が登場してから起こる二次的な現象でしかないのだ。本稿が両墓制論と一定の距離を置いているのは、こういう考えがあってのことである。

　さてイエが家産と家職を継承するのは、センゾを正しく祀り（祭り）、センゾの意志（精神＝タマ）を嗣いだ家督相続者でなければならない。そうしたイエにとってのセンゾ祭祀は、センゾ霊をさらに宗教的に神格化させるため、より永続的な石造墓塔の建立、祀り（祭り）墓の設置、仏壇・位牌の採用、檀那寺との師檀関係強化、葬礼・法事の祝祭化などを促進させるのである。葬礼は、ただ死者（死骸）を葬所に送って処理するためばかりでなく、死者を神として、センゾ神として祀り上げるための祝祭とみなされ、イエのタマを後継者に継承させる儀礼として演出されるようになる。そうした要求に応えるため、社会的な変動期にあたる一七世紀、すなわち中・近世移行期に、ムラとイエは廟墓を必要としたのである。

本論が採り上げる最終的なテーマは、墓を祀り（祭り）墓とするために、イエが廟墓ラントウを採用したその理由を考えることである。両墓制の「詣り墓」は、厳密にいえば「祀り（祭り）墓」として設けられた。それは供養、弔いという、生者が一方的に行う儀礼ではなく、センゾおよび死者の霊と生者との交流、すなわち祭りとして行われたと私は考えている。そうした墓前祭祀の装置としての廟墓ラントウが、歴史的にどのようにして形成され、またそこにはどのようなセンゾ祭祀の信仰観が表現されているのか、さらには墓前祭祀とは具体的にどのようなものだったのかを考えるのが本稿の最終的な目標である。

第一章はおもに、廟墓ラントウの具体相を提示する役割を持っている。またラントウの持つ時代的・地域的・形態的特殊性と、墓制史上での位置づけに関して、一定の見通しをつけるための考察を行った。

第二章では、廟墓ラントウの基本的な要素のなかから、とくに四十九院を抽出し、その起源を日本の葬制・墓制史から探り出すことによって、廟墓ラントウが歴史的に孤立した墓制でないことを確認しようとしている。四十九院は、弥勒菩薩の兜率天浄土を表すが、それがなぜラントウに用いられるのか、弥勒信仰が廟墓の成立とどのような関係にあるかをまず考える。

同じく、廟墓ラントウが家型、堂型、祠型であることから、その墓制の前身と予想されるタマヤについて、古代から中世にかけての葬法の変遷をふり返りつつ、葬法の起源を考えてみようと思うが、それは別編である『墓前祭祀と聖所のトポロジー—モガリから祀り墓へ—』の第一章「モガリと霊屋」で検討した。そこではとくに葬所と墓所、舎利信仰と石造墓塔の造立に関与した中世の諸宗教教団にも若干目を向けることで、資料の少ない廟墓ラントウの形成過程を跡付けようと思う。

四十九院率塔婆とタマヤが合体することで、祀り（祭り）墓としての廟墓ラントウが被葬者である死者の霊、および子孫である造立者に対してどのような精神的意味を果たすのか、について考えてみたい。『墓前祭祀と聖所のトポロジー』の第二章では、墓前祭祀について考察している。

そもそも廟墓は、そこに祀り、祭られる霊が神的存在であることを前提としている。ホトケと呼び、ゴセンゾサマと称しても、その存在は子孫と分家などを包含したイエの神である。時代が下り本家分家関係が複雑に拡大しても、多くの血縁関係にある一族の祭祀が、本家屋敷に集って行われている。全国各地の屋敷神がイエの古い墓地を祀り場の起源としていることは、直江廣治の業績以来、早くから了解されてきた[30]。しかし屋敷神が直江が予想したほど古くからの信仰ではなく、中世末から近世にかけてイエ制度が安定してからのものであろうことも大方で予想されてきたことであり、ここにも墓と神との接点をみいだすことができよう。またオトナ衆とか「二十八名」(静岡県牧之原市相良町菅ヶ谷など)のようにミョウと称して、必ずしも同族、マキ、イッケなどの血縁・地縁によることなく、ムラ開闢当初から複数のイエによって形成されたという伝承を持つムラの場合、そうした祭りはウジガミ祭祀として行われるだろう。その典型的な事例が中国地方の産土荒神式年祭であるが、同様のウジガミ、ウブスナ、ウブスナコウジン信仰は全国的にあって、それこそ柳田が人神考で追及しようとしていた信仰現象であった。ウジガミ、ウブスナガミ祭祀も、ムラの祖霊を祀るという意味ではイエのセンゾ祭祀とほとんど同じ様式をとることが多い。福井県若狭湾と小浜湾に挟まれた大島半島のニソノモリ信仰や中国地方のモリサン・ウッガン、長崎県対馬のテンドウ、南九州のモイドンなど、モリの神信仰の場合の聖所はセンゾの墓に由来するだろうことは、もはや常識に近いものとなっていよう[31]。

こうしたことを踏まえたうえで『墓前祭祀と聖所のトポロジー』では、熊野観心十界曼荼羅に描かれた廟墓ラントウの図像を起点として墓前祭祀の姿を抽出し、前半では鳥居を、後半ではカミ祭りの執行者と目されるミコ的宗教者の姿を追いながら、中世後半以降各地に広まったとされる念仏儀礼、荒神信仰の観察を通して、センゾ(イエとムラの祖霊)と交流してきた墓前祭祀の一端を浮き上がらせてみようと試みた。あわせてご参照いただきたい。

廟墓ラントウ研究は、石造物と墓制遺構を素材とする考古学的研究、文献記録を基盤とする文献史学的研究、そして葬制・墓制に関する伝承資料を素材とする民俗学的研究の、それぞれが抱えてきた弱点をおぎなうとともに、それらを横断的に連繫させることによって、まったく別の宗教・信仰現象である神社祭祀、民俗芸能・儀礼の研究に新しい視点を拓くことができるのではないか、と自負している。

廟墓ラントウという存在には、それがこれまでの墓制研究のなかで省みられなかったことからも類推できるように、まことに複雑で、込み入った歴史的事情が伏在している。全国のラントウ事例調査はまだほんの入り口に差し掛かったばかりであり、今後本稿に修正を迫る事例やより正確な事例が多数発見されるにちがいない。あまりに時期尚早という非難は免れないけれども、墓制史研究に新しい分野を提起するためのひとつの試案としてあえて冒険を冒してみようと思う[32]。

注

① 柳田国男「人を神に祀る風習」、一九二六・一一。『柳田国男全集』第七巻所収。筑摩書房。

② 宮田登『新編柳田國男集』解説、筑摩書房、一九七八・九。

③ 『義演准后日記』、『豊臣家譜』、『御湯殿の上日記』等の同年同月日条。

④ 『豊臣家譜』同年同月日条。

⑤ 『豊国社記』。

⑥ 『義演准后日記』同年同月日条。

⑦ 『伊達成實記』。

⑧ 『御湯殿の上日記』同年同月日条。

⑨ 『御湯殿の上日記』同年同月日条。

⑩ 『パジェー日本耶蘇教史』。

⑪ 『駿河土産』五。

⑫ 『忠利宿禰記』寛文二年五月一四日条に、「今度之地震、豊國大明神之祟之沙汰申出、諸人豊國へ参」とある。

⑬ 村上訒一「霊廟建築」。『日本の美術』No.二九五。一九九〇。至文堂。

⑭ 最上孝敬『詣り墓』。一九五六。古今書院。

⑮ 竹田聴洲『民俗仏教と祖先祭祀』。一九七一。東京大学出版会。

⑯ 佐藤米司「両墓制の問題点」一九六九・四。肥後先生古稀記念論文刊行会編『日本民俗社会史研究』所収。弘文堂。

⑰ 原田敏明「両墓制の問題」一九五九・八。『社会と伝承』三―三。

⑱ 土井卓治「死のけがれと墓制」。一九五六。『岡山民俗』二四、他。

⑲ 田中久夫『祖先祭祀の研究』、一九七八。弘文堂。

⑳ 新谷尚紀「両墓制についての基礎的考察」、『日本民俗学』一〇五号。一九七六・五。

㉑ 新谷尚紀『両墓制と他界観』、一九九一・七。吉川弘文館。

㉒ 『文明本節用集』、文明六・一四七四年～明応三・一四九四年ごろ成立。

㉓ 『日葡辞書』、一六世紀末成立。

㉔ 注㉑。

㉕ 土井卓治『葬送と墓の民俗』一九九七・四。

㉖ 注⑳、㉑。

㉗ 伊豆諸島の利島、三宅島伊ヶ谷の事例等。伊之口章次「葬式」、『日本民俗学体系』四所収、昭和一九五九。西垣晴次「東京都伊豆利島」、『離島生活の研究』所収、一九六六。

㉘ 『日本方言辞典』。一九八九。小学館。

㉙ 池上祐子は（「戦国の村落」『岩波講座　日本通史』一〇、中世4）で、惣村の地下請は近世の村請制につながる中世の村請制と捉える勝俣鎮夫の所論を認め、「戦国期の村落の基本的な性格は惣村であり、（中略）惣村が獲得した自立性と主体性、多様な機能は、基本的に近世の村落においても継承されている」としている。少なくとも戦国末から近世前期の村落社会には社会史的な連続を認める意見は現在、ほぼ常識になっていると考える。

㉚ 直江廣治『屋敷神の研究』、一九六六・三。吉川弘文館。

(31) 谷川健一編『森の神の民俗誌』(『日本民俗文化資料集成』第二一巻、一九九五。三一書房)所収の日本のモリガミ研究によれば、関西地方各地には墓を起源とする同族・集落に祭祀される小社が多数あったことがわかる。

(32) なお本稿の第一章一節は「ラントウ考試論—下総東部のミヤボトケを手掛かりとして」(『地方史研究』三〇一、二〇〇三)、同第二節は「北関東の石堂—中世・近世移行期の墓石文化について考える」(石塚正英編『石の比較文化史』名著刊行会、二〇〇四)、同第三節は「鴻巣市勝願寺牧野家墓地とラントウ」(『埼玉地方史』四九、二〇〇三)、第二章付編一は「四十九院事　頼瑜」(東京大学図書館蔵)」(『社寺史料研究』第八号、二〇〇五)として発表したものをもとに、それらに全面的に手を加えたものである。

ちなみに別編の『墓前祭祀と聖所のトポロジー—モガリから祀り墓へ—』第二章第二節は「賽の河原に描かれたラントウ」(『社寺史料研究』第七号、社寺史料研究会二〇〇六)、同第三節は「賽の河原の口寄せのミコ」(『絵解き研究』二〇・二一合併号、二〇〇七)、第二章付編は「「無生野大念仏教本」について」(『社寺史料研究』第九号、二〇〇七)として発表したものをもとに、全面的に手を加えた。

第一章　廟墓の世紀

一節　下総東部のミヤボトケ

はじめに

本節の目的は二つある。第一は、日本の各地に散在する家形や堂塔型の墓石が実は本来ラントウと呼ばれるものであり、それがラントウバという全国的に普及した墓地や祀り（祭り）墓を表す名称の起源であることを明らかにすることである。まず、ミヤボトケと呼ばれる下総東部（千葉県の東北部）に分布するラントウ系の墓石を例にとり、その在り様と成立について考えてみる。その上で、全国の同系統と思われる墓塔を比較検討しながら、家型・堂塔型の墓石が各地で自然発生的に生まれたのではなく、歴史的に関連を持って造立されるようになったことを明らかにしたい。第二に、ラントウを中世末ごろまでにはなかった新しいタイプの墓制＝廟墓と捉え、その成立の背景に弥勒兜率天浄土信仰を想定する、という問題提起をしてみたい。

八日市場市福善寺墓地のミヤボトケ

1　ミヤボトケとラントウ

下総東部の墓地にはミヤボトケと呼ばれる石造物が存在している。その分布域は県の東端である銚子市から半径およそ五〇km内外で、西は香取郡下総町あたり、南は山武市（旧山武郡松尾町・山武町）あたり、北は霞ケ浦沿岸の茨城県鹿島・行方・稲敷郡東部あたりまでである。

ミヤボトケの特徴を一言でいえば、銚子石（犬吠埼産砂岩）で造られた堂塔型の墓石、ということになる。銚子石という石質のおかげで明るい黄白色あるいは朱白色を呈し、陽光を浴びたそれは黄金色に輝いて美しい。多数ミヤボトケが造立されている墓地は、さながら仏塔が建ち並んだ浄土の景観を彷彿とさせる。多くは単層で、塔身部内側は粗く刳り貫かれ、正面には四角い開口部がある。基礎も含めた総高は単層で七〇㎝前後、五層塔では一八〇㎝に達するものさえある。正面に鳥居様の模様が刻出されているのが特徴で、ミヤボトケという地元の名称はここからきているのかも知れない。近世の初頭から中期くらいまでの紀年銘が確認でき、現在のところ天正二〇（文禄元・一五九二）年の銘を持つ佐原市谷中自性院椎名家墓地の逆修塔を初見例とする。①塔身内部には二〇〜三〇㎝ほどの一石五輪塔・一石宝篋印塔あるいは石像・石製墓碑が収められている。

ミヤボトケ自体はきわめて地方色豊かな石造物だが、実はこうした堂塔型の墓石は類例が全国各地に分布している。東日本では、長野県・群馬県を中心として埼玉県北部や山梨県、新潟県南西部にかけての広範囲に同一の起源を持つと思われる石造物が分布し、長野県諏訪・伊那地方ではこれをいまもラントウと呼んでいる。神奈川県の西部、栃木県から福島県西南部にかけても別の系統に属するものがそれぞれ分布し、東北地方では山形県盆地部と宮城県西部に、マンネンドウと呼ばれるものが分布している。②

西日本では岡山県を中心とする瀬戸内海沿岸地域、すなわち兵庫県・広島県や香川県・愛媛県などの四国地方に豊島石（香川県小豆郡土庄町豊島産の凝灰岩）で造られた、やはりここでもラントウと呼ばれる堂型墓石が広範に分布している。中国地方では島根県、山口県のごく一部に事例がある。北陸地方では福井県若狭小浜市・敦賀市と福井市周辺には、福井市足羽山山麓で産出される笏谷石製のものが、また京都府北部の舞鶴市周辺には地元で日引石と呼ばれる凝灰岩を用いたやや系統を異にする墓石が分布している。③九州では鹿児島県から熊本県南部にかけて事例を確認することができる。

こうした堂塔型墓石は、地方ごとにそれぞれの研究者によって郷土独自の石造物として注目されてきてはいたが、全国的な視野で検討した考察はこれまでなかった。④

民俗語彙研究ではよく知られていることだが、墓地をラントウバ（他に、ダントバ・イシラントなどあり）と呼ぶ地域は、知られているだけでも東北地方から中国・四国地方、一部九州地方にまでおよび、全国的に普及した墓地を意味する言葉である。⑤ラントウバという語がこれほどまでにひろく普及しているにも関わらず、ラントウそのものの実体はほとんど忘れ去られてしまっているというのも不思議な現象ということができ、ラントウが造られ用いられていた時代と、今日の墓石の主流である角柱型系石塔墓との間に、大きな歴史的断絶があったことを予想させる。

ラントウといえばこれまで、禅宗系の僧侶の墓として、鎌倉末期ごろ中国から伝えられた卵塔（無縫塔）が名称の起源であるとする考え方が一般的であった。室町期成立の『節用集』（文明本）にも「卵塔　ランタフ　塔頭廟所」とあり、すでにラントウ＝卵塔（無縫塔）という共通理解ができ上がっていたようにみえる。ところが『看聞御記』応永二四（一四一七）年七月一五日条に「施餓鬼聴聞了佛殿焼香。次檻塔御廟前奉水向」とある「檻塔」、永享八（一四三六）年七月一二日条に「先亡母欄塔へ参焼香」とある「欄塔」は、卵塔（無縫塔）でなく五輪塔または宝篋印塔であった可能性が高い。新谷尚紀は「両墓制の石塔墓地のことをひろくラントウとかラントウバと呼んできているのは、まさに石塔の建立されている墓地であるということを直接的に言い表している」として、ラントウと石塔墓地（詣り墓）が深い関係にあったと推測している[⑥]。一方、土井卓治は地元岡山県のラントウと呼ばれる墓石塔に早くから注目し[⑦]、民俗語彙としてのラントウバはもともと石塔であるラントウに起源し、『看聞御記』の欄塔・檻塔は石造ラントウの前身である木造の墓地施設のことではないか、という注目すべき提言をしている。

本稿では堂塔型墓石（堂塔型石塔ではない）をすべてラントウとして取り扱っていこうと思う。これについては当然異論もあるだろうが、第一に、瀬戸内海地域と長野県南部地域というかなり離れた地域で、同じ系統の石造物をラントウと呼んでいるのはその決定的な理由になりうるのではないか。第二に、特徴的な刻文である四十九院を塔身部に施しているものが各地方の典型的な事例の中に必ず存在しているということも、同型の墓石が同一起源を持っていた重要な証拠として挙げられる。つまり四十九院という、それまでの中世石塔にはあまり見られなかったある種の信仰表現が、これら堂塔型墓石には全国に共通して施されており、それらの起源がひとつであったことをうかがわせているからである。

2　千葉県東総地域の廟墓

ミヤボトケが分布しているのは先にも述べた通り千葉県の東部と茨城県南部であるが、形態・大きさなどはいうまでもなく細部にわたっても地域差というものがあまりなく、産地や製作工房が単一かつ一定だったことを推測させる。現在工房を特定するまでには到っていないが、「高神村旧記」によると、犬吠埼にほど近い銚子市高神にはかつて砥石山があって、延宝五（一六七七）年までは「所之者」が売買していたが、その後今宮（同市）の者が請け負うようになったという⑧。同記にはミヤボトケなどの墓石を製作していた由の記述はないが、地元の石工等が副業として生産していた可能性は高い。

以下に、銘文によって造立の経緯がある程度判断できる代表的な事例をいくつか拾い上げてみる。逆修の場合を別にして、ミヤボトケは一周忌・三年忌・七年忌・十三年忌など、没後数年・一〇数年後に造立されたであろうから、いうまでもなく紀年銘が造立年とは限らないことをあらかじめお断りしておく。

【佐原市谷中自性院墓地】（谷中は中世以来香取社領として有名な大戸郷の一角にある。石塚山自性院（真言宗豊山派）の墓地には、千葉氏の一族で開発領主の末裔と伝える椎名家墓地がある。そこに六基のミヤボトケがあり、一基には「為道金禅門逆修善根也」「天正二十年壬辰十二月日　敬白」、もう一基には「□□禅尼　□善根世□」「□□年壬辰□□日　敬白」の銘があり、夫婦で逆修供養のため一緒に造立したものであると推定できる。

自性院は寺伝によれば明応七（一四九八）年、矢作城主国分氏の加護を受けて権大僧都尊勝法印が開山したという。戦国期から江戸期にかけては佐原市牧野の観福寺末で、観福寺文書「年未詳国分朝胤補任状」⑨が当寺の初見である。現所在地の小字は「談義所」で、ここにはかつて阿弥陀堂があった。自性院はもと現在地より南方の西坂にあったが、慶長一七（一六一二）年、現在地に移転したという。大檀那の椎名氏も千葉氏の庶流で、戦国期には下総各地に椎名を名乗る庶流が割拠していたことが知られている。

椎名家のミヤボトケが天正二〇（文禄元・一五九二）年という、関東にとっては微妙な時期であることは興味深い。豊臣勢関東侵攻に際して後北条氏方について敗北した千葉氏の一族が、この地の土豪百姓として再出発を果たした。そうした開発百姓の夫婦が揃って、逆修のミヤボトケを造立したのである。

現存する六基のミヤボトケは、大小の差こそあるものの概ね近世初期のもので、同家の墓地にあるその他の墓石は貞享二（一六八五）年をかわきりに、それ以降明治二四年まで連続し、いずれも板碑型・角柱型のこの辺りではごく一般的な近世墓石である。つまり貞享二年と天正二〇年ではほぼ百年間のブランクがあることになる。関東では特徴的ないわゆる板碑の時代が終わってから近世墓石が建てられるようになるまでのおよそ百年間、椎名家の墓地の風景ではミヤボトケがその主役であった。自性院にはもともと他の住民の墓地はなく、寺には椎名家の墓地と住職墓しかなかったが、最近になって墓地を整理し、他の檀家の墓も置くようになったということも注目しておいてよい。ちなみにこの村の墓地は、最近まですべて両墓制であった。

【旭市（旧海上郡海上町）松ケ谷東福院墓地】松ケ谷は海上町の北東部台地上にある集落で、東福院墓地小長谷家（千葉氏一族海上家の子孫）の墓地内には七基のミヤボトケがあり、そのうちの一基に慶長三（一五九八）年銘のものがある[10]。現在小長谷家は、同家のミヤボトケに内蔵されていたという銚子石製の墓碑四基、一石五輪塔一基を保管していて、墓碑は高さ二〇㎝ほどの角柱型、頭部は丸く整えられて月輪と二条線が施されている。表と裏に銘文が刻まれ「天正六戊寅　七月十四日　浄照院常光法師尊儀」「海上筑前守正恒　海上重郎法師重坊」とある。同家には他に、この墓碑に対応する合計二〇枚の繰出し位牌と海上氏関係史料が所蔵されている。現当主によれば、海上氏の墓地はもと中島城跡（天正一八年落城）にほど近い称讃寺（銚子市正明寺。現廃寺）にあったが、明治年間、今の松ケ谷に移したという。海上氏も戦国期までは海上地域の有力武将で、千葉氏に繋がる一族である。

　松ケ谷海上氏の墓がかつてあったという称讃寺は松ケ谷のほぼ真東にあたるが、寺跡がある地は海上氏の拠点中島城のあっ

写真上：佐原市谷中自性院椎名家墓地。
写真下：同上正面の刻銘拓本（『千葉県史料金石文編二』より）

写真上下：小長谷家所蔵の海上氏墓地とミヤボトケ納入物

た所で、現在は熊野神社がある。称讃寺は中世海上氏の菩提寺といわれ、寺跡にはいまも正明寺村の墓地があって、南北朝期の飯岡石製下総板碑があるが、その墓地内にも一〇数基のミヤボトケがある。ところで、その墓地と道を挟んで上部にある墓地は、もともと下の墓地と一続きの墓地だったと思われるが、近年道路と墓地の造成のため斜面を掘り返したところ、戦国期から近世初期に属する大量の墓石が出土した。それらの出土墓石にミヤボトケは一基もなく、中世石塔に混じって数基の一石五輪塔と一石宝篋印塔が出土しているのみである。古い墓地が廃棄された時期は不明であるが、ミヤボトケが墓地の石塔として用いられたのは新墓地に移行してからということになろう。ミヤボトケ発生時期を特定する手がかりになると思われる。

等覚寺墓地のうち、余山集落のミヤボトケ

【銚子市岡野台等覚寺墓地】　中島城跡の東側銚子市岡野台に曹洞宗等覚寺がある。等覚寺墓地には現在のところ六〇基を越えるミヤボトケが確認できる。等覚寺は領主松平外記によって慶長期に再興された寺院であるが、それ以前この場所には浄土宗引接寺の寺堂があったといわれている。境内に隣接した引摂寺跡の経塚からは、建長四（一二五二）年銘の、千葉氏平胤方（海上氏）が亡母のために埋納した経筒が出土している。境内薬師堂の本尊薬師如来立像を含む三体は鎌倉時代中期と末期ごろの作で、いずれも等覚寺の前身寺院のものであった。称讃寺とならんで当寺は千葉氏一族海上氏の菩提寺的存在であったと考えられる。

等覚寺には現在およそ三〇〇軒（岡野台四〇軒、赤塚一三軒、中島城跡のある三門一三軒、台地北側の利根川沿いの集落である余山四八軒、その他）の檀家がある。墓地は両墓制の祀り（祭り）墓で、おおよそではあるが集落ごとに区切られている。等覚寺に残るミヤボトケのうちもっとも古いものは慶長二（一五九七）年銘、次が元和二（一六一六）年銘であり、以下一八世紀初頭ごろのものを数一〇基確認できる。ただしこれらは没後数年後に造立されたとも考えられるので、造立年は若干後になるであろう。

檀家村のひとつである余山集落の中でもとくに旧家といわれる六軒は、その自然堤防砂丘上の一番高い所に集まっている。余山には二つの共同墓地があるが、外からはほとんど見えない島田ヒコエモン家（屋号）の屋敷地内に別の墓地が一ヶ所ある。この墓地はかつてヒコエモン家などの旧家六軒だけの埋葬墓地になっていて、確実に室町期以前と推定

等覚寺境内墓地のミヤボトケ分布図

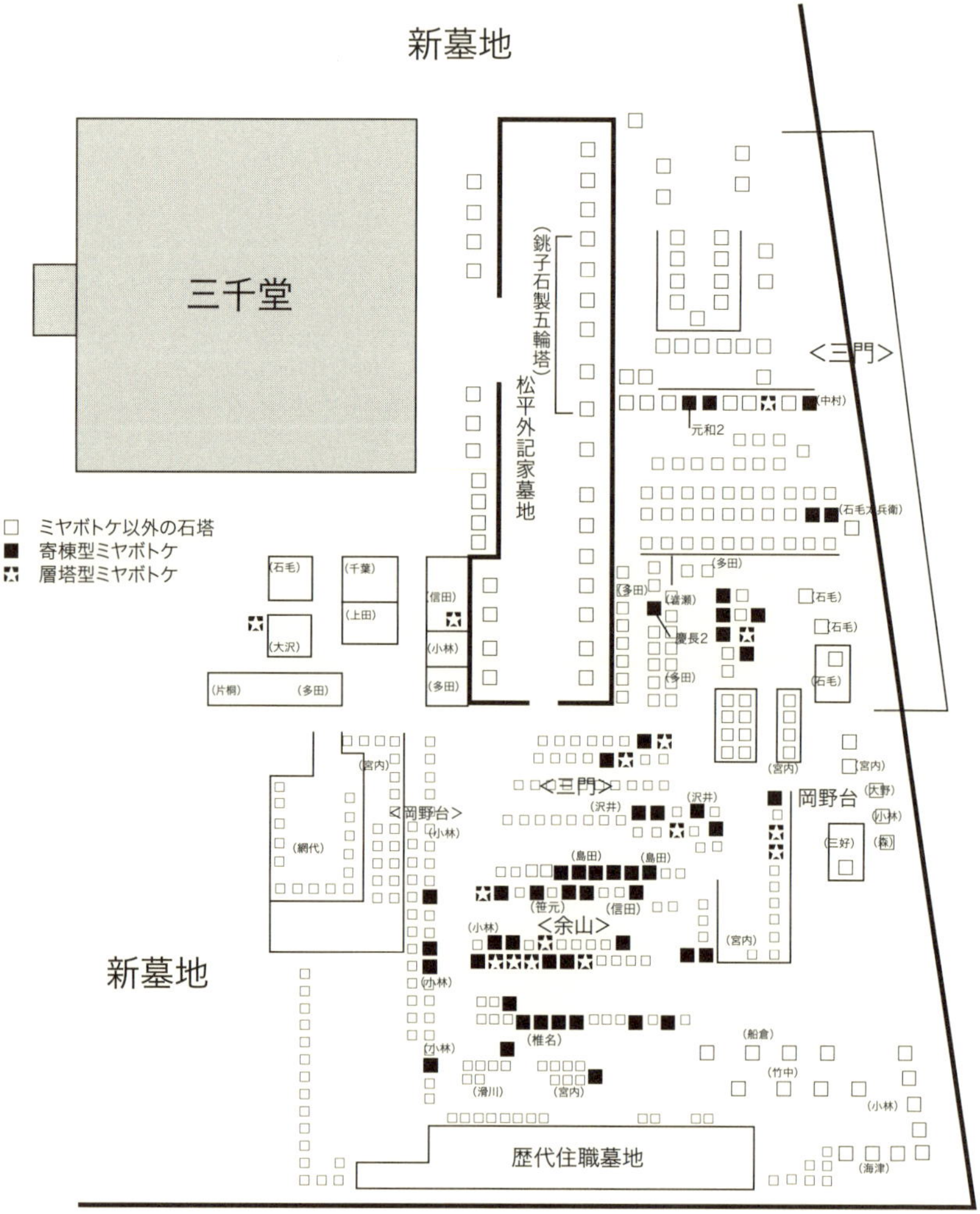

される銚子石製の大型五輪塔・宝篋印塔残欠が数点残っているけれども、やはりミヤボトケは一基もない。中世を通じて墓地として機能していたヒコエモン家屋敷内墓地は、近世に入ってから旧家だけの埋葬墓地として存続するとともに、新たに等覚寺内に祀り墓が設置されたと考えることができる。余山の旧家は等覚寺内に一区画の墓地を占め、そこに祀り墓としてのミヤボトケがある。埋め墓を居住地の近くに持ち、近世初頭以降、檀那寺に祀り墓を菩提寺の境内に置くという両墓制の姿がここにある。両墓制の埋め墓を屋敷や集落内から離して設置する傾向があることはよく知られているが、ここ等覚寺の場合は逆に、埋め墓は村内や屋敷近くに残し、祀り墓を檀那寺に設置していることは興味深い。両墓の分離がこの地では近世初頭期に行われたことを思うと、ケガレ観の増長だけが必ずしも両墓制設置の目的だったとは限らないことになる。むしろ宗教的な理由、つまりはセンゾ祭祀が祀り墓設置の主要な目的ではなかったか、さらなる検討を要するところであろう。

【八日市場市飯倉西光院】飯倉西光寺墓地には多数のミヤボトケがあるが、その中に内蔵されていた一石五輪塔・一石宝篋印塔（銚子石製）五基が寺に保管されている。他で見られるものよりひとまわり大きめでかつ形も整っており、初発期の気概を感じさせてくれるものである。銘文には「為蓮慶禅定門頓証菩提也」「天正十三季乙七月七日　酉　施主敬白」、「□□□法印吽照□菩提造立□也」「天正二十癸年三月二十六日　巳　□□□敬白」[11]とある。吽照は西光寺十世である。

西光寺は、戦国期から近世前期にかけ、下総東部地域から遠くは陸奥国磐城地方にまで勢力を拡大した太田幸蔵寺（旭市太田）の鏡範・鏡照（西光寺開山）系真言宗勢力の西方の一中心であった。西光寺住職である吽照の墓石がミヤボトケであったことからも、真言宗の僧侶が積極的にこうした新しいタイプの墓制を採り入れていたことを認めてよいだろう。天正一三年銘の一石五輪塔・一石宝篋印塔「蓮慶禅定門」の被葬者は不明だが、西光寺の大檀那椎名氏と思われる。この地域では、近世初頭に真言宗系の寺院とその僧侶が積極的に、それまでなかった新しいタイプの墓石の造立を有力檀家に勧めていたことを推測させる。

ミヤボトケは必ずしも真言宗系の寺院・墓地だけに存在しているわけではないが、曹洞宗の等覚寺を例外として、真言宗寺院以外の寺院に初期のものは少ないのも事実である。また天正期～寛永期あたりまでのミヤボトケのほとんどは、その村に中世以来の勢力を保っていた千葉氏等の土豪百姓かそれに連なるものばかりで、初期のミヤボトケのある墓地が中世城郭に近接している場合が多いのも示唆的である。それにやや遅れてミヤボトケを造立し始めるのが現在でも村落内で旧家と呼ばれる家筋、いわゆる開発百姓たちであり、一八世紀後半以降に創立された新しい家でミヤボトケを持っているところは少ない。つまり、ミヤボトケの成立は戦国末期から近世初頭、流行のピークは十七世紀後半、そして衰退期は十八世紀前半あたりということになる。

3　ミヤボトケの特徴

ミヤボトケには単層塔と層塔がある。単層塔は若干の例外を除いて寄棟造りの屋根を持ち、その下に四角い塔身、四角い平板な基礎という三部材からなる。屋根の大棟は太く、棟の断面はカマボコ型、軒反りは緩やかに下り、先端で少し上方に反る。塔身は上下に粗く刳り貫かれて空洞になっており、正面には四角い開口部がある。

開口部の周囲に鳥居様の刻文が施され、鳥居には扁額が彫刻されている。扁額に刻まれているのは胎蔵界を表す「ア」字が最も多く、他に「徳蔵院」「□覚院」「密厳院」「光明院」などの院号を刻むものもある。銘文は鳥居の左右に刻まれている場合が多いが、古いものほど鳥居の下部に刻む傾向にある。塔身の外壁四面に四十九院の刻文を施すものがあり、四十九院を施す事例は現在のところ元和七（一六二一）年を初例とするが、一七世紀後半ごろ造立されたものに多いとい

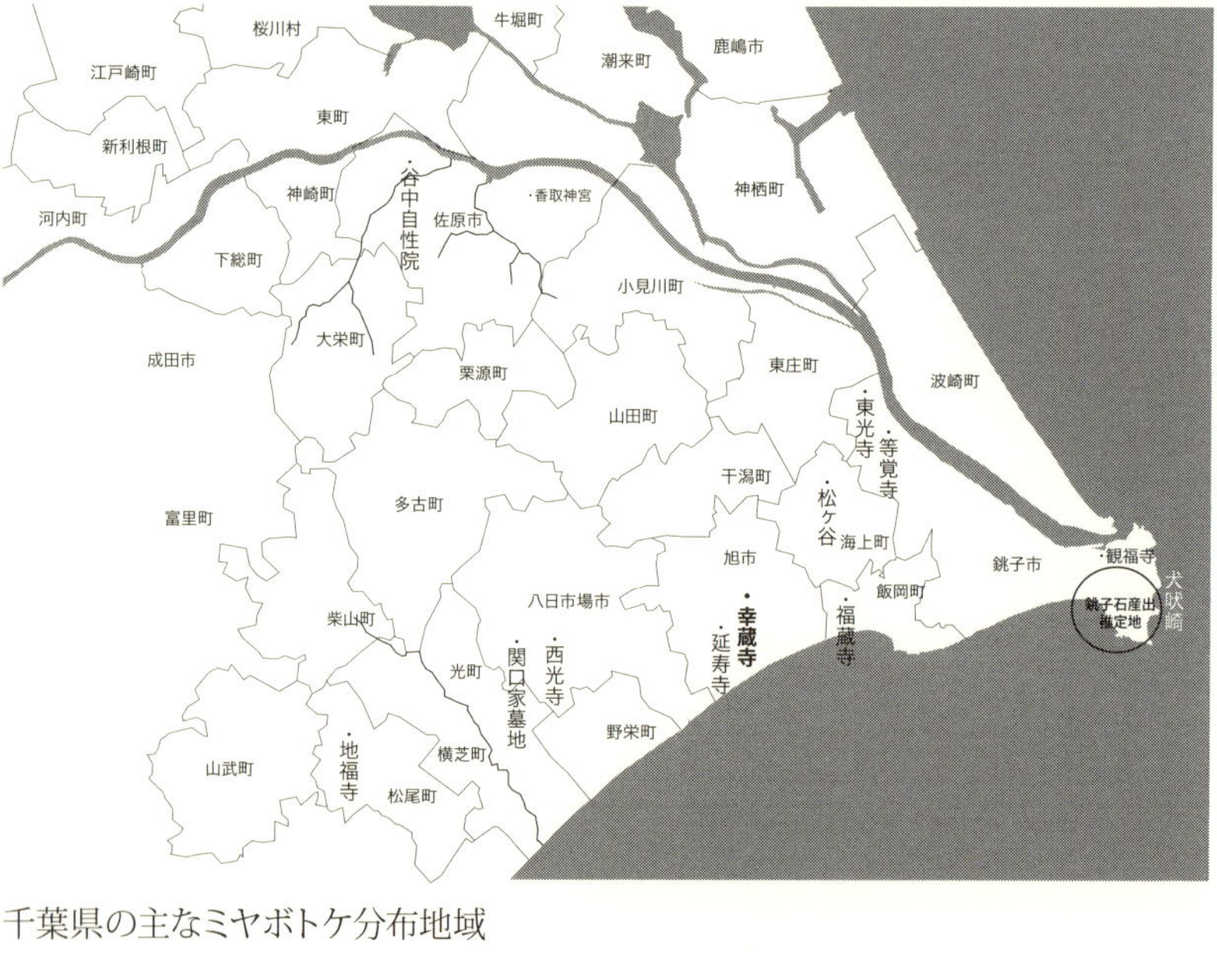

千葉県の主なミヤボトケ分布地域

千葉県銚子市等覚寺の小林家ミヤボトケ。塔身部壁面に四十九院刻門がはっきりみえる

う傾向がある。四十九院は割付線を引き、それをもとに板塔婆を縦に並べた模様を陰刻したもので、正面は特に精巧に刻み込んでいる。ただし簡略化されて割り付け線しか刻まれていないものも後期のものにはある。

層塔（三層・五層）は相輪と方形の屋根・四角い塔身・基礎からなる。相輪は東総地域で一六世紀初頭ごろから作られた銚子石製宝篋印塔の相輪に形態が酷似している。屋根型は方形で、下層にいくほど高さ・外寸ともいくぶん大きくなる。屋根の厚みは薄い。垂木を屋根裏に刻むもの、屋根の瓦を表現するものなどもある。内刳りは最下層と二層目で、仏像を入れた場合、それを二層目または最下層内部に入れ、正面開口部を通して外から仏顔を拝めるように工夫している。塔身には、木造の塔のような窓・窓枠・扉・柱・軒などが写実的に刻まれている。

銘文は最下層の塔身正面・側面に刻まれる。層塔の場合四十九院の刻文が施される例は少ないが、柴山町殿部田墓地の元和九（一六二三）年銘が早い例である。

内蔵物としては、高さ約二〇㎝あまりの一石五輪塔・一石宝篋印塔が入っていることが多い。仏像を納入する例も少なくない。如来形の一像を船形や板碑型の光背に浮彫りしたものである。石製墓碑が納入してある例は海上町松ケ谷の海上氏、八日市場市飯倉関口家など数は少ないが、関口家の例は墨書による胎蔵界大日種子が残っていて貴重である。

ミヤボトケがあるのは寺院の墓地または村の共同墓地である。それが関東地方では下総地方で特に多いと言われている両墓制の祀り（祭り）墓であることも重要である。等覚寺の場合が典型的だが、他にも山武市松尾町金尾地福寺墓地には金尾のほぼ全戸の祀り（祭り）墓がミヤボトケで作られ、そして村内にある三つの小集落ごとにザンマイ（ミハカとも呼ぶ。埋葬墓地）が設けられている。ミヤボトケのある地福寺墓地は現在もイシラントウ（石ラントウ。石塔墓地のこと）と呼ばれ、明らかに両墓制の祀り（祭り）墓となっている。ここも銚子市等覚寺の場合と同じく集落内にミハカ（埋め墓）、寺院墓地にイシラントウ（祀り（祭り）墓）を置く事例である。

千葉県山武市松尾町金尾地福寺（寛永年間銘）

西光寺蔵天正二〇年銘一石宝篋印塔（『千葉県史料　金石文』より）

千葉県八日市場市飯倉関口家ミヤボトケ内造物

4　全国のラントウ系墓石

ミヤボトケが一六世紀末、一七世紀初頭ごろから製作されはじめ、一七世紀以降、下総東部地域そして霞ケ浦沿岸地域に広がっていったことを概観したが、こうした傾向は他の日本各地のラントウ系墓石ではどうだったのだろうか。一部を紹介しながら、ミヤボトケとの比較を試みてみたい。

その際同じ堂塔型でも墓石として造立されたか、信仰礼拝するために仏像を安置する龕として造られたかは、ラントウの定義上非常に重要なことだ。供養塔の場合の礼拝の対象は仏菩薩だが、祀り（祭り）墓であるラントウの場合礼拝の対象は霊の依代としての墓塔であり、たとえその内部に仏像が納められていたとしても、ラントウは死者の霊が宿り鎮まる霊屋・霊廟として意識されていたと考えられるからである。

【群馬県・埼玉県】　群馬県は千葉県東部とならんで、関東地方でおそらくもっともラントウ系墓石の普及している地域である。正しくは群馬県から埼玉県の北西部（秩父地方・児玉郡）にかけての山沿い地域と、利根川や元荒川流域に同系統の墓石がひろく分布している。また同じ系統の墓石は長野県全域そして山梨県全域、群馬県に接する新潟県東部におよんでいる。群馬県では学術上、石殿と呼ばれているこれら石造物の調査はまだ十分ではないが、それでも『群馬県史』中世資料編八には中世に造立された可能性のあるもの一六件が掲載されている。

『群馬県史　資料編八』「中世四　金石文」編の解説には「石殿とは、その内部に石仏や石塔・神札などを奉安するため、木造建造物を模して石でつくられたもの」として、石造の仏殿・神殿（石祠）をも一括して扱っている。同書が掲載している一六例のうち、ラントウとして造立されたと考えられるものは文明一二（一四八〇）年銘の前橋市荒子町舞台薬師堂（寄棟。安山岩製。石造阿弥陀如来座像内蔵）、文明一三年銘の前橋市堤町五十嵐政重氏屋敷内二基（寄棟。安山岩製。正面に短冊形窓、方形窓。それぞれ石造延命地蔵菩薩・聖観音菩薩内蔵）がある。文明一六年銘の前橋市西大室町木村幸次郎氏蔵（寄棟。安山岩製。正面に花頭窓。石造阿弥陀如来座像内蔵）のものには「奉造立弥陀尊像」「□石堂一宇」「逆修念仏一結衆」とあって墓石とは認められないが、念仏一結衆が阿弥陀如来像を造立して「石堂」に安置した旨を銘記し、この種の石造物を当時「石堂」と認識していたことをうかがわせる。墓石として造立する場合と信仰供養塔として造立する場合の区別が、このころまだ未分化だったというべきであろう。厳密にいえばこの西大室の事例をラントウとすることはできない。

同県史には掲載されていないが、良質な砂岩（牛伏砂岩）が産出して中世以来石塔の材料を提供してきた県南部吉井町の仁叟寺（曹洞宗）には、同寺の開基檀那である奥平氏墓地に古形を残す牛伏砂岩製石殿がある。残念ながら銘を確認することはできないが、吉井町の調査によると応永二二（一四一五）年の銘があったという県内でも最古期の例である。全体に堂々として雄大であるが、正面に日月が陰刻してあることから、実際にはもう少し時代が下るかも知れない。この石殿には正面に方形の窓と逆ハート型の窓が彫り抜かれており、この逆ハート型は群馬・埼玉・長野・山梨のラントウ系墓石に特徴的な意匠であることから、同地方ラントウの原形に近いものと考えられる。なお内側に像形不明の石仏が内蔵されていて、墓石であったという確証は今のところない。

県北部の勢多郡宮城村柏倉の六本木家墓地にある永禄六（一五六三）年銘の二基（寄棟。夫婦による逆修供養塔）には、僧形の像がそれぞれに一基づつ内蔵されている。これは仏像というよりも夫婦の姿を現してい

群馬県吉井町仁叟寺。年未詳奥平氏墓地

群馬県宮城村六本木家墓地

群馬県伊勢崎市金蔵寺墓地

るように見える。石殿には一石で二像一対になった陽刻の像が納入されることが多いが、その初期の例である。夫婦が一緒の墓地・墓石に祀られることが近世初期の墓石に多く見られることと関係があるのではないだろうか。

伊勢崎市波志江町金蔵寺（真言宗）墓地には寛永一四（一六三七）年銘で同型の石殿が都合六基、やや遅れた紀年銘の石殿と合わせて全一四基が一列に並んでいる。すべて逆修塔で、なかには金蔵寺二世にあたる「権大僧都法印祐慶」の名も見え、祐慶がおそらく檀家等に勧めてこれらの石殿を造立させたのであろう。この石殿のほとんどには塔身に四十九院の模様が施されている。四十九院が施された石殿は群馬県地域でのこれまでの調査によると寛永年間以降のものに多い。金蔵寺のように、僧侶が主導してこうした墓石（逆修供養塔）を造らせた形跡が濃厚である。

いまひとつ、金蔵寺の石殿にはそれまでの中世の石殿にはない大きな形態的特徴がある。それまで寄棟型だった屋根形が奥行きに比して極端に丈が高くなって入母屋型になり、異様なまでに屋根の反り返りを強調するようになることである。軒先には鬼瓦を表したと思われる鬼面を刻みだすなど、この時期特有の表現が生まれてくる。また宝形造りで屋根に相輪や宝珠を乗せる宝形造りタイプのものもあるなど、形態的な変化と形式化に比例して、一気に造立数が増加していく。それまで前橋市や高崎市・渋川市など、赤城山麓や県南部の東山道近辺に造立が限られていたが、一七世紀中ごろからはほとんど県内全域にまで普及していく。この傾向は先に見た千葉県のミヤボトケの場合と同じである。

正面の逆ハート型の窓や方形の窓（禅宗様建築の窓や格子扉を表現していると思われる）など石殿の様式的な特徴は、群馬県から長野県、山梨県に残る同型の石造物にひろく受け継がれていく。この地域におけるラントウ系石造物の形態的な起源は、すでに一五世紀には北関東地方ででき上がっていた。そして一六世紀の中ごろにはそうした石塔がラントウ系墓石として用いられるようになり、近世への移行とともに四十九院を施すという新たな石塔荘厳上の変化が起きて上層の百姓等の間でさかんに採用されるようになり、しばらくして庶民一般にまでひろく普及したのである。

『埼玉県中世石造物調査報告書』（一九九八）には中世の石堂として一〇数基が報告されている。このうち県東部の江戸川に面する吉川市吉屋の柳沢家のものは銚子石製で、正面に鳥居を陽刻して塔身内に一石五輪塔・宝篋印塔を納入するなど、下総東部のミヤボトケそのものである。残念ながら柳沢家の場合、家の系譜も含めてその伝来は不明である。

埼玉県内でもっとも古い記年銘を持つのは、群馬県との境界に位置する児玉郡上里町嘉美神社境内にある永正一二（一五一二）

埼玉県児玉町金屋天龍寺墓地内のラントウ内蔵物。天正12年銘如意輪観音坐像半肉彫石牌

年銘のものである。正面に圭頭板碑型の開口部があり、四角い格子窓様の穴を八つ穿っているのは群馬県の石殿の作り方に共通する。墓石として造立されたかどうかはっきりしないが、四方柱を刻み出すどっしりとした姿で群馬県の古い石殿に相似している。

次が天文六（一五三七）年銘を持つ児玉郡児玉町金屋天龍寺（曹洞宗）の開基墓と伝えられるもの。塔身に日月が陰刻されているのは、吉井町仁叟寺の奥平家のものに似ている。天龍寺には倉林家墓地に無銘の石堂があり、塔身内に天正一二（一五八四）年銘の如意輪観音座像と無銘の地蔵菩薩座像を半肉彫りした石牌が納入されていた。同家墓地には他に、塔身に四十九院を見事に彫り込んだ近世前期の巨大な石堂もある。その中には五輪塔が陽刻された石製墓碑が納入されている。

県内では他に、無銘ではあるが東松山市上唐子浄空院に銚子石製のミヤボトケがあり、これについては三節でふれることにする。他にも寛永期以降の年号を持つものは県内に多数あり、それらの形態は群馬県や長野県に普及しているものと同じく、屋根が極端に反り上がった形態のものである。埼玉県の石堂は児玉郡から北足立郡あたりまで見られるが、東は元荒川沿いの鴻巣市・北本市あたりまでが限界である。

【長野県】　長野県には北部の長野市周辺から諏訪・伊那地方にかけての全域にラントウ系墓石が存在するが、これらの石造物のことを、諏訪地方から伊那地方の北部にかけての地域では現在もラントウと呼んでいる。形態的な特徴は群馬県のものとほとんど同じで、同一のグループに属していると思われるが、記年銘による造立年代では群馬県や埼玉県ほど古いものは今のところ確認できていない。

岡谷市尼堂墓地にある寛永七（一六三〇）年銘の永田徳本墓石（入母屋造、神宮寺石製）は総高一二四㎝と大型である。永田徳本は戦国期この地方でよく知られた名医といわれ、多くの人々がお守りとして石を削り取ったために全面が穴だらけになっている。同氏墓地には他に、寛永一三（一六三六）年銘の同型同大のラントウ（入母屋造、神宮寺石製。四十九院彫刻あり）がある。銘文には「□定門塔也」とあり男性の戒名である。

岡谷市には他に、年未詳ながら唐破風のある巨大で精巧なラントウが宗平寺（臨済宗）跡墓地にあり、緑泥片岩製板碑二枚が内蔵されている。宗平寺跡墓地にはラントウがきわめて多数残されていること、五〇ｍほど離れた下流には埋葬墓地があってこの地域では比較的珍しい両墓制であることなど、注目すべき点が多い。

諏訪市有賀江音寺（臨済宗妙心寺派）には、同寺の中興開基檀那であり近世高島藩の家老だった千野氏の墓地に立派なラントウが二基ある。その中の一基、寛永一六（一六三九）年銘塔（入母屋、神宮寺石製、四十九院あり）は精巧な作りで、銘に「峯照院殿　月窓栄心大禅定尼」とあり、千野家の女性のためのものであろう。

【中国・近畿地方】岡山県のラントウについては早くから土井卓二の報告がある。氏は『石塔の民俗』（一九七二）の「ラントウ考」のなかで各地の例を引きながら考察し、岡山県下にひろく分布する豊島石（香川県小豆郡土庄町豊島産出の角礫凝灰岩）製のラントウのいくつかを紹介している。岡山のラントウは反りが強く、丈の高い入母屋式の屋根（この点では長野県・群馬県下の近世初期のラントウに酷似する）、内部を大きく刳り貫いた塔身部からなっている。塔身内部奥壁には五輪塔または圭頭型位牌や仏像が陽刻され、日蓮宗系寺院の場合

長野県諏訪市有賀江音寺千野氏墓地

長野県岡谷市尼堂墓地。中央で正面に九個の穴が開けられているのが徳本墓石。その右手前が寛永 13 年銘墓石

長野県岡谷市宗平寺墓地

落岡山県合町大庭妙蓮寺跡のラントウ

には火輪が鋭く上に跳ね上がった独特な五輪塔や位牌が半陽刻され、題目と戒名が刻まれている。正面には格子状の穴を精巧に穿った観音開きの石製扉が造り付けされ、塔身外壁には蓮華文が彫刻されている。

現在のところ真庭郡落合町大庭の妙蓮寺（日蓮宗、廃寺）跡にある天正一三（一五八五）年銘（以下同形のものが七基ある）がもっとも古い例とされ、倉敷市児島通生の真言宗般若院には慶長四（一五九九）年銘（以下五基）のもの、備前市西片上の真言宗真光寺にある寛永九（一六三二）年銘（以下多数）のものなどがある。邑久郡邑久町余慶寺（天台宗）本堂左手にある寛永二一（一六四四）年銘のラントウは巨大で、総高一九八㎝を計る。

備前市真光寺の墓地には寛永九年以下多数のラントウが林立しているが、興味深いのはその基壇下部に備前焼の大瓶が骨壷として埋設されていることである。寛永一六年銘のものには永禄年銘を筆頭に大振りの一石五輪塔四基が内蔵されている。奥壁に五輪塔が陽刻され、戒名や種子に金泥・朱が塗られているものもある。豊島石ラントウは大型のものばかりではなく、総高一m以下の小型のものは各地の墓地内に多数ある。しかしこれらはかなり庶民的なものらしく、銘文のないものが多い。

兵庫県の瀬戸内海沿岸部には岡山県と同様の豊島石ラント

兵庫県加西市陽松寺墓地。手前〈写真左〉に大型五輪塔（造立年代未詳）を中心とした方形の壇、奥〈写真右〉には各家毎の四十九院ラントウ。その間には一石五輪塔を四十九基横一列に並べた四十九院が配置されている。陽松寺の裏山は小谷城跡で、この墓地は小谷城に拠っていた赤松家のものと伝えられている。赤松祐尚（天文 11 年没）の位牌が同寺にあり、写真の墓地内には幕末に再建された墓石もあるというが、現在無住のため詳細を確かめることができないのは残念である。

岡山県備前市真光寺墓地。五輪塔は永禄年間銘

ウが分布しているが、内陸部になると若干趣の異なったラントウ系墓石が散在している。この地域ではイシホウデン（石宝殿）と称されているもので、加西市北条町小谷の陽松寺（曹洞宗。『加西郡誌』の寺伝によれば赤松氏により天文元年の開創という）のものは墓地の景観を含めて興味深い例である。本堂裏手に人造の池があり、そのほとりにひときわ大きい五輪塔を囲むようにやや小さめの五輪塔が方形に配置され、一種の結界を形成している。その背後に計一七基のラントウが横一列に並んでいる。屋根は入母屋式で丈が低く、塔身部は側壁と奥壁の三石で構成され、平板な土台石の上に乗せるという素朴な造りをしている。塔身部内側には紙を貼り付け、その表面に墨書で四十九院の全院名等が列記されて、戒名と没年もそこに書き込まれている。最古のものは寛永八（一六三一）年銘で以下一八世紀まで続く。内部には複式の五輪塔・宝篋印塔が一～三基納められている。大型の五輪塔と方形の結界とラントウとの間には、一石五輪塔を横一列に四九基並べた、独特な四十九院が設えられているが、二度目に訪れた時には鳥取県西部地震のためにかなり破損していたのは残念であった。この系統のイシホウデンは付近の寺院にも多数あり、この地方でひろく普及していたものなのだろう。加西市南方の一乗寺近くの墓地には、年号未詳ながら、古形のイシホウデンの正面に鳥居が半陽刻されているものがある。これは千葉のミヤボトケを彷彿させるものであった。内部に素朴な仏像を納めてあるものもある。

京都市右京区京北中江町カミノボチの木造ラントウ

余談だが、陽松寺のある加西市北条は、柳田国男の母親の実家があった村で、柳田自身も少年時代、東京に転居するまでの数年間住んでいたところである。当然、彼は陽松寺のラントウとこの特異なラントウ墓地を見ていたはずである。興味深いのは、節末の表にもあるとおり茨城県利根町布川の来見寺にも中世土岐氏のラントウ二基があることで、知られている通り柳田少年が東京に来て学校にも行かず過した関東での最初の居住地が布川であった。来見寺はこの村の主要寺院である。不思議な因縁というほかはない。

【京都府北部】竹田聴洲が紹介している京都市右京区京北中江町（旧北桑田郡京北町）には木造のラントウがある[12]。中江にはカミノボチとシモノボチがあり、その両方に数棟ずつ木造ラントウがある。小型のお堂ほどの大きさで、棟札によればカミノボチ岩本株の「卵塔」は平成七（一九九五）年に新築されたものであった。内部には室町期以来の宝篋印塔・五

全国のおもな石造ラントウ（ただし京都市は木造）

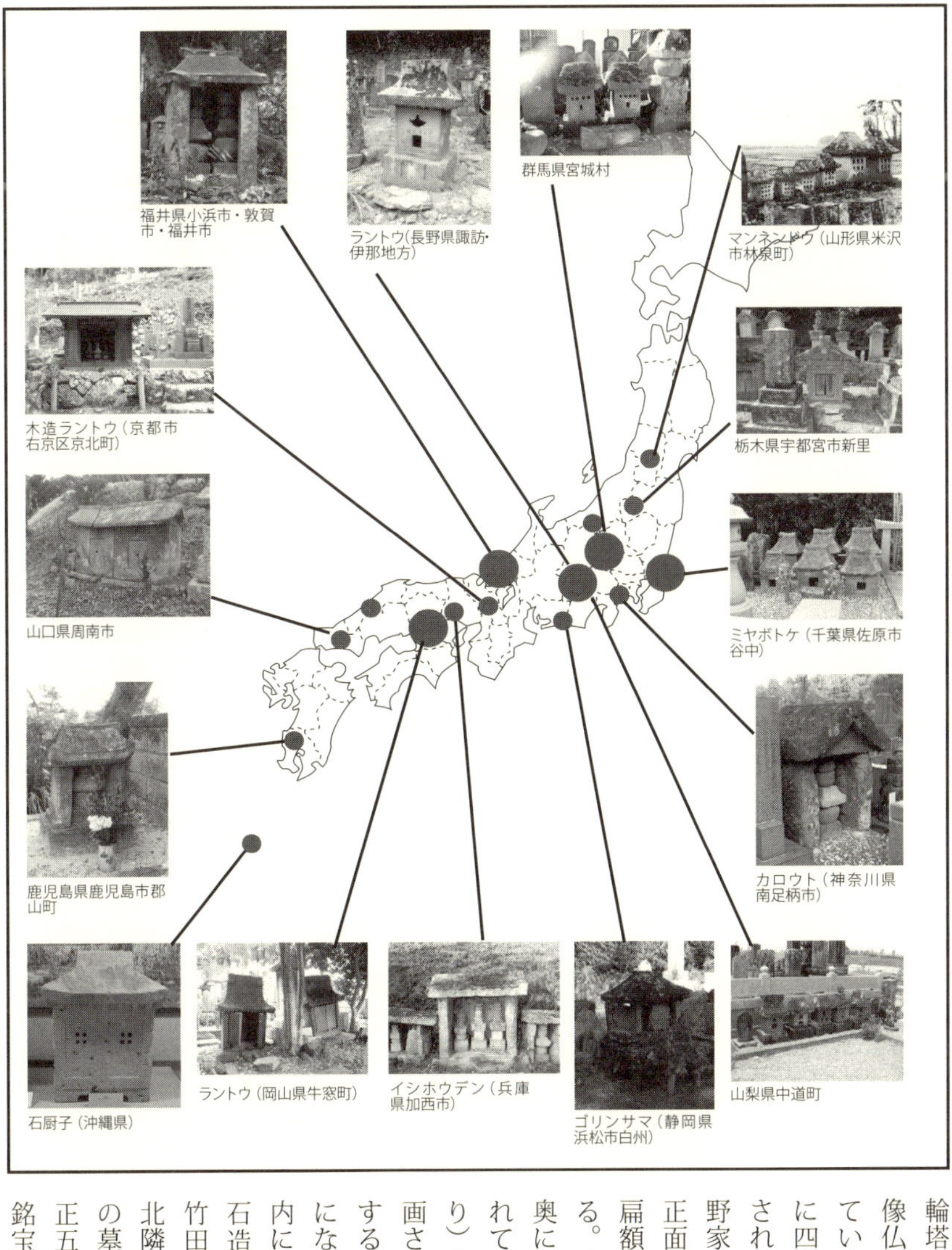

輪塔の他、位牌や仏像仏具類が納められている。側壁の内側に四十九院名が墨書され、シモノボチ浅野家のラントウには正面に「兜率天」の扁額が掲げられている。ラントウの一段奥に埋め墓が設けられていて、祀り（祭り）墓と埋め墓が区画されながらも隣接するタイプの両墓制になっている。墓地内には室町期に遡る石造物も多数あり、竹田聴洲は、中江の北隣りの比賀江集落の墓地を調査し、永正五（一五〇八）年銘宝篋印塔を最古と

愛知県甚目寺町釈迦院蔵「甚目寺観音境内図」部分。門前左手に墓地があり、そのなかに数棟の木造の小堂がみえる。なかに容器が描かれているが、その形は禅林寺のラントウと同じで、骨壷と考えられる。（写真：名古屋市博物館）

三重県津市神戸自治会蔵「熊野観心十界曼荼羅」賽の河原部分。建物の側壁をよくみると墨書が施されていることがわかる。それがただの板壁でなく文字が書かれるべき率塔婆を用いた建物であること、つまりこれが四十九院を施したラントウであることを、これほど小さな画面でさえも強調したかったのであろう

京都市永観堂禅林寺蔵「六道十王図」賽の河原の場面部分。熊野観心十界曼荼羅の賽の河原場面のモチーフになったと考えられる。賽の河原の上部に木造ラントウが描かれている。内部には五輪塔が納められているものと、もう一種、壺のようなものが納められているものとがある。これは骨壷と考えられる。現存するラントウの内部に骨壷が入れられている実例は現在のところ知見がないが、ラントウが置かれている地面に骨瓶を入れている例は、長野県飯田の文永寺の弘安石堂、岡山県備前市真光寺ラントウがある

する石塔以来、近世にかけて連続する「詣り墓」墓地を検出し、両墓制が中世末から近世、現代まで連続している墓地と評価した。両墓制論の一画期の端緒となった村である。しかし竹田は石塔に注目しながら、それを収めている木造のラントウにはほとんど注意を向けていない。こうした傾向は実は筆者も含めて他の研究者も同じで、石塔にばかり気を取られ、全体的に墓地やそこにある施設に目を向けていない場合が多いのである。

土井卓治が指摘している通り、ラントウはもともと木造のものだったと思われる。たとえば奈良市西大寺墓地の納骨堂は板壁として周囲に木製板塔婆を打ち付けており、四十九院の原形を彷彿させる。今後の調査によってもっと多くの例を挙げられるだろうが、中世末から近世に描かれた寺院の宗教画・境内図等を改めて精査すると随所にその姿を認めることができる。江戸初期に描かれた「高野山参詣曼荼羅」[13]には、五輪塔を運ぶ僧侶の姿とともに「モクシキ上人」（木食応其）と札が貼られた木造ラントウおよび五輪塔を納めた数棟のラントウが描かれている。熊野比丘尼が持ち歩いたという熊野観心十界曼荼羅[14]にも、中央の賽の河原で子供が石を拾って積み上げている傍らに五輪塔を内蔵した木造ラントウが描かれており、こうした例はまだいくつも見いだすことができる。このことについては第四章で詳述するが、熊野観心十界曼荼羅の木造ラントウの側壁には、明らかに墨書で縦に文字が書かれていて、京都中江の木造ラントウとほとんど同じである。これが四十九院を表していることはほぼ明白である。

【その他】山形県・宮城県・新潟県・福島県・栃木県・神奈川県・静岡県・京都府・福井県・島根県・広島県・山口県・香川県・愛媛県・高知県・熊本県・鹿児島県にもラントウ系の墓石が分布しているが、折に触れて紹介したい。

5　四十九院と弥勒信仰

ラントウ系墓石の形態は地方によって様々だが、いくつかの共通点がある。第一に堂塔型で建物を模したものであること。第二に内部に墓石・仏像・位牌など故人の供養に関係するものを納入または彫り付けていること。第三に、群馬県・埼玉県・福井県・鹿児島県など室町期から事例がある地域を除き、その初見例が天正末年ごろから寛永年間ごろにかけて集中すること。第四に、すべての個体ではないが、四十九院の模様を施した例が多くあること、などである。以上の共通点すべてについて検討するのは後考に俟つとして、四十九院と弥勒信仰に関してはここで若干触れておきたい。

弥勒信仰については宮田登『ミロク信仰の研究』（一九七五）や平岡定海『日本弥勒浄土思想展開史の研究』（一九七七）、宮島新一「釈迦追慕と弥勒信仰」（『図説日本の仏教四　鎌倉仏教』所収。一九八八）ほかすぐれた研究蓄積があるが、それらはほとんど鎌倉期までを対象にしており、室町期以降の弥勒信仰や四十九院と墓地との関係については残念ながら述べているところがない。

四十九院はいわゆる弥勒三部経と呼ばれる教典に描写されている弥勒の浄土兜率天にある四十九重の宝宮がその根本で、行基が各地に建立した行基四十九院もこれに倣ったものという説もある。四十九院が墓地の施設に採用されるようになったのがいつごろかについては次章で検討するが、室町期の「修験道無常用集」[15]は修験が葬墓の実際に携わる際の教科書で、そこに「四十九院建立于墓所之図」が描かれている。中央に木製と思われる角塔婆が建てられ、周囲には一枚一枚に四十九院の名を書いた板塔婆を立て並べ、四方には扁額を掲げた鳥居様の門（四門）が設けられている。扁額を掲げた鳥居を塔身に刻むミヤボトケはこの図に則っていることが了解できよう。次章で詳しく検討する鹿児島県鹿児島市郡山町岳にある文正元（一四六六）年銘を最古の例として、茨城県真壁町伝正寺浅野家霊廟、兵庫県加西市陽松寺の例、栃木県宇都宮市新里の高橋家（明暦二年以下大正期までの同家当主の全墓石がラントウ系墓石である）、先述の京都市京北中江町のラントウなどを、四十九院の全名称を忠実に記している例として挙げることができる。

三重県津市神戸自治会蔵『那智参詣曼荼羅』。那智の補陀落渡海の船には四十九院で囲われた屋形が設えられている

火屋（火葬場）の場合ではあるが史料としては、慶長一五（一六一〇）年の細川幽斎の火葬の場には、四十九院・鳥居・四門がしつらえられていた[16]。このように四十九院を表現することがラントウの大切な要素であり、たとえそれが刻まれていなかったとしても、ラントウ造立の背景には弥勒の兜率天浄土信仰があったと考えられる。

その姿から当然予想されるように、四十九院の形態的原型は埋葬墓地の施設としてひろく用いられていた釘貫・忌垣であろう。ところで、釘貫に四十九院の名称を施すことによって墓地はその意味をまったく変えてしまうことになるのではないか。忌垣・釘貫は死骸の周りに忌串を刺し巡らせ、死者の荒ぶる霊をその中に鎮め籠めるものと考えられる。ところが四十九院は逆に、弥勒下生の時まで死者の霊をこの世に留めておくための「死者の住家」として機能することになる。弥勒下生信仰のもっとも先鋭的な表現が、ミイラ化してこの世に肉体を留める即身成仏であることを思い出していただきたい。つまり、四十九院はそれまでの墓の概念を逆転させてしまった可能性さえあるのである。

新谷は、埋葬墓地の上部施設で家形に分類されるものとしてタマヤ・オサヤ・ソトガン・シズクヤ・スズメドウなどを報告しているが、このうちのシズクヤ、スズメドウはいずれも四十九院の転訛した語であるという興味深い考えを提示している。両墓制・単墓制に限らず、墓地の施設として四十九院はある時期にしっかり定着したのである。単墓制を採用した墓地においては、死骸が朽ちるとともに墓上施設であるソトガン・シヅクヤなどの四十九院も朽ち果てることを良しとしたが、両墓制を採用した墓地では埋葬墓地の他に祀り（祭り）墓を設け、霊の鎮まる場所として兜率天浄土の象徴としての四十九院を表現したラントウを造立したのではないだろうか。

埼玉県鴻巣市勝願寺牧野家墓地牧野康成三層塔。康の子信成が康成十三回忌にあたる慶長15年造立。向かって右隣が二代目信成の三層塔。慶安3年銘

埼玉県鴻巣市の勝願寺（浄土宗関東十八檀林のひとつ）に近世大名牧野家の廟墓があり、同家歴代の三層塔の墓石が現代にいたるまで一〇数基林立している。初代牧野康成の墓石は三層塔（相輪と最上層の屋根・塔身を欠く）で、その子信成が康成十三回忌にあたる慶長一五（一六一〇）年に建立した。なぜかこの塔だけはきめの細かい砂岩でできているが、表面の黄色い色合いや赤茶けた酸化の具合といい、銚子石製の砂岩と考えられる。その上屋根の調製が、千葉県旭市井戸野延寿寺の元和七（一六二一）年銘塔とまったく同じであることも決め手となるだろう。下総のミヤボトケが造られはじめるほぼ同じ時期に、牧野氏という三河からやってきた徳川幕府重鎮がミヤボトケを墓石に用いたということは、どういう意味を持つのだろうか。

康成の跡を襲った信成の墓石がその右隣にある。その銘文に「奉

高野山上杉謙信廟

造立　為支提妙塔一基意趣者／性誉哲心大禅定門菩提也／従四位下牧野内匠頭／源朝臣信成春秋　七十三薨／於是欄楯不□□□竜華樹可期三會之暁／于時 慶安三庚寅年」とある⑰。一部文意不明な個所があるが、「欄楯」という語がこうして墓石そのものに刻まれている例は貴重である。また「竜華樹可期三會之暁」とある文言は明らかに、五十六億七千万年後の弥勒下生を信じて竜華樹下での三会の説教に臨席したい、という弥勒下生信仰の表明である。牧野家廟墓については本章第三節でさらに詳細に検討することにしたい。

　このような大名墓と弥勒信仰とが結びついた例は特殊かというと、実はそうではない。高野山内に今も多数残る大名の霊廟のうちには、上杉謙信霊廟・武田信玄霊廟など四十九院が表現されているものが意外に多い。また全国各地の大名・小名の霊廟にも四十九院を華麗に表現しているものが多数ある⑱。

千葉県旭市（旧海上郡飯岡町）福蔵寺に次のような文書が残されている⑲。

月牌請取之事

為　権大僧都法印成甚菩提也、夫当山ハ諸仏雲集之浄刹三地唱定之霊地也、依之諸檀越等抛財於此峯起信於此山尓毎月不退之霊膳夙夜唯念廻向香花茶湯塔婆灯明至五十六億七千万歳慈尊出世三会暁迄无怠者也、依証状如件

于時正保二年四月二十五日

高野山金剛峰寺　往生院金蔵寺（印）

　ここにみえる金蔵寺は福蔵寺住職法印成甚菩提のために月牌供養を高野山で行うための取次をしている。『高野春秋』によれば、千葉介胤直が師檀関係を取り交した正長元（一四二八）年以来、下総国の人びとの高野山での宿坊は高野聖の中心寺院蓮華三昧院と決まっていた。ところが近世はじめ、蓮華三昧院院主頼慶のときに三昧院は力を失い、慶長一五（一六一〇）年には往生院に吸収されて名跡だけを残して廃寺になってしまう。おそらく正保年間までに往生院谷金蔵寺が中世以来の下総国との師檀関係を継承したのであろう。ここでも慈尊（弥勒）下生信仰が高野山信仰といかに強く結びついていたかを如実に見る

ことができよう。

相模国の例だが「高野山高室院月牌帳」（「高野山高室院文書」『寒川町史』一〇、一九九七）には「相州西郡千代太田豊後／円宗浄悦／天文十八年十二月十七日／月牌四十九院五輪立」とあって、月牌供養に四十九院と五輪塔を立てる場合のあったことが知られる。これがラントウの四十九院と直接結びつくとは限らないが、死霊を祀る石塔を設け、そこに四十九院を施すという新しいアイディアが中世後期の高野山あるいはその教派周辺で採用され、やがて徳川氏による天下統一という新しい時代の登場とともに全国的に普及したのではないか、という仮説を立てることも不可能ではないように思われる。

千葉県の真言宗寺院の活動が室町後期から近世初期にかけて活発化することと、ミヤボトケの普及がどう関係するかは今後の課題である。

小結

日本の弥勒信仰は古代においてもっとも盛んに行われていたことはよく知られている。平安期以降阿弥陀信仰が優勢になると、浄土といえば阿弥陀仏の極楽浄土が中心とされてきた。しかし弥勒の兜率天浄土信仰は、南都仏教の間では鎌倉期以降もなお強勢であったし、平安末期から全国的に流行する経塚（如法経埋納）も天台系の法華経信仰が結びついた弥勒下生信仰にもとづいている。にもかかわらず室町期以降の弥勒信仰についてはほとんど注目されてこなかった。

これまで見てきたように、中世後期以降弥勒信仰が全国でさかんに展開されるためには教義的裏付けが必要で、それを主導する多くの宗教者と、宗派を超越した拠点がなければならない。弥勒信仰を葬制墓制に持ち込んだのは、あるいは真言密教の僧侶をはじめとして鎌倉中期以降活動が際立ってくる律宗教団、高野聖、修験者など、高野山を拠点あるいは霊地として活動する宗教者たちだったのではないだろうか。空海が弥勒下生を待つために即身往生したという説はすでに平安期以降ひろく宣伝されていた。高野山への納骨信仰も、即身成仏して山内奥の院に生き続ける空海とともに、弥勒の下生を待つという弥勒信仰の現れで、こうして全山が死霊の集まり来る霊地となったのである。宮島新一氏が明らかにしたように中世的な弥勒信仰は、平安末期の寿永二（一一八三）年の笠置寺弥勒斎会、龍華会の挙行を契機に鎌倉期期にわたってたかまりをみせる。この時の南都勢力のネットワークから後の南都中心の弥勒信仰が全国に拡散していったらしい[20]。

そうした弥勒信仰、兜率天浄土往生信仰に触発され、戦国期から近世初期にかけて各地の大名・小名が競って納骨し、また菩提寺とは別に霊廟を建立する。豊臣秀吉の豊国廟や徳川家康の日光東照宮に代表されるように、霊廟を華美に荘厳する風潮が突然戦国期以降流行し始めるのも、同じ流れのなかにあるように思える。そうした流行は大名や武士・僧侶のみの特権ではなく、上層農民のラントウ造立に触発された庶民までが、戦国乱世の終焉と新しい政治・社会体制の到来とともに、自らの死後も当来仏弥勒の下生を待ち望むことを選択し、先祖の霊が宿る祀り（祭り）墓、廟墓ラントウを採用するようになったのではないだろうか。ミヤボトケが真言宗寺院に多いということだけでラントウの推進者が真言密教僧であると決めつけるわけにはいかない。もちろんミヤボトケが真言宗寺院が強盛な地域には一五世紀に遡る事例がある。日蓮宗系寺院が独特なラントウの形式を採用している岡山県などの例もある。つまり、廟墓ラントウは地域の宗教勢力がそれぞれ、自らの師檀関係を強固にするため中世末期から近世初頭期にかけて祀り（祭り）墓の一形式として採用したものなのであろう。

石造物としてのラントウ研究はまだほとんど未開拓の分野である。しかしラントウがかつて全国的に普及していたことが明らかになった以上、墓制史としてばかりでなく、中世から近世への日本人の精神史、社会史を考えるうえで、今後ラントウの研究は避けることができない。それにしても千葉県をはじめとする各地の事例研究のみならず、中世後期以降の弥勒信仰、絵画資料に表わされた墓地・墓石・ラントウの精査、両墓制の成立とラントウとの関わりなど、解明すべき課題は山積している。

注

①『千葉県史料 金石文篇』二。同書では佐原市谷中自性院の天正二十年銘塔を「廟墓」としている。篠崎四郎編『銚子市史』（一九五六）には「異形石塔婆（宮仏）」としてミヤボトケを紹介している。おそらくこの石造物を紹介したもっとも早い文献であろう。

② 三宅宗議氏ご教示による。

③ 岡山県周辺、福井県等は土井卓二氏ご教授による。また川瀬潔氏『キリシタン遺物と豊島石』（一九九五）は豊島石製ラントウなどをキリシタンの墓と考えて日本中を情熱的に調査しておられ、大変参考にさせていただいた。ラントウをキリシタンの墓と考える人は全国におられるが、その独特な形状・異国情緒漂うその形態、模様などからそう思わせるのであろう。

④　群馬県の堂塔型石塔を石殿と呼んだのは川勝政太郎であると近藤義郎氏からご教授いただいた。また『続日本石仏図展』（日本石仏協会編、一九九五）では本稿で採り上げている各地のラントウを紹介し、成立には全国的に歴史的な関係があったろうと推測している。

⑤　『日本方言辞典』（一九八九）では「らんとーば、だんとーば、なんとば、らんとー、らんば、らんとばか」などのラントウ系民俗語彙が北日本から中国・四国地方まで広範にあることを示している。新谷尚紀『両墓制と他界観』（一九九一）でも同様の結果である。中国・四国・九州に少ない傾向があるように見えるが、民俗調査報告にばらつきがあるために、実際にはほぼ全国におよんでいると考えられる。

⑥　注④新谷。

⑦　土井卓治「両墓制とラントウ」『日本民俗学』一六八、一九八九。『葬送と墓の民俗』所収。一九九七。岩田書院。

⑧　東京大学史料編纂所所蔵文書。『千葉県史料 近世篇 下総国上』。

⑨　『千葉県史料 中世』。一六世紀中ごろか。

⑩　『海上町史』史料編一。

⑪　『八日市場市史』。『飯岡町史』によれば、この近辺では今も「西に西光、東に東光、中の大寺大田大坊」と謡われたほど、太田幸蔵寺とその系統の真言宗寺院は大きな勢力を持っていた。

⑫　竹田聴洲『民俗仏教と祖先信仰』一九七一。東京大学出版会。

⑬　兵庫県花岳寺蔵本。

⑭　岡山県武久家蔵本。その他の熊野観心十界図にも同様の図柄が描かれている。以上の他に、長野県善光寺参詣曼荼羅、愛知県甚目寺参詣曼荼羅、京都府善峰寺参詣曼荼羅などにラントウと思われるものが描かれている（大阪市立博物館編『社寺参詣曼荼羅』一九八七を参考にした）。

⑮　『日本大蔵経』二一。

⑯　五来重『葬と供養』。一九九二。東方出版。

⑰　牧野家墓地の調査は、筆者も参加して鴻巣市史編纂室が二〇〇一年度に行ったものである。本稿で報告することをご諒解いただいたことに感謝します。なお詳細は『鴻巣市石造物調査報告書』参照のこと。

⑱　『霊廟建築』。『日本の美術』二九五号。一九九〇。

⑲　「福蔵寺文書」『飯岡町史史料集』第一集、一九九六。

⑳　宮島新一「釈迦追慕と弥勒信仰」。三山進編『図説日本の仏教四　鎌倉仏教』一九八八。新潮社。

全国のおもなラントウ（一八世紀以前）県別一覧表

※なお本表のデータは二〇〇四年段階のもので、本文で扱った事例であっても、二〇〇四年以後の調査分は含まれていない。

（※単位㎝）

県	市町村名	塔形	西暦（紀年銘）	全高	屋根 高	屋根 幅	屋根 奥行	塔身 高	塔身 幅	塔身 奥行	基礎 高	基礎 幅	基礎 奥行	四十九院 有・無	納入物	銘文・特徴	寺院・墓地
千葉県																	
1	佐原市谷中自性院椎名家	寄棟	1592（天正20）	53	28	46.5	51.5	29	29	37.5					一石宝篋印塔	同家墓地には他に5基。以下、千葉県のものは断りない限り銚子石	椎名栄一家。墓地整理以前は寺内にあったマキの木の根元に板碑とともにあった。谷中では椎名家以外は共同墓地。谷中村内では椎名、久保木、椿家が古い。県史金石。
2	佐原市谷中自性院椎名家	寄棟		56.5	28	48.5	35.5	28.5	36.5	35					一石宝篋印塔		
3	佐原市谷中自性院椎名家	寄棟		52	25.5	35.5	31.5	26.5	28	31					一石宝篋印塔、一石五輪塔		
4	佐原市谷中自性院椎名家	寄棟		68	35.5	53.5	53	32.5	41	39					一石宝篋印塔		
5	佐原市谷中自性院椎名家	寄棟		67	35	53.5	48	32	37.5	35.5					一石宝篋印塔		
6	佐原市谷中自性院椎名家	寄棟		59.5	30	44.5	46.5	29.5	36	34					一石宝篋印塔		
7	佐原市谷中自性院	寄棟		43.5	25	51	48	18.5	28	26							
8	佐原市谷中自性院	寄棟		56.5	26	47.5	45.5	30.5	34.5	33.5							
9	佐原市谷中自性院久保木家	寄棟		44	22.5	38	35.5	21.5	29.5	26.5							
10	佐原市大戸川浄土寺	寄棟		49	25	45	46.5	28.5	32	28.5							山門脇の墓地にあり。浄土寺には他に3基（破損）
11	佐原市大戸川善性寺			47	21	39.5	32.5	26	30.5	27.5							善性寺には他に2基、一石五輪塔1基（20×9×10）
12	佐原市大戸川浄蓮寺	寄棟		51.5	24.5	48	42	27	33.5	31							浄蓮寺には全部で4基
13	佐原市大戸川浄蓮寺	寄棟		57	27	44	40.5	30	34	33							
14	佐原市観福寺	寄棟		69	33	62	55	35	40	37							観福寺内には全9基。これは園城寺家墓地
15	佐原市観福寺	寄棟		52.5	25	40	37	27.5	31	28.5							伊能家
16	佐原市観福寺	寄棟		67	36	49	49	31	30	30							伊能家
17	佐原市観福寺	寄棟		72	35	60	58	37	42.5	41							大八木家
18	佐原市観福寺	寄棟		64.5	33	45.5	42.5	31.5	31.5	29.5							
19	佐原市観福寺	層塔		108.5	15	51	52	33	35	34.5						相輪欠	林家。林家内には4基。他に銚子石製宝篋印塔2基
20	佐原市観福寺	寄棟		61	30	55.5	52	31	35.5	34							
21	佐原市観福寺	寄棟		59	31	45.5	44	28	34	32							
22	佐原市観福寺	寄棟		56.5	29	45.5	39	27.5	28	30							
23	佐原市西和田梅林寺																残欠1基。臨済宗
24	佐原市即翁寺	三層塔													一石宝篋印塔	他に残欠1基	

25	神崎町神前神社下木内家	寄棟		52	25	45	41	27	32	32						墓地内には常総板碑1基。銚子石製五輪塔有	墓地内には近世初期の同家宝篋印塔その他石塔多数
26	神崎町神前神社下木内家	寄棟		49+	25	43	43	24+	33	33						2基とも屋根低い	
27	大栄町大慈恩寺	寄棟		46	23.5	38	38	22.5	26.5	21.5				有			同寺には全6基
28	大栄町大慈恩寺	寄棟		53.5	28	44	42	25.5	29	27				有			
29	大栄町大慈恩寺	寄棟		45	23	44	35.5	22	26.5	24.5				有			
30	大栄町松子宝応寺	寄棟		47.5	21	43.5	37.5	26.5	29	28							曹洞宗。同寺には他に残欠を含めて全4基
31	大栄町松子宝応寺	寄棟		53	29	31.5	29.5	24	37.5	36						後刻「俗名　大学生」	同寺内大野家墓地
32	銚子市浄国寺	寄棟		63.5	39	45	42.5	24.5	32.5	30						「□□蓮任攸」「□□典和尚」	浄土宗。銚子石製石造物多数
33	銚子市浄国寺	寄棟	1664（寛文4）	72.5	38	57	52	34.5	39.5	33.5	11	44.5	41.5			「□誉浄貞信士」「妙円信女」「今宮村丸岡久松、キリーク	2段になっているうちの上
34	銚子市浄国寺	塔身のみ	1675（延宝3）		36	39.5	36									「円室妙鏡」「□誉□貞信士」「今宮村丸岡加佐衛門」	2段になっているうちの下
35	銚子市浄国寺	寄棟	1693（元禄6年酉）	87.5	41.5	55	51	35.5	38	35	10.5	45	40.5			「今宮村丸岡□右衛門」	
36	銚子市浄国寺	寄棟	(宝永)	98.5	42.5	57.5	50	38	39.5	33.5	9	48	35			基礎2段	
37	銚子市浄国寺	寄棟	(慶安?)	65	31.5	41	38.5	27	27.5	26.5	6.5	33	33		1像	如来形坐像（15×10.5×8)、上部欠)	拓有
38	銚子市円福寺	寄棟		78	38	53	52	32	37	35	8	42	42	有		扁額「徳蔵院」	円福寺観音堂は坂東札所。円福寺内墓地には多数有。観音堂裏墓地には室町期から江戸初期までの銚子砂岩製宝篋印塔、五輪塔（市指定）有
39	銚子市高田町地蔵院	五重塔	1647（正保4）	173	17	61	61	36	44	41	15	49	50		1像	「□善信士」。扁額「□覚院」。相輪欠	地蔵院には他に数基有
40	銚子市岡野台等覚寺信田家	層塔	1680（延宝8）	131+	16	45	45	31	32	29.5	7	41.5	37			「為凉宝禅定門」「信田甚右衛門」。額に「浄土院」。おそらく中間の第2層を欠いている。	曹洞宗。檀家は岡野台40、赤塚13、三門23、余山48。慶長2年開山
41	銚子市岡野台等覚寺多田家	寄棟	1597（慶長2）	54	28	36.5	32	26	25.5	23						慶長2年「栄屋智祐信士」、天和2年「一窓妙空信女」	
42	銚子市岡野台等覚寺中村家	寄棟	1616（元和2）	71	33	44	41	30	37	30	8	40	39			額に「妙覚院」。「□岳意□禅定門」	中村家は現在等覚寺の檀家には存在せず、所在不明。
43	銚子市岡野台等覚寺墓地	寄棟	1710（宝永7）	75	34	42	37	29	29.5	26	12	38	35	有		「□厳信士」。額に「キリーク」。屋根高く反り強い。後期型のミヤボトケの典型	三門村のエリアにあり
44	銚子市岡野台等覚寺小林家	寄棟	元禄	84.5	37	50	46	35.5	37	34	12	47	39	有	1像	内仏は合掌(21×11×9)。側面に「小林新兵衛」	
45	銚子市岡野台等覚寺寺島家	層塔	1682（天和2）	71+	11	47	47	30	31	31	2	40			一石五輪塔		
46	海上町松ヶ谷小長谷家	寄棟		71.5	33	42.5	36.5	26.5	27.5	25	12	37.5	30+			小長谷家一番奥。以下奥から順に	海上氏末裔。内部には銚子石製位牌(現在は同家内に有る)。他に海上氏記録、歴代位牌有。このミヤボトケ者中島城下にあった旧墓地から明治期に移したものと伝える。『海上町史』
47	海上町松ヶ谷小長谷家	寄棟		70	34.5	42.5	38.5	29.5	30	27.5	6	37.5					
48	海上町松ヶ谷小長谷家	寄棟		59.5	27	39	32	26.5	27	25	6	33	31.5				
49	海上町松ヶ谷小長谷家	寄棟	1598（慶長3）	71	30.5	42.5	39.5	28.5	31	28.5	12	38	29				
50	海上町松ヶ谷小長谷家	寄棟		61.5	30	38.5	35.5	25.5	27	23.5	6	38	34			塔身下部に蓮華紋	
51	海上町松ヶ谷小長谷家	寄棟		60	29	39.5	35.5	26	28	23.5	5	35	34			扁額ア字	
52	海上町松ヶ谷小長谷家	寄棟		56.5	27	37.5	33	23.5	24.5	22.5	4	28	26				

53	海上町松ヶ谷墓地越川家	寄棟	1649（慶安2）	63+	28.5	46	39	31.5	33.5	31	3	37	33			「為逆修□　為道明禅門施主敬白」	松ヶ谷の墓地には他に多数。寛文、元禄、宝永、享保あり。未調査
54	海上町松ヶ谷薬師堂墓地	寄棟	1625（寛永2）	90	36	53	46	34	38	36	20	46	43			扁額「密厳院」、「于時万治元戊戌年七月二十　為妙□禅尼菩提也」「為慈光禅門菩提也」	松ヶ谷本郷龍正院薬師堂。
55	海上町松ヶ谷薬師堂墓地	寄棟	1698（元禄11）	67+	33	49	44	34	33	33						基礎は別材。	
56	小見川町来迎寺菅谷家	三層塔		162	13	52	46	25	34	33						塔身円筒型。1層内ぐり無。軒。	来迎寺は松平外記室墓、府馬城主府馬氏墓宝篋印塔有（もと銚子石製）。菅谷家墓地にはミヤボトケ10基、内層塔3基。円筒型層塔がこの他にもう1基。
57	飯岡町塙蓮城寺	五層塔	1625（寛永2）	243	14	54	56	32	38.5	36	28	63	58			五層塔だがもと三層塔の可能性有。正面造りに特徴有。基礎は組石2段。「（寛永）二乙丑二月二十一日」「□提也」「□院」等、銘有。	日蓮宗。墓地内には他に10数基
58	八日市場市東栄寺中川本家	三層塔		126	16	47		31	33	31							東栄寺は天台宗。近世初頭までは真言宗（『八日市場市史』）
59	八日市場市東栄寺福島家	三層塔			16	50	50	28	34	33						2層以上は欠損	
60	八日市場市東栄寺熱田家	寄棟		58	27	40	38+	31	35	32							
61	八日市場市福蔵寺大川家1	三層塔		136	13	48	47.5	29	32.5	32.5	8	39.5	38	有	1像	坐像（弥陀定印、15×8）は2層に置かれ、扉から見える	福蔵寺は真言宗。同寺には他にも多数有。未調査
62	八日市場市福蔵寺大川家1	寄棟		59		43	45										
63	八日市場市福蔵寺大川家2	多層塔	1599（慶長4）	83+	15	66		27	31	31				有		大破。塔身逆置。塔身刳貫き無し。あるいは別の五輪塔地輪部か。「為□」「為逆修」。最下部の塔身は大破だが、刳貫き。別個のものか、あるいは本塔の最下部塔身か	大川家2内には他にもミヤボトケ、銚子石製宝篋印塔有
64	八日市場市山桑医王寺墓地	三層塔	1658（万治元年）	87+	13	47	48.5	33	34	33.5	8					額に「光明院」。「為蓮□尼菩提也」「為道善禅定門菩提也」「□今日吉日」	佐藤家。他に同形、同大の三層塔1基有（132+）。他に屋根残欠3。一石五輪塔1。中央に寛文14年の宝篋印塔。医王寺墓地には他に十数基
65	八日市場市飯倉関口家墓地	三層塔	亥	137.5	12	49	47	29	33	31	7	38				「浄□□」相輪一部欠損。三層目に蓮華紋。基壇有。この塔の左側に3基の石造物（板碑型二基、宝篋印塔相輪残欠。板碑型のひとつには墨書で種子・未詳）	関口家にはこの他に無し。関口家は日蓮宗系の墓石のみ
66	八日市場市飯倉関口家墓地	三層塔	未	163.5+	14	47	47	30	33	31.5	4				1像（合掌）	2層（倒置）正面に日月紋と「華　経」とが見え題目が刻銘されていたらしい。他の部材には見えない。これが最初からあったものかどうか不明。後刻の可能性もある	
67	旭市井戸野延寿寺山崎家墓地	層塔残欠	1621（元和7）	50	15	45	45	35	39	38.5				有		「□善定尼□」「敬白」。二層以上と基礎を欠失。屋根の造りが刻明で、塔身の正面部分、側面も丁寧な仕上げ。	延寿寺は新義真言宗。寺内墓地に数十基。墓地は境内南前方と道を挟んだ南に分かれる。

68	旭市井戸野延寿寺石橋家A墓地	寄棟		69	34	42	39	30	31	30	5	41.5	42	有		額に「妙□院」	石橋家A墓地には他に3基
69	旭市井戸野延寿寺石橋家B墓地	寄棟	1676(延宝4)	70	34	42	38	28	32	30	8	39	30			額に「光明院」。ア字。「□善定門菩提　干時延宝四年八月大吉日施主敬白」アビラウンケン種子	石橋家Bには他に6基
70	柴山町殿部田	層塔	1623(元和9)	44	14	46	43.5	30	34.5	31				有		「為妙安禅尼菩提也」	層塔の最下部のみ。殿部田日月神社下共同墓地内無縁塔にある。他に16基
71	松尾町金尾地福寺墓地	層塔	1636(寛永13)		13	46	46	28.5	32.5	32.5					一石五輪塔	「為信女妙受菩提」、五輪塔28×8×7、層塔2段目以上は欠。	地福寺(真言宗)の墓地は「イシラントウ」と呼ぶ。埋葬墓地は村内に数ヶ所有。地福寺墓地には41基確認
72	松尾町金尾地福寺墓地	層塔		165	11.5	53	51.5	30	36	36						高宮家墓地。地福寺墓地の奥中央	高宮家は本来金照寺(浄土宗)の檀家でそちらに墓地があったが、2百年ほど以前に墓地を移した。
73	鋸南町下佐久間愛宕神社	寄棟	1642(寛永19)	93	39	79	75	54	49	45		79	79		三猿丸彫。	「奉造立三王尊」。石材未詳	庚申塔、他に数基有、千葉県石造物調査。ここではラントウとは考えない
茨城県																	
1	江戸崎町椎塚大日塚	三層塔			15.5	48	46.5	27	30.5	30.5							銚子砂岩製。相輪等欠。江戸崎町平田満男氏ご教示
2	江戸崎町管天寺土岐氏墓	寄棟		78.5	37	62.5	59	36	44	43	5.5	53	47			土岐氏の墓地中央にある	右隣に銚子砂岩製宝篋印塔(全高116)。平田満男氏ご教示
3	鹿島市神宮寺鹿嶋氏墓地	寄棟															
4	行方郡玉造町西蓮寺	寄棟															銚子砂岩製
5	つくば市北条	三層塔	1690(元禄3)	131.5	15	49.5	48.5									光明真言百万遍供養、鳥居、戒名(信士・信女)、「月宮殿」	熊野山弥勒院、真言・豊山。筑波町報告書
6	利根町布川来見寺	寄棟	1590(天正18)	129	46	79	50	83	69	46					複式五輪塔(58cm)	花崗岩製、「為父菩提之也　施主豊島主膳」、卍紋、背面に刻銘あり(後刻?)	来見寺　1628年(寛永5)年に江戸城内で刃傷事件を起こして御家断絶となった豊島明重(信満)へとつながる豊島氏ゆかりの場所。布川豊島氏の墓(信満の父・頼重と同母の墓)
7	利根町布川来見寺	寄棟	1603(慶長8)	129	46	84	54	83	69	42					複式五輪塔(57cm)	花崗岩製、「為母菩提之也　施主豊島主膳」、卍紋、背面に刻銘あり(後刻?)	共に屋根下部に軒様の段差を造りだす
福島県																	
1	猪苗代町木地小屋	方形			36	47	46	33	24	26							福島県下の例は三宅宗義氏ご教示をもとに、筆者の調査したものも含む
2	会津高田町富岡福生寺北条家	方形		133	54	66	66	43	34	31	20	47	52			破風、基礎2段	
3	会津高田町冑金田家墓地	方形		192	92	121	115	85	73	69	15	94	89		五輪塔2基	丸柱	
4	会津高田町冑金田家墓地	流造り		114	61	94		53								屋根と丸柱	

5	昭和村大乗寺鈴木家	方形	1743（寛保3）		34	63	61	39	36	33	19	53	45		子安観音		
6	昭和村両原羽染家	方形	1702（元禄15）		91	86	80	55	57	57	20	71	70		一石2像		
7	昭和村両原羽染家	方形			35	52	50	30	29	28	14	39	39				
8	昭和村両原羽染家（兵吉家）	方形	1724（享保9）	181	94	81	82	58	55	55	21	71	70		観音・地蔵	基礎2段	
9	昭和村野尻多宝山徳林寺	方形	1756（宝暦6）		36	40	41	25	22.5	21						異形基礎	
10	昭和村野尻多宝山徳林寺	方形			33	69	65	50	45	43					一石2像	上下欠	
11	昭和村野尻多宝山徳林寺	入母屋	1705（宝永2）	122	29	74	67	54	49	46	19	55	56		一石2像	基礎2段、屋根垂木	
12	下郷村水門佐藤家	入母屋			37	55	58	44	37	37					一石2像		
13	下郷村中妻児山家墓地	方形	1712（正徳2）	130											地蔵	基礎2段、屋根垂木	
14	下郷村中妻児山家墓地	方形													聖観音	「児山助右衛門逆修」	
15	下郷村中妻児山家墓地	方形	1745（延享2）													異形基礎	
16	下郷村中妻児山家墓地	方形	1745（延享2）													異形基礎	
17	下郷村中妻佐藤家墓地	方形	1813（文化10）												石製位牌		
18	下郷村中妻佐藤家墓地	方形	1801（享和1）													夫婦、妻・天保5年	
19	下郷村中妻佐藤家墓地	方形	1814（文化11）														
20	下郷村田頭玉川家墓地	方形	（明治35）	129											木製位牌	「玉川ミサ」	
21	下郷村音金下坪弓田家	方形	子、酉	166	35	78	68	52	49	45	21	60	53		一石2像		
22	下郷村音金下坪湯田家	方形	1732（享保17）		49	47	48	35	34.5	35					一石2像		
23	下郷村音金下坪湯田家	方形			30	60	56	32	3130						一石2像		
24	下郷村音金下坪湯田家	方形		98											一石2像		
25	下郷村音金下坪湯田家	方形	1724（享保10）														
26	下郷村音金下坪湯田家	方形	1736（元文1）														
27	下郷村音金下坪湯田家	方形		111											一石2像		
28	下郷村音金下坪湯田家	方形	1696（元禄9）		70	68	62	50	43.5	39	18	50	50			夫婦、湯田八郎兵衛	
栃木県																	
1	新里墓地・床井家A	入母屋	1677（延宝5）	79		62	74								五輪塔2基、1像		同家墓に他に1基（五輪塔2基）
2	新里墓地・床井家B	入母屋	1701（元禄14）	105		100	92								五輪塔	「鹿野園中法輪塔」	
3	新里墓地・足立家	入母屋	1702（元禄15）												五輪塔2、石造位牌		
4	新里4区高橋家墓地	入母屋	1656（明暦2）	129	53	123	122	76						有	五輪塔2基陽刻	「奉新造立牧　各高橋和泉守五十一歳」「逆修善根為栄福道□善定門」「逆修善根為与福□音善定尼」。塔身四面に四十九院名。塔身背面「秋田国石家四郎兵衛」「参川国石家長兵衛」	高橋家墓地には本塔をはじめとして近代まで（延宝6・宝永2・正徳3・正徳5・延享3・天保4・宝暦14・明治43・大正2）ほぼ歴代ごとに同形の墓塔有
群馬県																	
1	伊勢崎市波志江町金蔵寺	入母屋		90.5	33	47	45	37.5	36.5	36	20	50	48		阿弥陀三尊	「奉造立石塔一基」、垂木	
2	伊勢崎市波志江町金蔵寺	入母屋		109	56	63	63.5	43	50	39	10				1像（合掌）	垂木、鬼面	

3	伊勢崎市波志江町金蔵寺	入母屋		76	35.5	43	39	32.5	29.5	24.5	8						
4	伊勢崎市波志江町金蔵寺	入母屋		64	31	43.5	39.5	33	29	25							
5	伊勢崎市波志江町金蔵寺	入母屋		67.5	35	44	41.5	32.5	28.5	27.5							
6	伊勢崎市波志江町金蔵寺	方形		96.5	29.5	56	53.5	36	36	35							
7	伊勢崎市波志江町金蔵寺	方形		67.5	29.5	35.5	45	38	32	31.5					1像（頭部平坦）		
8	伊勢崎市波志江町金蔵寺	方形		82.5	39	63.5	59	43.5	40.5	39				有	2像		
9	伊勢崎市波志江町金蔵寺	方形	1637（寛永14）	116	81	62	59.5	35	36.5	37.5					2像、	相輪高い、「善心」「妙心」	
10	伊勢崎市波志江町金蔵寺	方形	1637（寛永14）	121	36.5	62.5	59.5	39	40.5	40					種子バーンク	相輪高い、「道参」「妙世」	
11	伊勢崎市波志江町金蔵寺	方形	1637（寛永14）	124.5	37.5	62.5	59.5	41	41.5	40				有	2像、種子バーンク	相輪高い、「虚円法印」「妙暁禅尼」	
12	伊勢崎市波志江町金蔵寺	方形	1637（寛永14）	127.5	36	64	59	41	41	40				有		「道儀居士」「秋月妙照」	
13	伊勢崎市波志江町金蔵寺	方形	1637（寛永14）	127	39.5	63	58	41.5	41.5	40				有	2像、種子バーンク	「権大僧都法印祐慶」金蔵寺二世	
14	伊勢崎市波志江町金蔵寺	方形	1637（寛永14）	127	38	62.5	63.5	45	40.5	39.5				有	1像、バーンク	「□僧都法印□」	
15	伊勢崎市波志江町金蔵寺	入母屋	1659（万治2）	70	36	45	41.5	34	39.5	26.5						「奉造立石堂一基」「梅香妙白善定尼」	
16	宮城村柏倉六本木家墓地	寄棟	1563（永禄6）	65	25	41	39	26	26	26	14	34.5	34.5		1像（合掌）	「奉造立石塔一基處也　為妙槃禅尼」。像は円光背（23.3×12.1×11）右側	県史参照
17	宮城村柏倉六本木家墓地	寄棟		66	24.5	39.5	38	27	26	26	14.5	35.5	34.5		1像	像は円光背（22.7×12.5×12.1）左側	
18	宮城村大前田世良田薬師堂	入母屋	1626（寛永3）	96	37	53	48	35	35	36	24	45.5	48.5		2像、	「逆修」、垂木二重、窓部に朱、基礎に花立	
19	粕川村中大日堂	入母屋	1570（永禄13）	60	22.5	65	48.5	37.5	46	44						「奉造立稲荷宮　敬白」、胴部が膨らみ軒が低い、屋根の反りが少ない	
20	粕川村中大日堂		1651（慶安4）												1像	種子金剛界大日、「奉造立大日如来石塔一基攸」「満海上人」	道の向かい側に神明社有
21	粕川村中大日堂														1像	種子胎蔵界大日、「満海上人」	
22	渋川市中村延命寺														1像	種子薬師如来、「奉造立薬師如来石塔一基攸」「満海上人」	
23	渋川市中村延命寺	寄棟	1445（文安2）	146.5										六地蔵等	薬師坐像	「檀那心仙　□□□房」背面に釈迦・弥陀立像。唐破風は元禄期後補。県史	薬師石堂周囲に小型の薬師像多数。県史参照
24	渋川市中村延命寺	入母屋	1681（延宝9）														見城家6基、小菅家1、飯塚家1、飯塚家1、渡辺家1
25	渋川市上之庵墓地	入母屋	1639（寛永16）	76.5	23	46	43	31.5	30.5	27.5	22	42.5	39.5	有	木造1像		上之庵墓地には他に延宝2、享保6、明治期のものなど7基
26	有馬高若寺（曹洞）	入母屋	1682（天和2）														高若寺（曹洞宗、修験系）には他に31基

27	伊香保町水沢観音	入母屋	1658（明暦4）	110	37	50	45	35	32	29.5	38	52	54		1像	種子阿弥陀三尊	水沢観音には本堂裏手に9基（年未詳）、歴住墓地に本基とあわせて2基
28	榛名町中室田久森家墓地		（宝暦）														
29	前橋市荒子舞台薬師堂墓地	寄棟	1480（文明12）	104.5	44	66.5	67	44.5	50.5	50	16	60	72.5		阿弥陀如来坐像	「教法大徳　敬本□□」「上野國勢多郡　大室庄円　天敬白」扉異形。垂木二重	県史参照
30	前橋市荒子舞台薬師堂墓地	方形	1655（明暦1）	79.5	25.5	40	41.5	35	28	23.5	19	40.5	37.5		石製位牌	宝珠欠。位牌銘「奉造立石塔一基□誓善定門第三十三回也」	石岡家。他に寄棟型1基。同墓地に他に3基
31	前橋市元惣社町惣社神社	方形	1577（天正5）	125	41.5	61	57	38.5	39	39	17	61.5	49		種子阿弥陀三尊	「奉法納惣社宮石塔」「湯浅禅正貞堂」	惣社には他に慶安3年石祠「奉造立石宮八十六村□」、寛文11年庚申塔石祠あり
32	前橋市公田乗明院	方形		130.5	72.5	55	54	40	48	44.5	18	65	60		1像（不動尊?）	角閃石安山岩?	乗明院は天台宗
33	元惣社町徳蔵寺	入母屋	1627（寛永4）														松田家墓地。徳蔵寺には他に四十九院刻文、石製位牌内蔵のもの等全9基。徳蔵寺は天台宗
34	元惣社町徳蔵寺	入母屋	1644（正保1）														
35	元惣社町徳蔵寺	入母屋	1675（延宝3）												石製位牌		
36	群馬町引間妙見寺		古形	111	48	97	79	50	60.5	48.5	13	62	75		種子五仏	3間×2間丸柱	妙見寺には他に寛永2（1像内仏有）、寛永3、万治4、正保4、万治3、年未詳（2像、四十九院）、壬午銘他多数有。
37	群馬町引間妙見寺		古形	107.5	58	81	76	49.5	54	54.5							
38	群馬町引間妙見寺		1626（寛永3）	106.5	46.5	64	60	41.5	41	40	18.5	52	49			「奉造立石廟一塔攸」「右意趣者善業現在之間者有諸寿福増上楽未来際曰到清浄浄土之台而已」	
39	安中市板鼻称名寺	入母屋	1625（寛永2）	91	39	46	44	35	31.5	31	17	38	39			種子阿弥陀三尊?、「庚申供養之塔」	称名寺には他にも多数有
40	安中市板鼻称名寺	入母屋	1656（明暦2）	84	44	64	64	40	38	36					石製浮彫双式五輪塔	「見室理繁大姉霊位」「施主木島七郎左衛門」	五輪塔 30 × 17 × 8.5（安山岩）
41	安中市板鼻称名寺	入母屋	1628（寛永5）	74		49	44									「實岸得円居士」	堂左裏墓地、堂墓地内には他に数基有
42	安中市板鼻称名寺	入母屋	1627（寛永4）													「奉造立石塔」「于時明暦元年」。明暦元年は造立年。「浄心」「心清」。種子阿弥陀三尊	
43	館林市善導寺	入母屋		69	42	49	43	27	29	26						垂木。階段。屋根の勾配緩やか。入口破損	善導寺は浄土宗関東十八檀林のひとつ。無縁塔中
44	館林市善導寺	入母屋		84	34	46	47	34	32	31	16	42	39				奥沢家墓域
45	館林市善長寺	入母屋	1650（慶安3）	84	33	47	44	31	30	27.5	20	42	38			垂木。階段。「お辻・松女供養碑」の伝承有。小石混じりの凝灰岩? 背面に「辻碑」	善長寺は曹洞宗
46	館林市善長寺	入母屋	1650（慶安3）	79	31	44	39.5	32	30	26	16	46	47	有		「松女碑」	

47	吉井町仁叟寺奥平家墓地	切妻	伝1415（応永22）	121	40	69	67	34	42.5	40.5	47	96	80		1像	日月。伝仁叟寺開基奥平貞則墓。応永年銘は未確認。牛伏砂岩製。基礎同。内仏合掌坐像（20センチ余）。奥平氏墓域に中世石塔数基。	仁叟寺は曹洞宗、かつては天台か？
48	吉井町仁叟寺	入母屋	1624（元和10）	82	47	48	53	35	29	29					五輪塔陽刻	「奉為裡州昌空信女者也」。五輪塔高（25センチ）。ともに安山岩製	
49	吉井町仁叟寺秋山家墓地	入母屋	1626（寛永3）	80	45	48	49	35	31	31					五輪塔2基陽刻	牛伏砂岩製。「奉為寶山金眞信男」「奉為香空正清信女」。屋根両端に鬼面	五輪塔（28×18×6）
50	吉井町仁叟寺秋山家墓地	切妻		76	33	51	47	27	30	27	16	48	41			牛伏砂岩製	
51	吉井町仁叟寺秋山家墓地	切妻		69.5	31	43	51	25.5	26	27	13	40	38			階段	
52	吉井町仁叟寺篠崎家墓地	入母屋	1639（寛永16）	71	27	41	34	33	31	29	11	61	48			「三代祖篠崎源佐衛門源□豊」（後刻）。勾配緩やか	篠崎総本家祖先平佐衛門重元墓
53	吉井町大沢大沢薬師	入母屋	1639（寛永16）	163	75	94	94	56	55	54	32	79	77		薬師如来坐像丸彫	「大沢藤佐衛門」。階段。薬師（37×25）	町指定
54	赤城村津久田三間入薬師堂	入母屋	1542（天文11）	102.5	44	59	59	32	33	29.5	26.5	51.5	51		三尊半浮彫石碑（33）	屋根・塔身安山岩、土台凝灰岩、銘文「上州林庄佃村施主河内」（県史、但し要検討）、軒、棟、正面に印象的な逆ハート型、屋根に日月	薬師堂は村内の角田家墓地
55	赤城村津久田三間入薬師堂	入母屋	1542（天文11）	99	42	54	47.5	33	34.5	31	23	48	45		1像（合掌35）	屋根・塔身安山岩、銘文「上州林庄佃村」（県史、但し要検討）、軒、棟、正面に日月モチーフの窓、屋根にも日月	
56	赤城村津久田森赤城神社	入母屋	1465（寛正6）	100	37	53	50.5	34	33.5	31.5	29	43	42			典型的、軒、「菩提敬白」	
埼玉県																	
1	東松山市岡光福寺・松本家	入母屋			35	51	49	31	30	27.5	11	39.5	39	有		二重垂木・階段、塔身逆転	松本家内2基、同家墓地内には正保2宝篋印塔有
2	東松山市岡光福寺・松本家	入母屋			46	50	49.5	34.5	33.5	32.5	17	42.5	41			二重垂木	
3	東松山市岡光福寺中島家	入母屋			36	47	44	32	29	26.5	16.5	37	35	有		垂木・階段、中島家内3基	同墓地内には寛文2年宝篋印塔有
4	東松山市岡光福寺中島家	入母屋			36.5	41.5	41	30.5	30.5	27	18	38	36			垂木・階段	
5					30	45	43	30	27.5	24.5	13	39	34			階段	
6	東松山市上唐子浄空院菅沼家	入母屋		51	24	41	38	27	28	27						ミヤボトケ、鳥居、扁額「□覚院」、「宗悦」「宗藍」	徳川家旗本菅沼家墓地にあり、横に慶長20年銘の銚子石製宝篋印塔、同家墓地には他に戦国期～江戸初期の銚子石製墓石が数基
7	鴻巣市田間宮久保寺	入母屋		67	35	42	37	32	29	24							無縁塔内にあり、鴻巣市伊藤宗平氏よりご教示
8	鴻巣市本町4丁目	入母屋		72	34	40	42	32	29	25	6	37.5	34				駐車場内、鴻巣市伊藤宗平氏よりご教示
9	吉川町柳沢家墓地	入母屋		39.5	15	38	35.5	24.5	26	25.5					宝篋印塔、五輪塔2	柳沢家は転居。ただし他に一軒の柳沢家有。同家は江戸川を挟んだ流山の西栄寺（真言宗）の檀家	

10	児玉町下真下大沢家墓地	寄棟			29.5	40.5	38									屋根部のみ。塔身以下は後補。砂岩製下同	
11	児玉町下真下大沢家墓地	寄棟			23.5	37.5	33.5									後筆「応安三、建徳元」「脇屋式部大夫□」。同墓地内に天正18、真下左京亮源義政」宝篋印塔有	
12	児玉町天龍寺倉林家	寄棟		89	39.5	45	44	32	32	31.5	17.5	41	41		1像2体	如意輪観音? 天正12「妙巌禅定門」(26.8×13.8×8.3) 地蔵? (23.5×12×7.5)	天龍寺には以下3基の他近世のラントウ多数
13	児玉町天龍寺倉林家	入母屋		134.5	66	62	62.5	44.5	43.5	43.5	24	52.5	53	有	五輪塔陽刻	二重垂木。五輪塔(25.5×18×8)。基礎2段	
14	児玉町天龍寺開基墓	入母屋	1537(天文6)	56	24	38.5	38	23.5	30.5	30.5	8.5	31.5	30.5			伝天龍寺開基墓	
15	花園町定光寺	寄棟	文禄	87	32	47	37	38	28.5	23	17	38.5	33.5			年号は後刻か?	
16	上里町嘉美神社	入母屋	1515(永正12)	46.5	23	42	41.5	23.5	29.5	28.5						柱の刻文	
17	行田市野正覚寺	方形	1820(文政3?)	108	46	53	53	42	36	34	20	55	55			扉に納経の由、銘有。住職墓	天台宗
18	行田市野正覚寺	方形		124	28	67	57	54	49	41	14	67	57				
19	行田市安楽寺	入母屋		76	34	45	43	30	27	27	12	41	38			砂岩製	
20	熊谷市龍渕寺	入母屋	(乙丑)	64	30	38	38	34	24	21						「□□禅定尼」、台石は別石	龍渕寺には他に数基
21	南河原村観福寺今村家	入母屋	1660(明暦6)	83	37	46		36	30	27	10	39	37			「妙金禅定尼菩提」	高野山真言宗
22	妻沼町間々田能護寺	入母屋	(寛永)	73	32	39	35	30	24	21	11	44	37				納護寺。萩原家
23	妻沼町間々田能護寺	入母屋	1641(寛永18)	65	33	42	39	32	26	25						「道全□□」	入口無縁塔群中前列右端
24	妻沼町間々田能護寺	入母屋	1657(明暦3)	60												「秋誉道□禅定門」「施主□」	入口無縁塔群中前列左側
25	妻沼町間々田青木家墓地	入母屋		75	32	46	43	28	27	24	15	37	35	有		階段	間々田薬王寺隣。墓地内には中世石塔有
26	妻沼町間々田田島家	無	1597(慶長2)													グレーがかった砂岩製。「庚申」「慶長二年酉正月日」(29.5×22)	これは石殿ではないが、この庚申塔はもともと石殿に入っていたのではないか
27	皆野町野牧字久月大沢家墓地	入母屋		67	26.5	50	50	26.5	35	35.5	14	47	45.5		弥陀三尊他	塔身安山岩?屋根・土台牛伏砂岩、土台は前後で2石	大沢家墓地(町外移転)、屋敷跡裏にあり、他に室町期地蔵六角石幢、宝篋印塔残欠あり
28	皆野町大渕字下殿福田家	入母屋		54				32	23	24	22	36.5	36			ハート型窓、牛伏砂岩	屋敷内、福田家の墓ではないという
29	皆野町大通院	方形		91	44	46	46	29	27.5	27.5	18	37	37	有	五輪塔浮彫石碑(高さ27.5)日月、階段	大通院開山開基墓地(逸見家)の墓地三基、粗い安山岩(神宮寺石か?)、軒	大通寺・逸見家については要調査、神宮寺石は長野県諏訪地方産の安山岩で大通寺のものは諏訪地方のラントウと様式が共通している。
30	皆野町大通寺	入母屋		91.5	39	53	51	33	31	29	19.5	43	43	有	屋根高い、軒、階段、日月、	棟木彫刻、軒2段、石質の赤い神宮寺石	
31	皆野町大通寺	方形		93.5	46	46	46	29	28	27	18.5	38	39	有	五輪塔浮彫石碑	日月、階段、軒	
32	小鹿野町三山	方形	(元禄)	86	52	43	44	34	29	28						ハート型、光明真言種字、安山岩「大姉」	黒沢家墓地、墓地内に寛永の地蔵六角石幢あり
33	小鹿野町?	方形	1691(元禄4)	86	39	41	41	30	27	25.5	17	37.5	37			夫婦戒名?「□□禅定尼」、台石は別石、種字サ・サク	牧場前路傍の墓地にあり

山梨県																	
1	塩山市恵林寺荻原家墓地	入母屋												有	双体	「光渓理本」「固学道堅」	他3基。恵林寺墓地には、荻原家・武川家墓地のほかに、寛文・宝永年間の物など他に3基
2	塩山市恵林寺武川家墓地	入母屋	1674（延宝2）												双体		
3	塩山市向嶽寺筒井家墓地	入母屋	1678（延宝6）												舟型墓碑	戒名2名	
4	塩山市向嶽寺筒井家墓地	方形													双式五輪塔		
5	中路町円楽寺		1752（宝暦2）														他多数。円楽寺は中世以来の修験寺院
6	須玉市正覚寺内田家	入母屋												有	五輪塔風空輪	「内田氏」	曹洞宗
長野県																	
1	佐久市塚原幹70	入母屋		74	33	43	39	31	29	26	10	40	35			階段	滝澤雅史氏情報。下同。
2	佐久市塚原幹70	入母屋		78	32	45	50	32	29	26	14	42	38			階段	戦国・江戸初期ごろの五輪塔残欠
3	南牧村海尻今井マキ墓地	入母屋	1689（元禄2）														
4	南牧村海尻今井マキ墓地	入母屋	1719（享保4）														
5	南牧村海尻井出マキ墓地	入母屋	1707（宝永4）														他に2基
6	望月町城光院真山家墓地	入母屋	1672（寛文16）													五輪塔2基	
7	望月町城光院真山家墓地	入母屋	1698（元禄11）														
8	下諏訪町来迎院高木家	入母屋	1637（寛永14）	93	36	46	40	31	31	28	17	37	35		合掌僧形2像	階段。「高月宗□禅定門」「花林春栄逆修」同年	来迎寺は浄土宗。和泉式部伝説の地蔵。墓地内多数ラントウ
9	下諏訪町来迎院植松家	入母屋	1637（寛永14）	95	33	44	42	32	30	27.5	16	39	34.5	有		階段。「為紗貞禅尼」「為蓮□禅門・八郎衛門」神宮寺石製	
10	下諏訪町来迎院	入母屋	1658（明暦4）	65	23	38	35	25	26	23	17	37	34		川原石の墓碑（宝暦銘）	「宗金禅男」「妙叡信女」。安山岩。窓一部彫りぬかず	
11	下諏訪町来迎院伊東家	入母屋		86	45	58	55	41	40.5	37.5				有		屋根に鬼面。屋根の反りが著しい。垂木	
12	下諏訪町土田墓地土田家	入母屋		122	49	68	64	50	46	43	23	63	62	有		垂木。基礎下側に脚状彫込み	土田墓地の中心にある土田家墓地の後方にラントウが固められている。これはその内最大のもの
13	下諏訪町土田墓地土田家	入母屋		94	38	61	55	40	40	37	16	50	50			垂木。階段、花生け	土田家ラントウの中央。あるいは土田家の最古のラントウか
14	下諏訪町土田墓地土田家	入母屋	1723（享保8）	88	37	56	51	35	35	30	16	54	51			「帰元一覚是心霊」「月錐妙照信女霊」	右から2つ目。他に3基
15	岡谷市宗平寺跡墓地	入母屋		134	54	100	96	64	63	63	16	98	84		板碑2枚	唐破風。華頭模様の入口に華頭窓。「卍」。内物の板碑は緑泥片岩製。弥陀三尊種子。隣に龕型石塔2基（中世か）	宗平寺跡墓地には多数。現代のラントウも。下流に埋葬地有、両墓制

16	岡谷市宗平寺跡墓地	入母屋	1684（天和4）	62	28	46	44	34	31	26.5						「帰真□」	
17	岡谷市尼堂墓地徳本墓	入母屋	1630（寛永7）	128	55	81	78	59	58	54	14	73	76.5			神宮寺石製。垂木。階段。屋根反り急。名医の誉れ高く病に効くということで塔が削られている	尼堂墓地にはラントウ多数。永田徳本墓地は墓地の中央
18	岡谷市尼堂墓地同上墓地内	入母屋	1636（寛永13）	124	53	87	84	52	49	42	19	61	56.5	有		赤い神宮寺石製。階段。屋根反り急。「□定門塔也」	
19	岡谷市尼堂墓地同上墓地内	入母屋	1651（慶安卯）	78.5	31	39.5	40	30	27.5	25.5	17.5	35.5	35			神宮寺石製。「以方妙意禅定尼」	
20	岡谷市尼堂墓地同上墓地内	方形	1663（寛文3）	95	43	55	50	35	32	31	17	43	42		合掌1像（丸彫）	階段。ア字	
21	諏訪市光音寺千野家墓地	入母屋	1639（寛永16）	141	55	87	79	53	56	46.5	33	73.5	67	有		垂木。花生け。窓穴異形。「峯照院殿 月窓栄心大禅定尼」。神宮寺石製	千野家は近世高島藩の家老。光音寺再興の開基檀那
22	諏訪市光音寺千野家墓地	入母屋	1669（寛文9）	137	64	93	83	56	55	48	17	80	73			「聞鐘院殿（額銘）月清良津大姉」。垂木。花生け。神宮寺石製	
神奈川県																	
1	小田原市栢山善栄寺二宮家	入母屋		90	40	89	103	50	58	60.5					一石五輪塔2基、駒形石碑	屋根型・扉に特長有、凝灰岩製、妻入り型	善栄寺は曹洞宗、二宮尊徳本家墓地の前方、善栄寺には全6基
2	小田原市栢山善栄寺	入母屋		86	41	76	97	45	51	63.5					一石五輪2基、位牌（享保）	入り口に扉を付けた跡がある、妻入り型	岡部家、
3	箱根町姥子薬師堂箱根神社石祠	入母屋	1662（寛文2）	104												入り口駒形彫込み、鬼面、「箱根神社」、階段	様式は群馬・長野型だが石祠として用いられている。
4	南足柄市塚原長泉院菊池家1	入母屋		84	32	67	75	52	44	47					五輪塔1基、左右壁面に五輪塔浮彫	凝灰岩製、妻入り	長泉院は曹洞宗、寺内墓地に2基あり
5	南足柄市塚原長泉院菊池家2	入母屋		78.5	25	59	76	45.5	40	43	8	58	70		五輪塔1基	塔身・土台石は組合せ式	五輪塔は近世初期型？
岡山県																	
1	牛窓町本蓮寺	入母屋		142	52	88	54	37	70	88					五輪塔陽刻	豊島石	岡山県下・兵庫県下のラントウについては土井卓治氏、川瀬潔氏のご教示による
2	牛窓町本蓮寺	入母屋		164	83	130	82	81	102	50					題目、戒名	豊島石	
3	落合町大庭妙蓮寺	入母屋	1585（天正13）	123	62	97	56	61	69	36					五輪塔、題目、戒名	妙蓮寺には全7基。豊島石	
4	落合町大庭妙蓮寺	入母屋		138	63	98	60	75	83	43					五輪塔陽刻	豊島石	
5	落合町大庭妙蓮寺	入母屋	（寛永）	149	66	113	71	83	91	49					五輪塔陽刻	豊島石	
6	通生般若院	入母屋	（慶長銘？）	89	33	66	46	56	62	33					1像陽刻	屋根勾配緩。豊島石	般若院には全5基
7	通生般若院	入母屋		92	33	76	58	59	62	34					1像陽刻	屋根勾配緩。豊島石	
8	通生般若院	入母屋	（寛永？）	120	53	95	59	67	76	39					五輪塔2基	豊島石	

9	備前市西片上真光寺	入母屋		169	83	115	70	86	91	45					木製位牌多数	扉にアーンク、アン。奥壁に五輪塔（キャカラバア」「□□居士　月妙□」）、位牌2（ア「ア妙昌」「ア宗悦　妙祐」戒名に朱）。豊島石	真光寺は西片上で最も古い寺院。古くは七院、今二院。三重塔が有名。裏の墓地には30基以上。永正9以下一石五輪塔。さらに裏手の住職墓にも十基余
10	備前市西片上真光寺	入母屋	1633（寛永10）	128	55	94	58	73	76	40					木製位牌多数	奥壁五輪塔2基陽刻、戒名未詳。	平河家墓域。他に同形のラントウ1基。五輪塔（寛永8）1基
11	備前市西片上真光寺	入母屋	1639（寛永16）	154	66	115	70	88	91	46					一石五輪4基	扉ア、バン。奥壁陽刻五輪塔2基（戒名種子・金泥）。豊島石	真光寺には甕棺の上にラントウを置いたものがある
12	備前市西片上真光寺	入母屋	1632（寛永9）	122												豊島石	
13	備前市西片上真光寺	入母屋	1661（万治4）		121											豊島石	
14	備前市西片上真光寺	入母屋	1693（元禄6）		126											豊島石	「権大僧都□□」
15	清音村脇本家墓地	入母屋	1626（寛永3）													豊島石	ラントウは詣り墓で埋葬地は北方にある。墓地内には小型のラントウ多数
16	邑久町余慶寺本堂裏	入母屋	1643（寛永20）	125	40	116	78	85	91	46					2基陽刻位牌	二重垂木。扉・側面格子。位牌「ア清巌常□」。位牌のひとつには墨。豊島石	余慶寺は一山寺院の趣を残す古刹。山上に多数の子院有。子院の墓地にもラントウ数基有
17	邑久町余慶寺本堂裏	入母屋		101	46	74	43	55	59	29					1像、五輪塔	像は合掌	
18	邑久町余慶寺本堂裏	入母屋		99	45	69	40	54	56	31					1像、五輪塔	像は合掌。豊島石	
19	邑久町余慶寺本堂裏	入母屋	1644（寛永21）	198	109	109	66	89	92	46					五輪塔陽刻2	五輪塔の火輪が反っていない。二重垂木。側面彫刻。豊島石	余慶寺内で最大のラントウ
20	和気町英田本成寺	入母屋	1625（寛永2）	116											奥壁題目	題目に男女の戒名	塩谷家墓域。本成寺は日蓮宗。ラントウ多数
兵庫県																	
1	太子町斑鳩寺永井家	入母屋	1621（元和7）	94	45	67	40	49	55	28						豊島石	
2	加西市小谷陽松寺	入母屋	1631（寛永8）	126	25	117	90	101				101	66	有	宝篋印塔2、五輪塔1	「奉□派□□輪」。宝篋印塔2はともに寛永8年。豊島石。壁面に四十九院名墨書	曹洞宗。本堂裏に池。池の後方に五輪塔と17基のラントウ（異形）が並ぶ。天文元年開創、寛永20年再興と伝える。
3	加西市北条町横尾楽法寺	入母屋												有		豊島石	曹洞宗。寺内墓地に数基有

二節　北関東の石造ラントウ〈石堂〉

はじめに

石堂・石殿に対し、歴史資料としてまともに取り扱っているのは群馬県である。県内に事例が多いことから当然ではあるが、他の県でももっと注意をすればまだまだ貴重な事例が見つかる可能性はある。中世の年号を持つ石造物はそれほど多いわけではないのだから、各地でもっと注目されていてよいはずだと思う。それはともかく、『群馬県史資料編八 中世 金石文』(一九八八。以下『群馬県史』)には、県内にある中世「石殿」一六基(天正年号以前)が採録されている。もっとも古い年号を持つものは勢多郡粕川村月田近戸神社の暦応五(一三四二)年銘のものであるが、これは身部が刳り貫かれておらず、後の石殿とは明らかに系統の違う石造物である。その次が応永一七(一四一〇)年銘の高崎市下小鳥町幸宮神社のもの。しかしこれも、形態からいって石祠に該当するものであり、『群馬県史』ではこうしたさまざまな石造物を「石殿」の名称のもとに一括して取り扱っている。三番目の渋川市中村延命寺(天台宗)の文安二(一四四五)年銘(G—1)のものは身部が刳り貫かれて龕のようになり、屋根も寄棟式で、これ以降事例の増えてくるこの地域の「石殿」の典型に形体が近くなっている。つまり『群馬県史』に採録されているうちの前二者は、わたしの考えでは本稿の対象とする石殿(石造ラントウ)には当たらないものである。

埼玉県も従来石造物研究には大変関心の高い地域で、板碑以外の中世石造物に関する悉皆調査を行っている①。そこに採録されているこの種の石造物は全部で八基。埼玉県ではこれらを「石堂」として分類している。もっとも古い年号を持つのは、狭山市清水八幡宮の永享二(一四三〇)年銘石堂であるが、それには「志水八幡」の石祠である由が明記されているので、やはり当該問題にしているものからは除外しておきたい。次に古いものは上里町嘉美神社の永正一二(一五一五)年銘(S—10)の石堂である(なお本文中の記号 - 番号は、「表・群馬県・埼玉県北部の中世石堂一覧」にもとづいている)。

以上のように北関東地域にあるこれらの石造物は、一五世紀前半ごろから造られはじめたもので、江戸時代の中ごろ一八世紀まではごく普通に用いられてきた。高崎市の市史編纂事業の一環として市内の石造物を調査してきた磯部淳一は当該の石造物を「石堂」として扱い、市内四か寺を対象に近世墓石の造立傾向を検証している。それによれば、高崎市内では一八世紀中ごろまでは石堂が造立され、以後急激に減少しているという②。こうした傾向は北関東地方全体にほぼ共通している。

群馬県で石殿、埼玉県では石堂と現在呼ばれているこれらの石造物は、同地方の中世石造物のなかにあって決して数の多い存在ではない。しかし総数としての数は少ないもののこれらの石造物が、一五世紀中ごろから一六世紀にかけて北関東の山沿いに点々と普及しはじめ、一七世紀になって急激に流行した理由とはいったい何だったのであろうか、というのがわたしの素朴で正直な疑問であった。

前節で検討した千葉県東部のミヤボトケでもまったく共通の傾向が認められたし、その他の地域、たとえば瀬戸内海沿岸の中国・四国地方にある同系統の石造物（ラントウと呼ばれている）もやはり、一七世紀初頭が流行の開始時期にあたっているのである。

1　石堂と石殿

当該の石造物について考察を進める前にまず、その名称について考えておかなければ報告を進めにくいので、この点から始めておきたい。石殿・石堂といい石廟といい、ともに石造物の分類上名付けられた名称であって、地元でそう呼ばれていたものではない。石造物そのものに書かれている名称ではたとえば、前橋市西大室木村家の文明一四（一四八二）年（G—8）には「石堂一宇」とあり、伊勢崎市曲輪町同聚院文明七（一四七五）年銘（G—4）と、宮城村柏倉六本木家永禄六（一五六三）年銘（G—17）にはともに「奉造立石塔一基處也」とあり、これらの石造物が造立された時代には石堂、あるいは石塔と呼ばれていたことがわかる。

石塔というのではあまりにも一般的な名称に過ぎ、これを現在用いることは適当でないことは明らかであるが、石堂という名称ならば、当面他に該当しそうな石造物はない。

『群馬県史』資料編では「石殿」の解説として「石殿とは、その内部に石仏や石塔・神札などを奉安するため、木造建築物を模して石で造られたもの」とし、資料編としては「石仏や石塔（安山岩小形板碑）などを納めた石堂や墓石と、石室内に神札など奉安した石祠とを含め石殿とした」とある。つまり同書では石堂・墓石も石祠も、すべて石殿に分類している。「殿」は一般に建築物を意味し、仏殿にも社殿にも用いるから、ということなのであろう。群馬県を中心として長野県や埼玉県などを歩くと、石殿（石堂）に入った庚申塔や地蔵に出会うことが非常に多い。神も仏も同じ石の建物に納められているため、神仏の区別が付け難いのだ。お堂が仏で、流れ造り様の石祠が神であるという区別は案外、神仏未分離の中世においてはそれほど厳密ではなかったのかも知れない。意識されていることもあれば、そうでもないということもしばしばで、その意味からもあえて「殿」字を用いる必要もないのではないだろうか。むしろ筆者自身は明確に流れ造りになっているものを「石祠」とし、「石堂」とは区別したほうが適当ではないかと思っている。

石堂とは簡単にいえば石製の堂であり、堂であるからには内部に何らかの仏教的な崇拝対象が納められていることになる。これに類する名称としては龕や厨子が挙げられよう。いずれも仏像等を納めるための容器で、石で作れば石製（石造）龕、石製（石造）厨子ということになる。石造堂という呼び方も考えられるが、史料にある以上、この地方の中世人の通念を尊重し「石堂」を用いるべきだろう。本稿では、当該地域（群馬県・埼玉県北部）のものについては北関東型石堂という名称で論を進めることにする。ただしこれは、あくまで石造物の分類上の名称であって、墓制史的には石造ラントウの一種である。

さて、石製の「堂」であるという名称の検討から次のことが導き出される。石堂とはすなわち、ストゥーパに由来する「塔」ではなくて、内部に仏教的な崇拝の対象となるものを納めるための建物を石材によって拵えたもの、ということだ。当り前のようであるが、このことは、この石造物の実態を考えるのに重要なことである。というのも、北関東型石堂やそれと同系統と思われる全国の石造物の内側には仏像、位牌、板碑、五輪塔などの石塔類が納められており、石堂自体はそれらの容器、または一種の覆い屋として造られた、ということを意味する。

石仏にしろ五輪塔・板碑にしろ、石塔はそれ自体が崇拝の対象であり、神仏あるいは故人の象徴、依代、または記念物である。石堂はあくまで、それらを納める容れ物であり、建築物で、その意味からすると二次的、副次的な存在である。この点、塔身部などに経典を収める宝篋印塔にも似てはいるが、もっと性格的に共通するのが経筒や骨蔵器であろう。それらには奈良・平安時代からすでに家型（堂型というべきか）のものも見られるので、経筒や骨蔵器を石で造ったのが石堂、ということも形態的にはいえるかも知れない。しかし骨蔵器・経筒は地面に埋納されるのが通常であるのに対し、石堂はあくまでも礼拝や祭祀を目的として地上に造立されるという決定的な違いがある。その意味で石堂は木造のお堂と同じ位置付け、機能を期待されて、木造堂の代わりに造立されたもの、と考えていいだろう。

さらに微妙な問題は、これらの構築物が本来、仏像等を納め礼拝するためのお堂として造立されたのか、それとも墓の施設として建てられたのか、ということについての判断である。中世の石造物の多くに対しても同じことがいえるのだが、石造物を造立する意図がどこにあったのか、ということは大切な問題である。言い換えれば同じ形態のものを造ってもそれが、堂なのか墓なのかでは大きな違いがある。墓と供養（祭祀）という日本独特の葬祭習俗と霊魂観、あるいは葬制と墓制の分離・非分離の問題にも関わることだからだ。結論を先に述べるとすれば、石堂の場合、成立の初期は仏堂としての傾向が強く現れてはいるものの、早くから逆修の場合も含めて自身または故人の菩提を弔うために、墓の施設として造立した形跡がある。実際、この地方の近世前期までの墓地は大半が石堂形式の墓石で占められており、石堂を墓として設けていた近世人の姿勢は明らかである。日本各地の同系統の石造物も近世に近づくにつれ、それまでの堂・墓未分離の段階から明らかに墓として意識的に用いるようになっている。なお、先にも触れたとおり、石堂と石祠が区別して用いられるようになるのもやはり近世初頭期あたりであり、ある種の神仏分離意識がこうした場面に表現されていることも指摘できるが、この問題はまた別の機会に考えたい。

以上をまとめてみると、石堂（および全国にある石造ラントウ系石造物）は墓としてのお堂、言い換えれば石造の「廟墓」だったのではないか、というのが現時点での筆者の考えである。その点を確かめるために、以下では当該地域の事例を検証してみたい。

2　石堂の形態と特徴

群馬県・埼玉県北部に分布する石堂はおおかた、屋根・身部・基礎の三つの部材（石材は安山岩）からなっている。屋根の形には、寄棟、方形（宝形）、入母屋がある。方形の場合には宝珠が頂上に付くので四部材となる。また基礎が二段になっているもの、あるいは須弥壇式で下に基壇がつくものなども一部にはあるが、この地方では特に寛永期のものに多く見られ、中世に遡る例は見つかっていない。

屋根の形には明らかな時代相が見られ、一五世紀から一六世紀の前半ごろまでは扁平でどっしりとした寄棟屋根が多い。軒

群馬県上和泉村西林寺。近世初期のラントウが並ぶ

には一重、ときには二重の垂木が丁寧に彫刻されている。また棟が太く、カマボコ状になっているのも中世的な特徴である。一七世紀に入るとなぜか突然、屋根が異様に高くなり、全体に四角味を帯びてくる。軒先は鋭く外側に反り返るようになって一見異国の建物を見ているような想いにとらわれることがあるほどである。屋根型も入母屋式が一般的になり、同時に大棟の両サイドに鬼瓦を模した鬼面が彫られるものが登場するなど、形態上に大きな変化が現れてくる。方形造が見られるようになるのも近世初頭からで、屋根の正面に唐破風が設けられることもあるが、これはやや時代の下る近世前期ころのものに事例が多い。基礎部は、一六世紀の前半まではほとんど加工を施さない扁平で四角い台石だが、これも一七世紀になると、ほとんどの事例に二段、三段の形ばかりの階段が正面に彫りつけられるようになる。なかには基礎に華瓶が作り付けになっている例もある。近世の石堂は概して非常に規格性が強く、明らかに専門の石工工房による製品として大量に造られたものとみられる。

身部内側は一石を四角い筒型に刳り貫いたもので、時代を通じて形状に大きな変化はない。中世近世を通じて、石堂で一番特徴的なのは、身部正面に空けられた開口部の形状である。単純なものは縦長の長方形がひとつ空いているだけだが、中央下に大きめの長方形の穴を開け、その上方に小さな四角い穴を四つ、六つと並べて開けるものがある。またハートを逆さまにした亥の目あるいは華頭窓のデザインと呼べるような形状もある。一七世紀以降のものでは開口部のデザインがさらにエスカレートし、まるでロウソクの形のように逆ハート型と細長い長方形を縦に穿つもの、それを左右二対配置するもの、円形をいくつも組合せてアレンジしたものなど、千差万別である。

開口部について注目したいのは、穴の大きさが普通のお堂のようになっていないことである。というのも、もし内部の石仏などがよく拝めるようにするためならば、もっと大きな穴を穿つべきはずであるが、まるで覗き穴のように小さい。薄暗い内部の仏像や石碑は穴から幽かにしか拝めないようになっている。開口部の形状についてのこうした特徴は、日本各地に分布する同系統の石造物のいくつかに見られる傾向で、このことが、石堂を全国的な視点で考えなければならないと筆者に考えさせたひとつの要因ともなっている。

全国的に共通する要素といえば、身部の正面から側面・背面にかけて施された四十九院模様がある。千葉県のミヤボトケにも例が多いが、北関東型石堂にも近世初期のものに四十九院刻文を施す例が多い。長足の板塔婆を身部の側壁四面に四十九本並べて刻んだ模様で、弥勒の兜率天浄土四十九院を現したものである。北関東型石堂では一六世紀末ごろに登場し（G—22）、以後近世石堂の多くに施されるようになる。これも石堂の規格化の現れといえる。それにしても四十九院を用いるというのは石工等の単なる思いつきとは思えず、何らかの宗教的な教義と指導のもと、全国的に採り入れられた可能性があると考えざるをえない。

石堂の身部は中空になっていて、その中に納めるものにも特徴がある。石堂の内壁と外壁に仏像を陽刻している例もあるが、そうした例は初期のものに限られている。中世石堂では内部に、総高三〇㎝前後の大きさで船形光背の小形の地蔵・観音像や、小形の安山岩製で五輪塔を刻んだ板碑を納めているものが普通である。

ところで、本節の最初にも述べた通り、北関東地方全体でも中世の石堂は数一〇基ほどしか見つかっていないが、小型の石仏、小型の後背型五輪塔、安山岩製板碑などで中世の年号を持つものが実は、大量に見つかっているのである。『群馬県史』資料編には県内の板碑の特徴として「造立の最終末期には、安山岩製で石殿内などに納入された駒型の異型板碑も見られる」と指摘しているが、緑泥片岩製や絹雲母片岩製の板碑が減少するのとちょうど反比例するかのように、小型の五輪塔板碑は永享年間（一四二九〜一四四〇）ごろから徐々に増加していることが知られる（年号等銘文のないものはもっと大量にある）。安山岩製の小形石仏も一五、六世紀ごろから事例が急増していて、これらはいずれも彫りが素人の手になったかのように稚拙なものが多い。

このことから筆者は、小型の石仏・石塔は墓地（葬地）にむき出しで置いたものではなく、本来は小型の覆い屋や石堂内に安置したものだったのであり、それが木造の場合は朽損し、また壊れやすい石堂の場合には時の経過につれて崩壊し、もともと内部に収められていた石仏・石塔がむき出しにされて墓地等に取り残されてしまったのではないかと考えている。この推測が正しいとすれば、今日我々はごくわずかな石堂しか見ていないけれども、本来はもっと多くの中世石堂が造立されていたということになる。振り返ってみると、全国的な傾向として、中世末期から近世前期ごろまでは墓石が非常に小さいことに思い当たる。室町期以降、関西地方でもっとも普及した一石五輪塔などがその顕著な例だが、小さな石塔をそのまま地面に建立するのではなく、石堂に限らず、別の形態のものとしても何らかの覆い屋（土葬墓でのソトガン・イヌハジキ・シズクヤ等）に納めたのではないか。そうした覆い屋を「祀り（祭り）墓」に「写し」てより恒常的な祭祀施設とするための工夫として、一部の地域では木造・石造のラントウが採用されたのではなかろうか。

近世になっても身部に石仏や小型板碑を納入する傾向は踏襲されるが、僧形の立像二体を並べて一石に浮き彫りにした舟型光背型石碑が石堂に納められることが急増する。後で述べるように、そうした石堂の場合、夫婦の戒名・没年を記した石堂が多いことから、あるいは、往生を遂げた夫婦の姿を象徴的に表現したのではないか、と考えている。中世・近世移行期というのは、筆者にとって日本の歴史の中でもっとも興味深い時代である。人間の生活習慣のなかでも、誕生や結婚と並んで重大な意味を有する葬制墓制が急激に変化する、それも全国規模で一斉に変化するからには、よほどの社会的な激震がその背景にあったと見なければならない。板碑の消滅と近世的墓石の登場の理由についてはこれまでも度々論議されてきたが、関東では板碑が急激に消滅に向かう時期がちょうど一六世紀であり、群馬県・埼玉県北部では板碑の消滅に歩調を合わせるかのように石堂の造立が急増する（先の小型石塔も含めて）。千葉県東部でも下総型板碑の消滅はミヤボトケが登場する一七世紀初頭である。板碑の消滅を板碑産地や工房の衰退とか、産地を支配していた政治勢力の敗退に関係づける説があるけれども、石堂と小型石塔による墓制の流行が板碑の需要を減退させたのではないか、すなわち墓制とそれを思想的に支える宗教観そのものが、この時代に大きく転換したという視点も、あってもいいのではなかろうか。

3　仏堂としての中世石堂

改めて群馬県と埼玉県北部の中世石堂を見てみたい。先に述べた群馬県・埼玉県の報告と、筆者自身が調査の過程で見いだした事例をリストアップしてみた。明確に紀年銘があって慶長年号以前のものと、紀年銘はないがその形状から慶長期以前に造られたと推定されるものに限ると、群馬県で二六基、埼玉県では一三基、あわせて三九例見つかっている。もちろん実際にはまだ埋もれている事例はあるだろうが、それにしてもこれは他の五輪塔・宝篋印塔・宝塔などの石造物に比べてまことに少数ではある。しかし、形状を見れば分かるように、いかに石で造っているとはいえ内部が中空になっている以上、他の石造物に比較して壊れやすい、五輪塔などの本体に対して、そしてそれ自体が礼拝の対象となっていないため廃棄されやすい、ということも考慮しておかねばならない。事実この地域では、屋根や塔身部がバラバラになった石堂の残骸が、墓地の片隅に積み上げられている光景を目にすることが度々ある。神聖な種子や仏像が刻まれた石塔・板碑、明らかに故人の依り代として立てられた五輪塔や立派な宝篋印塔に比べ、それらの覆い屋、容器でもある石堂が、本体よりも粗末に扱われるのは自然なことなのかも知れない。三十三回忌がすむと墓石が破棄される事例も各地にあることから考えると、残存例が少ないことはそうしたことも考慮に入れる必要があるだろう。

後掲の表と地図を見ても分かる通り、群馬県と埼玉県北部における中世石堂の分布は、かなり特徴的であるが、リストアップした三九例からも、当面問題の対象にしているもの以外の事例を削除する必要がある。

千葉県東部に分布するミヤボトケは銚子の犬吠埼で産出する銚子石と呼ばれる砂岩を石材としているが、埼玉県内にもその例が三基ある。この表には入れていないが、埼玉県東部吉川市には典型的なミヤボトケが二基ある。

この表にある東松山市上唐子浄空院の旗本菅沼家墓地内にあるもの（S—39）も同じくミヤボトケで、年未詳ながら初期の形式を現している。同墓地内に銚子石製の五輪塔・宝篋院塔が数基あって、これらがなぜ武蔵国中央部のこの地にあるのかについては、別稿で考察した（本章第三節）。同じく鴻巣市勝願寺牧野康成墓（S—28）についても、三河国同郷である菅沼氏との関係から推測しておいた。詳細はそちらに譲ることにして、いずれにしてもこれらの石堂は下総系統のものなので、今回の考察からは外すことにしたい。しかしこの二基がちょうど、北関東型石堂の分布域の境界線上にあることは記憶しておかなければならない。

北関東型の中世石堂の分布は、群馬県の前橋市・高崎市を中心として主に利根川の上流域一帯にある。そして概して南、すなわち武蔵国内に、かつての鎌倉道や利根川・荒川水系に沿って広がっていく様子を推測することができよう。単純には結論付けられないが、上野の中心部あたりに石堂発生の起点があったといえるかも知れない。それを探る意味で、それぞれの石堂について具体的に見ていきたい。

初期の石堂のなかに身部に仏像を陽刻する一群がある（G—1、G—4、S—33）。渋川市中村延命寺文安二（一四四五）年

表2　群馬県・埼玉県の中世・近世初期石造ラントウ（年代順。なおGは群馬県、Sは埼玉県）

県	市町村	塔形	西暦（紀年銘）	全高	四十九院	内仏	銘文・特徴	寺院・墓地
G-1	渋川市中村延命寺	寄棟	1445（文安2）	146.5	六地蔵等	薬師坐像	安山岩。「檀那心仙　□□□房」背面に釈迦・弥陀立像。唐破風は元禄期後補。	天台宗。薬師石堂周囲に小型の薬師像多数。
G-2	高崎市上豊岡町宗伝寺	塔身のみ	1463（寛正4）				安山岩。「妙春禅定尼」「来室□本善定門」。	天台宗。
G-3	赤城村津久田森赤城神社	入母屋	1465（寛正6）	100			安山岩。開口部は大きい長方形と六個の小さな四角。垂木。懸魚。「□菩提敬白」	
G-4	伊勢崎市曲輪町同聚院	入母屋	1475（文明7）	90.5			外壁に阿弥陀三尊半陽刻。二列の四角い開口部。垂木。「奉造立石塔一基」。	曹洞宗。
G-5	前橋市荒子舞台薬師堂墓地	寄棟	1480（文明12）	104.5		阿弥陀如来坐像	「教法大徳　敬本□□」「上野國勢多郡大室庄円天敬白」扉異形。垂木二重。	
G-6	前橋市堤町五十嵐家	寄棟	1481（文明13）	104		延命地蔵座像	安山岩。大棟は蒲鉾型。正面穴特殊。「逆修妙仲禅門」。精巧。	五十嵐家は大胡氏家臣か？菩提寺上泉西林寺（曹洞宗橋林寺末）。もと同家の東の耕地にあり最近宅内に移転。墓地は別にある。
G-7	前橋市堤町五十嵐家	寄棟	1481（文明13）	102		聖観音	安山岩。上と同形。「逆修妙円禅尼」。	
G-8	前橋市西大室町木村家	寄棟	1484（文明14）	97		阿弥陀	安山岩。「奉造立弥陀尊像」「石堂一宇」「逆修念仏一結衆」等。	
G-9	前橋市二之宮町磯部家	寄棟	1485（文明17）	114			安山岩。「聖観音」。	
S-10	上里町嘉美神社	入母屋	1515（永正12）	46.5			柱の刻文。垂木。	
S-11	児玉町天龍寺開基墓	入母屋	1537（天文6）	56			伝天龍寺開基墓。	曹洞宗。
G-12	高崎市浜尻町真福寺	寄棟	1538（天文7）	64			安山岩。「逆修」「妙善」。	真言宗豊山。
G-13	赤城村津久田三間入薬師堂	入母屋	1542（天文12）	102.5		三尊半陽刻（扁平で四角の石版様。高さ33センチ）	安山岩。基礎凝灰岩。逆ハート型開口部。屋根に日月。垂木。屋根に懸魚、大棟角形。「上州林庄佃村　施主河内」	三間入薬師堂は同村角田家墓地。
G-14	赤城村津久田三間入薬師堂	入母屋	1542（天文12）	99		地蔵（船形光背式、高さ35センチ）	安山岩。基礎凝灰岩。長方形と意匠化された円形の開口部。屋根に日月。垂木。屋根に懸魚、大棟角形。「上州林庄佃村　施主河内」	
G-15	小野上村小野子飯塚家墓地	寄棟	1548（天文17）	123			安山岩。垂木。扁額。格子窓。台座に蓮弁。階段。	町指定。伝飯塚大学墓。飯塚家墓地には寛永以下のラントウ多数。安永6年の宝篋印塔に飯塚家歴代銘あり
G-16	高崎市下豊岡薬王寺	方形	1555（天文24）				安山岩。「奉逆修造立」「□清」「善然」。	天台宗。
G-17	宮城村柏倉六本木家墓地	寄棟	1563（永禄6）	65		1像（合掌）	「奉造立石塔一基處也　為妙槃禅尼」。像は円光背（23.3×12.1×11）右側。	
G-18	宮城村柏倉六本木家墓地	寄棟	1563（永禄6）	66		1像	像は円光背（22.7×12.5×12.1）左側。	
G-19	粕川村中大日堂	入母屋	1570（永禄13）	60			「奉造立稲荷宮　敬白」、胴部が膨らみ軒が低い、屋根の反りが少ない。	稲荷社殿として造立されたか？あるいは後刻か？
S-20	小川町奈良梨千野家墓地	寄棟	1575（天正3）					
G-21	前橋市元惣社町惣社神社	方形	1577（天正5）	125		種子阿弥陀三尊	「奉法納惣社宮石塔」「湯浅禅正貞堂」	惣社には他に慶安3年石祠「奉造立石宮八十六村□」。
G-22	高崎市倉賀野町九品寺	方形	1581（天正9）	132	有		安山岩。「経誉寿念大姉」裏に「五十嵐氏内室」とあり。階段。華瓶。垂木二重。精巧。基礎2段。	浄土宗。「高崎市史」資料編3参照。寺内には古形（近世初頭）の石殿多数。須弥壇式のもの、各種の穴のものあり。
G-23	藤岡市西平井清見寺	寄棟	1587（天正15）	90			安弾丸。階段。「片山左近大夫藤原継行」。	浄土宗。片山氏は伝上杉氏家臣。「藤岡市史資料編」参照。

写真上：倉賀野町九品寺墓地。さまざまな正面穴の石堂が並ぶ。いずれも近世初期。同下：須弥壇状の台座に龕を乗せた形状の石堂。その多くに四十九院刻文がみられる

高崎市若松町竜広寺の石堂。中央が文禄2年銘。ただし後代に追善のため造立したと思われる

石堂内の小型五輪塔板碑。（埼玉県児玉町長谷川家）

G-24	高崎市若松町竜広寺	方形	1593（文禄2）	83		墓碑（慶長15）	安山岩。階段。左側面「従箕輪当地引越」「新町居住」。	曹洞宗。高崎城下。井伊直政菩提寺（慶長7／墓石9。「高崎市史」資料編3参照。寛永銘他、年未詳（古形）の「石殿」が数基ある。
S-25	花園町常光寺	寄棟	1592～95（文禄）	87			年号は後刻か？	
S-26	寄居町今市泉立寺	寄棟	1607（慶長12）			如来形、俗体	禅定門・禅尼	曹洞宗。
S-27	寄居町赤浜昌国寺	寄棟	1609（慶長14）					曹洞宗。
S-28	鴻巣市勝願寺牧野康成墓	三層塔	1610（慶長15）			阿弥陀仏（後世）	三層塔（一層欠）。	浄土宗関東十八檀林の一。牧野家廟所には康成以下牧野家当主代々の墓があり、いずれも三層塔形式。
G-29	子持村雙林寺	寄棟	1611（慶長16）	89.5		五輪塔陽刻連碑	窓四角。屋根に日月。屋根高く鬼面。	曹洞宗。寺内には同様式のもの数基あり。
G-30	吉井町仁叟寺	切妻	1624（元和10）	82		五輪塔陽刻	「奉為裡州昌空信女者也」。五輪塔高25。ともに安山岩製。	曹洞宗。
G-31	群馬町引間妙見寺	寄棟	古形	111		種子五仏	3間×2間丸柱。	天台宗。他に寛永2（1像内仏有）、寛永3、万治3、万治4、正保4、年未詳（2像、四十九院）、壬午銘他多数有。
G-32	群馬町引間妙見寺	寄棟	古形	107.5				
S-33	皆野町野巻字久月大沢家墓地	入母屋	不明（古形）	67		内壁に阿弥陀三尊陽刻。正面に観音勢至菩薩	塔身は安山岩、屋根と土台は砂岩。	大沢家墓地には墓に年未詳1基。室町期の六地蔵石幢。その作り方は石殿と酷似。大沢家は転出し不明。
G-34	吉井町仁叟寺奥平家墓地	切妻	不明（古形）	121		1像	日月。伝仁叟寺開基奥平貞則墓。応永年銘は未確認。牛伏砂岩製。基礎同。内仏合掌坐像（20センチ余）。奥平氏墓域に中世石塔数基。	曹洞宗。
S-35	皆野町大通院開基塔	方形	不明（近世初期）	91	有	五輪陽刻碑	垂木。階段。粗い安山岩。日月。	曹洞宗。山梨村永昌院末。開基は高松城主は逸見儀常。
S-36	皆野町大通院開基塔	入母屋	不明（近世初期）	91.5	有		屋根高い。垂木。階段。赤い安山岩（諏訪の神宮寺石？）日月。	
S-37	皆野町大通院開基塔	方形	不明（近世初期）	93.5	有	五輪塔陽刻碑	垂木。日月。階段。赤い安山岩（神宮寺石？）。	
S-38	児玉町天龍寺倉林家	寄棟	近世初頭	89		1像2体	如意輪観音？天正12「妙厳禅定門」（26.8×13.8×8.3）地蔵？（23.5×12×7.5）。	曹洞宗。天龍寺には以下3基の他近世のラントウ多数
S-39	東松山市上唐子浄空院菅沼家	寄棟	不明（近世初期）	51	有		銚子石ミヤボトケ。鳥居・扁額。「宗悦」「宗藍」。	曹洞宗。旗本菅沼家墓地。他に銚子石製石塔有

群馬県・埼玉県北部の石堂分布と主要禅宗寺院（★石堂（表No.）☆ミヤボトケ（表No.）

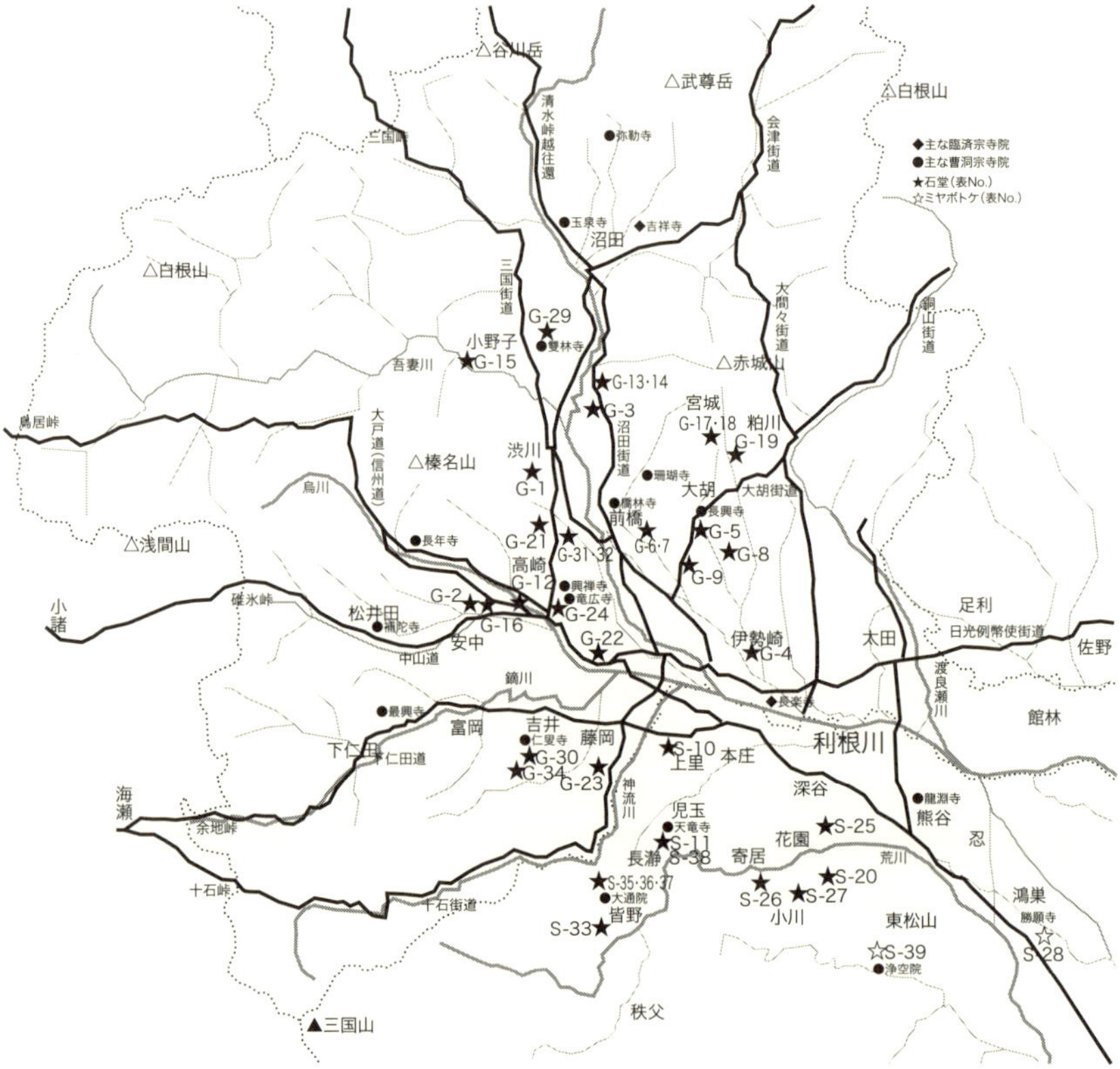

銘（G－1）は大型の石堂で身部の正面と側面外側に六地蔵、背面に釈迦如来・阿弥陀如来が半陽刻されている見事なものである。正面には四角い開口部があり、それを両側から挟むように一対の地蔵菩薩立像が彫られ、内部に納められている薬師如来座像を護るように配置されている。正面にある唐破風は元禄期に後補されたものと銘書にあり、本来の屋根の形は寄棟造であった。大棟は太いカマボコ型、屋根の傾斜は緩やかで軒先が厚く、二重の垂木が精巧に彫りだされている。こうした造りの見事さからいっても本例は、この地方の石堂形式の嚆矢ということができよう。

　延命寺は天台宗寺院であるが、由緒については不明。興味深いのはこの薬師堂の周囲に近世のものと思われる小形の薬師像が多数奉納されていることで、地元で長く信仰されてきたことをうかがわせる。銘文には「檀那心仙」「□□□房」とあるものの、その人物については不明

埼玉県皆野町大沢家墓地石堂

である。形式的には後の石堂の基本になる要素を持ってはいるが、銘文や内仏、信仰の形態からいっても、墓塔というよりは、薬師如来を祀るための仏堂として造立されたものということができ、当面は考察の対象から除外するのが妥当であろう。

同じような内容を持っているのが、埼玉県秩父地方の皆野町大沢家墓地にある石堂（S－33）である。年号がないため時代を特定できないが、身部奥壁に阿弥陀如来座像、内壁左右には観音・勢至両菩薩を半陽刻している。正面左右にも観音・勢至菩薩座像を半陽刻し、四角い開口部から両菩薩の背後の阿弥陀仏を拝めるような工夫が凝らされている。大沢家墓地には天文五（一五三六）年銘の六地蔵石幢や五輪塔・宝篋院塔の残欠があり、それらの彫り方と本石堂の仏菩薩像の彫り方には共通するところが多いから、あるいはこの墓地が設けられた同じ時期に造られたのではないかと考えられる。

屋根はやはり大棟の太いカマボコ型の寄棟造。屋根から軒への傾斜が緩やかで、太めの垂木が二重に施された軒は厚い。正面の開口部は上部が丸いいわゆる隅丸方形で、そこから奥壁の阿弥陀仏を拝せるようになっている。開口部の上には合計八つの小さな四角い穴が空けられている。

以上述べた外観は、上里町嘉美神社永正一二（一五一五）年銘石堂（S－10）に酷似しており、形態的には一五世紀、あるいは一六世紀初頭の古い要素を多分に残しているといえよう。ちなみに嘉美神社石堂には仏像等の彫刻はない。

伊勢崎市同聚院文明七（一四七五）年銘の石堂（G－4）は、正面外側に阿弥陀三尊と思われる稚拙な仏像を彫りだしていて、内部には何も納められていない。全体にずんぐりした印象の石堂で、屋根の垂木の造作もそれほど精巧ではない。細長い二列の開口部が正面になく側面に設えられている（あるいはこの側が正面かも知れない）が、その理由は不明。想像を逞しくすると、石堂内部にはもともと何か重要なものを納めていて、内部を拝するようには造られていなかったのではなかろうか。何か重要なものとは仏像ではなく、故人の位牌や遺骨・遺品だったかも知れない。銘文は摩耗して判読が困難だが年号の他「奉造立石塔一基」と辛うじて判読できる。

以上の三例は、石堂が仏堂の用途を持っていたことを推測できる例である。しかし単に仏像を納め、それを拝するためだけのものとは思えない。後のこの地方の石堂の特徴である開口部が異様に小さいこともそのひとつの理由であるが、たとえば皆野町大沢家の石堂のように、主尊である阿弥陀仏と観音・勢至は石堂の一部として造られていて、石堂の内部に別の仏像を納めた形跡はない。とすれば石堂内部には何を納めていたのかが問題である。もし内部に、後世の石堂のように小形の石塔あるいは位牌、遺骨などを納めていたとすれば、これらの石堂もすでに祀り（祭り）墓として造立されたものと考えていいであろう。

4　石堂の造立主体

いくつかの石堂には、その銘文に造立した人の名前が銘記されているものがある。個人あるいは夫婦が逆修や故人の菩提のためのものは、おおむね墓と見なして差し支えないと思われる。しかしそれ以外のものについては、何のために造立したのか考えておく必要がある（G－1、G－5、G－8、G－9、G－19、G－21）。

先に見た渋川市延命寺文安二年銘には「檀那心仙」「□□□房」とあって、造立檀那と本願らしい僧の名前が明記されている。おそらく薬師堂としての石堂建立に結縁したのが心仙なる人物だったのであろう。前橋市荒子舞台薬師堂墓地文明一二（一四八〇）年銘石堂（G－5）には「教法大徳　敬本□□」という名が見えるが、本願なのか檀那なのか不明である。また「上野國勢多郡大室庄円天敬白」とあることから、大室庄住人であった円天（人物不明）が、やはり石堂造立に結縁したと思われる。この舞台薬師の石堂は総高も一m以上、開口部や柱、軒垂木などの造作も立派で、造立にはかなりの費用と労力が費やされたと想像される。そうした費用を負担した人物はこの地域の経済的、政治的な有力者であったと考えてよい。舞台薬師堂は前橋市の東の外れ、伊勢崎市との境近くの田園地帯にある。この場所は周囲から一段高くなっていて中世の砦跡とも言われている③。戦国期にこの砦を設けた有力武士などが、この石堂の造立主体であったのかも知れない。

前橋市西大室町木村家文明一四（一四八四）年銘（G－8）は、舞台薬師堂の西方近くにある。総高九七㎝を測る立派な石堂である。身部正面に「敬白 □秀□□　奉造立弥陀尊像 □石堂一宇 正祐　文明十六年甲 藤七 九月廿四日 彦三郎　逆修念仏一結衆 心尊敬白」と書かれていて、心尊等数人の念仏結衆が逆修供養のために阿弥陀仏を造立し、「石堂一宇」を建立したことが分かる。

　この石堂は正面開口部が逆ハート型になっていて、同時代に造られたであろう石造阿弥陀如来座像を身部に納めた、典型的な仏堂としての石堂であるといえよう。

　粕川村中の大日堂永禄一三（一五七〇）年銘（G－19）も「奉造立稲荷宮　敬白」「本願　松村圓蔵《カ》」とあって、本願松村某が「稲荷宮」の社殿としてこの石堂を造立したことがわかる。屋根は寄棟、開口部も細長い長方形の石堂形式で、形はいわゆる社祠ではない。

5　墓としての石堂

　石堂が、成立の初期には仏堂としての機能を果たしていたことをいくつかの例を通して見ることができた。先にも述べた通り、仏堂として造立されたものであっても、中世までは、自らの後世の菩提を予め弔うための逆修や、故人となった親族の菩提を弔うためという造立意図が背景にはあった。しかし当該地方の墓地に行けば分かるとおり、近世以降の石堂は明らかに墓として造立されている。そのような移行の過程を検証するため、いくつかの事例を見てみたい（G－2、G－6・7、G－12、G－13・14、G－16、G－17・18）。

前橋市堤町五十嵐家文明13年銘（G6・G7）

　高崎市上豊岡宗伝寺寛正四（一四六三）年銘（G－2）は、残念ながら身部しか残っていないので詳細を検討することができない。ただ銘文に「妙春禅定尼」「来室□本禅定門」とあることから、夫婦の供養、あるいは逆修のためにこの石堂を造立したことを予想させる。
　前橋市堤町五十嵐家文明一三（一四八一）年銘二基（G－6・7）は現在五十嵐家の庭先にあるが、最近までは同家東方の畑中にあったという。二基ともに基壇を別にして総高一〇二㎝余を測る立派な石堂で、その銘書にそれぞれ「逆修妙仲禅定門」「逆修妙圓禅定尼」とある。後世の菩提を予め弔うため、妙仲と妙圓（おそらく夫婦）がこの石堂を造立したことが分かる。屋根はカマボコ型の大棟、精巧な二重垂木、どっしりとした軒先など、延命寺の事例によく似たものである。正面の開口部は妙仲の方が、中心に細長い縦の長方形、その左右に四角い穴を四つ配しており、妙圓の方は細長い長方形を縦に三本、まるで格子窓のように彫り込んで内部が見えるようになっている。軒には精巧な二重垂木が表現され、夫婦が逆修供養のためにそそいだ気概の大きさを感じさせるものとなっている。

残念ながら五十嵐氏の出自来歴は明確でない。伝承によれば大胡氏の末裔あるいは家臣の一人であったともいう。同家の菩提寺は古くから西隣の上泉村西林寺（曹洞宗）であるが、西林寺の開基は剣道新影流の祖として有名な上泉伊勢守と伝えられている。史料的な裏付けはないが、上泉氏は大胡氏の一族で上泉城主であったといわれ、西林寺の境内は上泉城の曲輪内である[4]ことなどから、同寺が戦国期、長尾氏の家臣であった上泉氏に関係のある寺院であったことは間違いない。五十嵐氏もおそらくその一族だったのであろう。ちなみに西林寺の本寺は前橋の橋林寺（後述、曹洞宗）である。それにしても、この堤町五十嵐家の石堂を含めて、前橋市東部地域に文明七年から同一七年にかけて造立された石堂が密集していることは、おおいに注目に値する。その規模・形状もよく似ていることから、何等か同一の宗教的な背景があったことを予想できよう。

三間入薬師堂天文 12 年銘（G 13・14）

赤城村津久田三間入薬師堂天文一二（一五四二）年銘二基（GⅠ13・14）も、五十嵐家の石堂と同様二基一対をなしている。屋根が高く角張っているのは、近世になってこの地域に流行した石堂形式の源流がこの地域にあったことを予想させる。これよりも以前、赤城村津久田森赤城神社寛正六（一四六五）年銘の石堂（GⅠ3）は、全体に角張った形状を呈する石堂の嚆矢と思われる。同石堂は、屋根型が入母屋であること、棟の左右外側に懸魚を配することなど、前橋東地域のそれとは明らかに違った形状をすでに備えている。それがおよそ八〇年後に造立された三間入の石堂にも踏襲され、さらには近世初発期の事例である子持村雙林寺慶長一六（一六一一）年銘（GⅠ29）などに引き継がれて近世石堂の主流となっていくことは、近世石堂流行の背景を考えるうえで重要なことであろう。

三間入薬師堂の石堂は一ｍを越える立派なもので、銘文には「上州林庄佃村　施主河内」とある。残念ながら他にも銘文があるのだが、摩耗して判読できない。正面開口部は一方が大きな逆ハート型、いま一方は四角い開口部の上に円形を二つ互い違いに重ねた複雑な意匠が施されている。この意匠も、近世石堂でもてはやされたもののひとつである。屋根の軒に日月が陰刻されているが、日月が施されている例は埼玉県児玉町天龍寺（曹洞宗）天文六（一五三七）年銘（S－11）や、先の子持村雙林寺（曹洞宗）慶長一六年銘、年未詳ながら古形を示す吉井町仁叟寺（曹洞宗）石堂などがある。

興味深いのは、これらの石堂は所在する曹洞宗寺院の開山や開基の墓といわれるもの（火災に遭った雙林寺は別として）で、あるいは日月を施すことに特別な意味があったのかも知れない。

三間入の石堂二基はともに身部に小形の石仏を納めている。ひとつは四角い板状の石材に合掌した三尊立像が半陽刻されたもの、もう片方は舟形光背の地蔵菩薩立像である。ともに高さ三〇㎝余でほほ笑ましい稚拙なものである。石堂の見事な造りに比していささか不釣り合いで、正式な仏師が制作したものとは思われない。

宮城村柏倉六本木家墓地永禄６年銘（G-17・18）

宮城村柏倉六本木家永禄六（一五六三）年銘（G－17・18）も二基一対になった石堂である。こちらは先の前橋市東部地域で文明年間に造立された一連のものと形状的に類縁性があるように見える。総高六五㎝余の小さめの石堂であるが、全体にどっしりと落ち着いた佇まいは中世石堂の風格を保っている。屋根は寄棟、開口部は長方形を主体にしている。銘には「奉造立石塔一基處也」「妙樂禅尼」とある。この石堂も夫婦並立のものであろう。

身部にはそれぞれ円光背の観音菩薩立像と地蔵立像が納められている。男性が地蔵、女性が観音を納めるものとしては、児玉町天龍寺年未詳石堂（S－38）にも天正一二（一五八四）年銘のある小形石仏（合掌の地蔵立像と如意輪観音座像）を納めている例がある。天龍寺の石仏は、彫りも稚拙ではあるが、まるで俗人のような趣を呈し、仏というよりは逆修を行った夫婦たち自身を表現しているかに思える。

以上の例から、中世も末期、およそ一六世紀の半ば以降になると、夫婦並立して（造立年号が同じものはおそらくは逆修か、どちらかが亡くなった時に片方は逆修で生前に造立した）、二基一対の石堂を設けることがふつうに行われるようになっていたことが分かる。こうした傾向は一七世紀以降の流行期の石堂に引き継がれ、二基一対だけでなく、一基に夫婦両方の戒名を書いた石堂が多く造られるようになる。

6 全国各地の初発期石堂の諸相

石堂の形状が一七世紀初めごろから急激に変化したことについてはすでに述べたが、その理由について今はまだ明確な答えを持っているわけではない。もともと墓を造ること自体、一般の人びとの間でどれだけ可能だったのか、あるいはそもそも必要だったのかさえ不明なのである。しかし、翻って、近世すなわち徳川幕藩体制の開始が、生活の上でも文化の上でも人心安定に大きな影響を及ぼしたことは確実であるし、徳川幕府の社会政策、宗教政策が庶民にも墓を設ける機運を促進させたであろうことは容易に理解できる。いずれにせよ一七世紀からは、日本のそこかしこで、まるで申し合わせたかのように庶民の石造墓が造られ始めるようになる。本稿が採り上げている石堂と同系統の石造物も、各地で軌を一にして造立されるようになるのである。

前節以来述べてきた通り、下総国から常陸国の霞ヶ浦沿岸にかけての地域では、犬吠埼に産する銚子石を用いた墓石ミヤボトケが、近世の初頭からおよそ一世紀余の間、大流行している。これらの地域では典型的な近世墓石とされている板碑型石塔やその後の角柱形式の石塔に先んじて、堂塔型のミヤボトケがさかんに造立された。その普及に一役買ったのは、一五世紀以来九十九里北部沿岸地域から銚子市、香取郡あたりにまで教線を拡張していた真言宗寺院勢力だったのではないかと筆者は推定している。

下総地方のミヤボトケの初出は天正二〇（文禄元、一五九二）年銘佐原市谷中自性院二基で、屋根が低くどっしりとした形状で、大棟がカマボコ型状をしている点、北関東の中世石堂と共通している。ミヤボトケの総高は六〇㎝余がほとんどで、概して大きいほうではない。自性院のものも銘文から夫婦が逆修のために造立したことが明らかであり、墓地の所有者である椎名家は下総千葉氏の一族として戦国期までこの地方の有力な家柄でもあった。

北関東の石堂に特有な開口部の形状に関しては、ミヤボトケはごく単純な長方形の穴がひとつ正面にあるだけで、この点では違いがある。ミヤボトケの特徴として、銚子石製の一石五輪塔や一石宝篋印塔、または小形の石板に戒名や種子・年号等を記した石碑などを身部に納めている。もちろん小形の石仏を納めている例も少なくない。北関東型石堂と違ってミヤボトケでは三層・五層の塔を造立する例もあり、身部正面に鳥居用の刻文が施されているのも著しい特徴である。

このように外観を見比べただけでも、北関東の石堂と下総のミヤボトケとでは共通する部分と相違している部分があることが分かり、それぞれの出自来歴や相関関係を明らかにすることは容易でない。また関東以東では、山形県にマンネンドウと呼ばれる同系統の石造物があり、その形状から北関東の石堂との系譜的な類縁性が予想される。代表的な事例としては、直江兼継とその一族のものがあり、近世初期以降に造立されている。マンネンドウについてはまだほとんど調査を行なっていないが、江戸開幕まもなく実施された越後上杉家の山形への転封に際し、越後・上野・信濃の領民が上杉家を追って大量に同地方へ移住したといわれており、北関東型石堂が山形地方にもたらされたのはこの時期なのではなかろうか。

山形県の南隣である福島県会津地方から栃木県の日光・宇都宮・那須地方にかけて、実にバラエティに富んだ形状ではあるが、同系統の石造物が見られる。さまざまな地方からの影響を受けたと思われるが、一六世紀に遡る年号を持つものは見つかっていない。

神奈川県東部、現在の小田原市から秦野市にかけて、やはりこの地域独特の形状・構造を持った堂塔型の石造物がいくつか散見する。年号で一六世紀に遡るものはまだ知らないが、南足柄市塚原長泉院（曹洞宗）菊池家のものを例に取ると、屋根は前後二石材の切妻式で軒は厚く、傾斜は緩やかである。身部は左右側壁と背部の三石材からなっており、左右側壁の内側には五輪塔が各一基陽刻されている。身部内には戦国期の風格を持つ複式五輪塔が安置され、全体に間口よりも奥行の深い造りが特徴である。石材は凝灰岩質で粗い。

南足柄市長泉院菊池家ラントウ

これとほぼ共通する要素を持ったさらに大型の石造物が鎌倉の名越切り通し付近に二基（おのおの切妻・方形）あり、鎌倉市ではそれを石廟と呼んで市文化財に指定している。残念ながら銘文等が一切確認できないが、屋根・側壁・背部を複数の石材で造るなどの構造から考えて、神奈川県西部のものと同系統としてよいだろう。一基には石製扉に円い開口部が穿たれているが、同様のものが先の長泉院にある。北関東の石堂とは系譜を異にするものと考えられる。一方正面に扉を設ける点では瀬戸内海周辺地域のもの、あるいは若狭地方のものに類縁性がある。関東地方の南部では東京都を中心とした現在の都市部で類例がほとんど見当たらないのは不思議である。もともとはあったけれども都市化や墓地整理等の影響で早くに廃棄され、消滅してしまったのか、それとももともと造立されなかったのか、現時点では言明できない。

中部地方に行くと、先にも述べた通り、長野県と山梨県には近世初頭の銘文を持つ北関東型石堂が大量に残っている。忘れてならないのは、伊那谷の飯田市文永寺にある弘安六（一二八三）年石室五輪塔である。信濃の豪族、神淳幸が南都の石工・菅原氏を招いて造立したもので、まさに中世石堂の嚆矢といえる存在である。しかしその様式は後世に引き継がれず、あくまで孤高の存在だったように思われる。これについては二章で多少ふれるつもりである。いまひとつ、上水内郡牟礼村の地蔵堂には寄棟造の屋根をして身部の高い、永正四（一五〇七）年銘石堂があり、奥壁には地蔵菩薩立像が陽刻されている⑤。ただしこれが墓の施設であったという確信はない。

岡谷市宗平寺（臨済宗）跡には年未詳ながら、総高一三四㎝、入母屋式で見事な唐破風と華頭窓を精巧に造り込んだ石堂がある。まるで禅宗建築の仏殿を精巧に模して石で造ったかのようで、保存状態もよい。石質もきめの細かい良質の凝灰岩質で、あるいは後世の建造かとも思われるが、近世初期（寛永期のものが多数見られる）ごろの石堂が林立する墓地の中央にあること、武蔵型板碑が身部に納められていること（これは後世の納入品かも知れない）、本塔の隣にある二基の笠塔婆石塔も古形を示していることなどから、あるいは室町期にまで遡れるかも知れない。宗平寺についてはまったく不明だが、本塔のある墓地には石堂をはじめとする近世墓石が密集している。この石塔墓地の近くには別に埋葬墓地があって、長野県では珍しい両墓制となっている。この他諏訪地方の古い墓地、近世初期以前に開創された寺院には石堂を有している寺院が多い。諏訪市江音寺（浄土宗妙心寺派）高島藩家老千野家墓地には寛永一六（一六三九）年銘、岡谷市尼堂墓地徳本（戦国期の高名な医者）墓寛永七（一六三〇）年銘など、立派な石堂が多数ある。これらの形状は北関東型の近世石堂とほぼ同じであるが、石材には澄ん

浜松市白州町のゴリンサマ。年未詳だが、他の石造物が近世前期であり明らかにそれ以前の造立と思われる

だ赤身を帯びた安山岩（地元では神宮寺石と呼ぶ）が用いられている。埼玉県皆野町大通院開基逸見儀常墓（他二基）（S－36）も、赤みがかった安山岩であることから、あるいは神宮寺石を使っているのかも知れない。石堂形式はもとより、石材や技術の伝播を考える上で重要であろう。

ちなみに諏訪地方から伊那谷にかけて、地元では、これらの近世石堂を「ラントウ」と呼んでいることを改めて強調しておきたい。

静岡県には菊川町など小笠郡地方の一部に同系統に属する近世の石堂がある[6]。また遠江地方の浜松市白州町にもゴリンサマと呼ばれる石堂がある（中込睦子氏のご教示による）。形状と構造は神奈川県西部にあるものとやや類似する。しかし内部に納められている一石五輪塔は加工が稚拙で、素人の手になるものと思われ、この地方での初期的な事例であろう。その後ゴリンサマを納めるこのようなラントウ系墓石は継続した形跡がないので、近世初期だけの一時的な祀り（祭り）墓施設だったと推測される。可睡斎を中核とした強固な曹洞宗地域にも特徴的に分布しているが、他の石造物に比して数はそれほど多くない。

関西地方では、越中・越前・若狭地方にも同系統のラントウ系石造物が点在している。たとえば福井県一乗谷にある寛文三（一六六三）年造立の朝倉義景墓や富山県高岡市曹洞宗瑞龍寺にある前田利家・利長・織田信長とその夫人濃姫・信忠の石廟な

福井県若狭地方の近世ラントウ。笏谷石製または日引石製で、一石五輪塔が数基ずつ納められている

福井県上中町堤、年未詳内藤佐渡守墓

福井県小浜市極楽寺、天文22年銘石堂

岡山県落合町大庭妙蓮寺跡

どである。これらは江戸時代前期に造立されたものであるが、いずれも福井市足羽山麓で産出する薄緑色の凝灰岩、通称笏谷石が用いられている。笏谷石で作られた各種の日用品が朝倉氏による領国内勧業策の一環として、北陸一帯はもとより畿内、伊勢、尾張地方や、越後・北海道にまで運ばれていたことはよく知られているが、鎌倉時代以来石塔の石材としても珍重されていた。新潟県佐渡相川町にある慶長一六（一六一一）年銘佐渡奉行大久保長安逆修塔も笏谷石でできた石堂である⑦。先述したとおり和歌山県高野山奥の院にある松平秀康廟・同母廟（国指定重要文化財）も笏谷石で作られている。秀康は福井城主であった関係から、秀康自身が生前、母の霊屋を建立している。慶長一二（一六〇七）年には秀康長男の忠直が父のために霊屋を建立しており、ともに笏谷石を「桶状に刳り貫いて内部に心木を入れて補強したのち組みあげて」いる⑧。内部には宝篋印塔が納められており、外壁面には二五菩薩が陽刻されている。それら戦国期、近世大名等の廟墓に先行する事例として、中世以来の港町として知られる福井県坂井郡三国町の真言宗滝谷寺に、元亀三（一五七二）年造立の同寺開基叡憲および中興開山慶範石像を祀る開山堂がある。やはり笏谷石製の切妻造りで、桁行三・三mと大型、内壁面に一三仏が半陽刻された精巧なもので、高野山の松平秀康霊屋や前田家各霊屋の模範となるものであろう。

笏谷石製の廟墓は敦賀、若狭方面でも多数造立されており、若狭には越前地方の石廟よりも古い時代に建てられた事例が残っている。小浜市の南方、上中町堤には越前守護武田氏の重臣だった内藤佐渡守墓があるが、総高九六㎝の笏谷石製。入母屋造りの屋根は丈が低く傾斜は緩やかで、横に長い大棟は断面が五角形になっている。正面はひろく開いていて木製か石製の扉がかつてはあったらしい。内部には二基の複式五輪塔が安置され、その左側の一基には「慶春」「永禄八年 四月日」（一五六五）と銘文が残る。前方左右に二基の五輪塔が置かれるが、中心のラントウとの関係は不明。内藤氏はこの堤村に城を構えていたと伝えられている。

もっとも注目すべき例としては小浜市街地にある天台宗真盛派寺院極楽寺の開山墓とされる石堂がある。基壇ともで総高二四一㎝と雄大で、方形屋根が上部と下部とで二材になっている。もちろん良質な笏谷石が用いられ、身部の丸柱や梁等も木造建築の堂のように丹念に仕上げられている。開口部は広いが扉をはめ込んだ形跡があり、先の内藤氏の墓と同じである。正面左右にある銘書に「奉造立一宇石塔當寺開基為一顆真明大法師之御也（胎蔵界大日種子） 右本願者葉林禅門勧結願意令造立之者也　天文廿二丑癸年二月十九日　敬白」とある。基壇は二重。内部には多数の石塔が納められているが、中央の複式五輪塔には「圓戒國師」とあって、当寺の開山と伝えている。圓戒國師は天台宗真盛派の祖、真盛のことで、極楽寺は、この地域では数少ない同派の寺院である。内部にはほかには特に一石五輪塔が安置され、そのうちの一基に「道泉禅定門」「天文二歳八月廿六日」（一五三三）とある。極楽寺の来歴には不明なところが多いが、寺伝によればもとは小浜の港地区多賀にあって、いつのころか現在地に移ったという。移転は近世小浜城が築造される前ともいい、それが確かならば戦国期に遡る。極楽寺のラントウについては次章で詳述する。

小浜市内とその西方舞鶴市一帯には入母屋式屋根の近世石堂が多く普及しており、今後まだ古いものが発見される可能性がある。

岡山県とその周辺には、長野県諏訪・伊那地方と同じく「ラントウ」と呼ばれる石堂が普及している。かつて土井卓治が紹介したもので、土井はその際、日本各地で墓地のことを「ラントウバ」と呼ぶのは、こうした墓石を納めた堂型の建物がラントウと呼ばれていて、それを建てた場所なのでラントウバと呼ぶようになったのではないか、と提案している[9]。岡山県のラントウで今のところ最も古い年号を持つものは落合町大庭妙蓮寺跡の天正一三（一五八五）年銘以下五基。瀬戸内海の小豆島をはじめ、四国の各地にも同じ形式のラントウが普及しているが、これは材料となる石材が、瀬戸内海に浮かぶ豊島に産する粗粒の凝灰岩、豊島石だからである。

中国地方では山口県から島根県にかけて特に注目に値する事例が報告されている。山口県周南市下上諏訪前には明応七（一四九八）年銘が、また同市下上井谷には明応九年銘のものがある。明応九年銘には「奉造立石室厨子一基」「大願主道祐彦兵衛」「大工衛門九郎兄弟」という銘書があるなど、この地方では「石室厨子」と呼ばれていたことを教えている[10]。明応九年のものは砂岩製で、丸い石柱の上に龕部を乗せた特異な形体である。このような事例は全国的にみてもまれであるが、群馬県の近世の須弥壇式はこれと基本が似ている。また九

鹿児島市郡山町岳福留家墓地。文正元年銘

山口県周南市諏訪前、明応9年銘須弥壇型石堂

州熊本県大隅の六郷満山には、やはり須弥壇式の石柱上に六地蔵と十王像を陽刻した室町初期の特異な石殿形式があり、あるいはその影響を受けているかも知れない。

中国地方の同系統の石造物についてはまだ知られていない事例が数多くあるのではないだろうか。

九州地方では鹿児島県内に、これまで分かっているなかでもっとも古い年号を持つ事例がある。鹿児島県鹿児島市郡山町（日置郡旧郡山町）岳集落の福留家墓地にある入母屋造り、文正元（一四六六）年銘のもので、四十九院を墨書と刻文で表現していて、現時点では四十九院と石堂とが合体したもっとも初期の事例である[11]。これについては次章で詳しく紹介したい。

以上駆け足で概観してきたが、墓の施設でありながら堂型をして墓石や仏像等を納めた石造物が日本各地に存在することが分かった。地方それぞれの特色を持ちながら、基本的には廟墓として共通の形体を持ち、内部には五輪塔・宝篋院塔・板碑・墓碑・石仏などを納めているのを標準としている。

7　石堂の普及と上野禅宗との関わり

千葉県のミヤボトケでは真言宗寺院がその普及に預かったであろうことを、前節で推測したのであるが、改めて全国を見渡してみると、寺院・宗派と墓との関係については解決すべき難題が山積している。宗教的環境が地方ごとに異なる以上、一概にこの石造物が特定の宗派によってもたらされ、普及したと考えること自体、無謀であることは承知している。にもかかわらず、北関東の石堂でもそうであったが全国の同系統の石造物には、曹洞宗寺院と何らかの関係を示しているものが異様に多いことを、指摘せざるを得ない。たとえば神奈川県足柄郡と静岡県小笠郡・浜名湖周辺地域は強固な曹洞宗地帯である。越中・加賀は曹洞宗のメッカであるから当然かも知れない。山口県など中国地方の西部や九州鹿児島県も臨済宗・曹洞宗など禅宗寺院が比較的多い地域である。禅宗地帯であるからかならず石堂があるというわけではないが、禅宗特有の血脈にもとづいた寺院本末関係、師資相承関係が、あるいは石堂の普及に関係しているのではないかと思えてならないのである。

当然のことながら群馬県の西部は、神奈川県の西部と並んで関東地方でも有数の禅宗地帯である。下図にある通り、中世石堂の分布はほとんど室町期における上杉氏の家宰・長尾氏の支配領域と重なっている。永享の乱（一四三八）以後、上野・越後領国を足場に関東に覇権を振るった長尾氏一族は、白井城（子持村）、惣社城（前橋市元惣社町）に根拠地を置いており、その支配は後北条氏や豊臣勢が猛威を振るう戦国末期まで続いた。これなども石堂が造立されていた時期とちょうど重なっている。一五世紀から一六世紀にかけて、長尾氏をはじめとする関東管領上杉氏の勢力は上野・武蔵・相模に展開しており、その後ろ盾を活かしながら多くの曹洞宗僧が活躍し、この地域に次々と寺院を開創し勢力を広げていった。これも石堂の分布域、普及の時代と符合している。

上野国の禅宗といえばまず世良田長楽寺（臨済・天台兼学）が思い起こされるが、同寺は南北朝期ごろまでに急激に寺勢を落としている。この地域で臨済宗寺院として諸山のひとつに列せられたのが沼田市に近い川場村の吉祥寺であった。吉祥寺の開基は鎌倉御家人で豊後守護の大友氏。吉祥寺開山中巌円月は元弘二（一三三二）年、元から帰国した禅僧で、渡航にあたって大友貞宗と昵懇となり、帰国後も大友氏から絶大な信頼を得た。貞宗の死後暦応元（一三三八）年、大友氏の所領であった上野国利根荘に、大友氏の外護を受けて円月が開創したのが吉祥寺であった。円月は後に京都五山の第五位万寿寺や第三位建仁寺の住職になるほどの高僧で、ほとんど吉祥寺にいることはなかったといわれる[12]が、鎌倉・京都・九州と上野国とを往き来していて、当時最新の文化をこの地にもたらしたと考えられる。円月の後に吉祥寺住職となった大拙祖能も康永三（一三四四）年に入元した臨済僧で、九州肥後の永徳寺に住し、やはり大友氏の信頼を得て筑前顕孝寺住職、そして十刹のひとつ豊後国万寿寺に招かれてその住職となった。吉祥寺住職になったのは貞治三（一三六四）年で、以後寺勢はますますさかんになったとされる。彼等が元や九州・京都の最新の禅宗文化を招来したことで、上野国の文化的なレベルはおおいに向上したであろう。肥後の熊本県から鹿児島県にかけては石造ラントウが分布している地域で、鹿児島市郡山町に初期の完成された事例があり、それと群馬県が中世石造ラントウの濃密な分布地域であることとは無関係とはいえないだろう（石堂分布地図参照）。

長楽寺や吉祥寺など臨済宗寺院に比して、布教に関しては後発だったのが曹洞宗である。関東に曹洞宗の教線が本格的におよぶのは一四世紀末から一五世紀にかけてであった。関東でもっとも活躍したのは了庵派（了庵派法系図）で、了庵慧明の弟子無極慧徹が開いたのが補陀寺（群馬県松井田町）、また無極の弟子で関東一帯に優秀な弟子を多数送り込んだのが月江正文であった（初世は月江、二世が正伊）。正文の弟子の一州正伊が、上野守護代長尾景仲の帰依を受けて文安五（一四四八）年に開いたのが雙林寺であった。長尾景仲は上杉氏の家宰として白井城に拠っており、「上野雙林寺伝記」[13]によると、長尾景仲は白井に儒教の聖殿・先祖景村の霊を祀る霊宮そして雙林寺を設けたとある。また渋川の信光寺には丈六の阿弥陀仏を安置して「先祖代々ノ聖霊幷ニ家臣戦場ニテ討死ノ亡魂、為頓証菩提、常念仏ヲ唱テ弔也」とあるように、神・儒・仏を等しく信奉する開明的な武人であったらしい。残念ながらこれらの「霊宮（廟墓であろう）」や渋川信光寺阿弥陀堂などは残っていない。景村を祀り、祭る霊殿こそが、おそらくはこの地の廟墓ラントウの濫觴だったのかも知れないのである。

雙林寺は一州とその後の第三世曇英慧応のとき長尾氏およびその一族・家臣等の絶大な帰依を受け、上野を中心に次々と末寺を開創していった。主なものを地図に落としたが、その範囲は上野の西方から越後境、武蔵北部から遠く信州にまでおよんでいる。これら雙林寺末寺院の中に、年未詳ながら古形を残す牛伏砂岩製の石堂（伝奥平氏墓、G－34）他一基（G－30）を持つ仁叟寺など、中世石堂を残している寺院がいくつもある。雙林寺自身には慶長一六（一六一一）年銘石堂（G－29）があるものの、同寺は戦国期の度々の火災により、中世に属する石造物をほとんど残していない。ただ慶長銘石堂はそれまでの中世石堂に比べて異様に屋根が高い入母屋式で、大棟左右には鬼面を配するなどまさに当地域における近世石堂の特徴をすべて現している。近世にいたって同寺が、周辺住民の石堂造立に大きな影響を持っていた証しかも知れない。

小野上村小野子飯塚大学墓天文一七（一五四八）年銘（G－15）は総高一一三㎝もある大きな石堂だが、地元では長尾氏家臣で小野子城に拠っていた有力武士、飯塚大学の墓と伝えている。屋根は寄棟で大棟は太く、軒も厚い典型的な中世石堂である。身部正面の開口部は四角いが、×印と格子状の穴を開口部の左右に穿つという斬新なデザインを採り入れている。基礎には珍しく蓮弁が施され、階段も彫られている。この階段模様はやはり北関東型近世石殿のひとつの特徴であるが、いまのところこの飯塚大学石堂を初見とする。銘書には年号の記載しかないが、同じ墓地内に安永六（一七七七）年に造立された宝篋印塔があり、そこに飯塚氏歴代の名前と没年等が銘記されている。それによると初代は吉信といい寛正五（一四六四）年没、その室慶雲院は文明二（一四七〇）年に亡くなっている。以下、永正六（一五〇九）年に忠山義功、同四年に同室、天文一四（一五四五）年に大安良道、同年同室、慶長元（一五九六）年昌山宗久、同四年同室など、飯塚氏歴代当主の戒名と没年が記録されている。最後に「安永六年七月吉日 雙林寺天寶洲謹

群馬県小野上村小野子飯塚大学墓。天文 17 年銘

誌」とある。寛正期以来の記録を持っていたのは雙林寺であろうし、飯塚氏の檀那寺が同寺であったことはまちがいない。天文一七年銘石堂の被葬者は不明だが、この廟墓が雙林寺の関与を得て造立されたと考えるのは自然な結論ではなかろうか。

雙林寺の他にも、了庵派の曹洞宗寺院が石堂造立に関与したであろうことを推測させる事例がある。前橋市東部にある一連の文明期の石堂で、文明一三（一四八一）年銘石堂を持つ五十嵐家の菩提寺は隣村の西林寺であるが、西林寺の本寺は前橋市橋林寺である。橋林寺は文明九（一四七七）年、長尾景信が迦葉山龍華院弥勒寺（曹洞宗）の玉峯を招いて開創したといわれる。迦葉山弥勒寺開山は天巽慶順で、やはり了庵派に属している。

ところで橋林寺の開創と前橋東部の石堂の造立時期がほぼ一致しているのは偶然とは思われない。この時期、橋林寺が長尾氏一族に対して石堂の造立を促したことが想像される。迦葉山は上州北部の天狗の寺として知られるが、同寺の天狗は道了尊と同体とされている。というのも了庵は相模国最乗寺の開山で、最乗寺はいうまでもなく道了尊信仰の寺である。最上寺の末寺をはじめとして小田原市周辺に近世初頭の石堂があるのも、上野国からの影響といえるかも知れない。もちろん石堂の造りには彼と此とで違いがあるが、石材や石工を持ち込まないかぎり同じ石造物を造れるわけではない。全国で石堂が造られたとしてもそれぞれに意匠も構造も違うのはこうした理由があるからだと考えられよう。

曹洞宗が葬祭に対して他宗派よりも熱心であるということはよく知られている。しかしこれまでは葬祭儀礼と供養などに対する関与ばかりが注目されてきた。禅宗の法系に沿って墓の様式が広がることがある、という結論を引き出すには、さらに確実で多くの事例を検証しなければならないだろうが、当時もっとも先進的な文化を持つと考えられていた禅宗僧に、人々は新しい時代の後世安穏と現世繁栄の希望を託したのではなかろうか。

小　結—石堂の系譜を求めて

ここまでいささか強引に禅宗と石堂の関係を述べてきたのだが、石堂といま筆者が呼んでいる石造物はいったい、どういう経緯で登場してきたのだろうか、このことを最後に考えてみたい。

全国各地に残る石堂系石造物、すなわち石造ラントウを概観して分かってきたことは、一五、六世紀にまで遡る事例を有する地域が意外に限られていて、それも遠く離れているという事実である。今回取り扱った群馬県・埼玉県北部と長野県がそのひとつであるが、他では越前と若狭周辺、中国地方の西端である周防国（山口県）、そして九州の南端薩摩国西部と肥後国周辺である。これらの地方は一見離れてはいるのだが、北関東と長野県を除くと、すべてが海上貿易の要衝の地であって、海上交通によって全国に繋がっていることに誰しも気がつくのではないか。越前三国湊や小浜はいうまでもなく古代から中世・近世にかけて日本海交通上、最大の港湾都市であった。北は北陸・東北から北海道、そして西は九州と朝鮮半島に海を越えて繋がっている。また周防国も日本海、東シナ海を通して朝鮮半島や中国北部との貿易の要であり、一方で瀬戸内海交通の入口を押えている。鹿児島県西部日置郡も坊津を中核として、古くは遣唐使派遣の港であるとともに、中世には中国南部から琉球、東南アジアに向かって大きく開かれており、いわば日本とアジア世界とを繋ぐ重要な貿易港だったのである。

一五世紀から一六世紀という時代はそれまでの日本と違い、好むと好まざるとに関わらず、日本がアジア世界の政治・経済・文化の大波に晒されていく時代であった。薩摩・周防・若狭に一五世紀の石堂が同じように造り始められているということも、やはり偶然というわけにはいかないと思う。石堂という石造物の淵源を、日本国内のそれ以前の石造物に求めることは当然考えなければならないことである。長野県飯田市の文永寺の五輪塔と石室など、その候補も確かにある。しかし翻って、室町・戦国時代の人々が、それまでとは違うまったく新しい文化、開明的な文化のひとつとして石堂の様式とその文化を輸入した、と考えることはできないであろうか。

埼玉県上里町嘉美神社永正12年銘

沖縄県立博物館所蔵石厨子

康熙35（1696）年銘のボージャー厨子甕（那覇市首里。上江洲均「沖縄の厨子甕」『日本常民文化研究所調査報告第八集　紀年銘民具・農具調査等』1981年）。近世初期以降琉球で用いられた甕型のジーシガミにも魂の出入りするという穴が空けられているが、その配置や形状は前代の石厨子のものを踏襲している。これも群馬県他各地の石堂にみられる正面の穴とほとんど同じ形状、配置を示している

筆者がこうした考えにこだわるのも、ここにひとつの興味深い事例があるからである。次頁の写真のうち、上は北関東型中世石堂、下は琉球の石厨子である。中世における琉球の墓は、今帰仁村の百按司墓のように港を望む崖地に半洞窟の墓地を設け、その中に切妻屋根の墓室を建築して遺骨を納めた漆龕（唐櫃）を置く、という方法がとられていた。浦添市にある浦添ようどれは一三世紀に英祖王が造営した墓といわれているが、安里進氏によれば、墓域には高麗系瓦葺きの建物が建てられ、内部には漆龕（唐櫃）が置かれていたという[14]。百按司墓の漆龕も入母屋屋根式の家型で、内部には改葬された骨が納められていた。そうした木製の厨子に次いで登場したのが石厨子である。

浦添ようどれには、漆龕を取除いた後に墓に納めた石厨子が四基残されている。石厨子は輝緑岩製で、屋根と身部そして台座の三部材からなっている。瓦葺方形造の建物を模しており、外壁には仏菩薩が見事に彫刻されている。輝緑岩は琉球には産出しない岩石で、この石厨子も中国福建省から取り寄せたものという。問題はこうした見事な造作を施すほど高度な技術が当時の琉球にあったかどうかだが、この点は今も意見が分かれているらしい。浦添ようどれの石厨子以外にも県内には大量の石厨子が残されているが、首里城の玉御殿や沖縄県立博物館所蔵の石厨子、また読谷村郷土資料館にあるものなどが知られている。中国産輝緑岩を使うのは王家だけで、その他の人々は琉球に産する石灰岩や凝灰岩、あるいは珊瑚石を使うのが常であった。こうした石厨子が主に用いられていたのは一七世紀までだが、一七世紀の中ごろからは陶器製の家型厨子であるボージャー厨子や甕形のジーシガミ（厨子甕）がそれと平行して用いられるようになる[15]。

琉球の石厨子とボージャー厨子およびジーシガミに共通するのは、いずれも正面に小さな穴が空けられていることである。この穴は地元では古くから「死者の魂の出入り口」といわれているが、その意匠は驚くほど北関東型石堂の開口部に酷似している。実は、鹿児島県の石堂にも同じような開口部があり、それにも四角、三角、丸などの意匠が多用されているのである。琉球と鹿児島は中世・近世を通じて、さかんに貿易と文化交流をしていた。琉球の仏教は臨済宗と真言宗で、尚王家の菩提寺は臨済宗円覚寺（一四九二年開創）である。琉球の禅僧等は中国と日本に度々参学に赴き、時にははるか関東にまで足を運んでいるが、日本に渡る場合には必ず薩摩がその玄関口と定められていた。琉球の石厨子が中国の福建省や禅宗の本場杭州あたりの仏殿様式を採り入れた可能性は高い（ただし中国の事例については未検証）。そうした文化が中国や琉球の禅僧等の手を介して薩摩や周防、若狭、そして北関東に伝えられ、それぞれの地方に定着したのではないか。同じように、師を求めて全国を移動する禅僧たちや、禅宗寺院の法系ネットワークを介して、新しい時代に相応しい浄土欣求の石堂形式が、各地の有力者等に受け入れられ、普及していったのではないかと想像している。その東の終着点が北関東だったのではあるまいか。中世、鎌倉と並んで上野国は、主要道であった東山道と越後から関東に到る三国街道が交差するという、東国有数の文化的先進地帯であったわけだから。

本稿は当初、千葉県のミヤボトケの考察の続きとして書き上げるつもりであった。ミヤボトケの場合、筆者はそれを全国に伝承されるラントウバの語源であろうラントウ（堂塔型墓石）の一種と考え、全国の同系統の石造物と比較しながら検討した。北関東型の石堂もそれと同様ラントウの一種であると考えている。ただしこの地方の石堂を調べていけばいくほど、それが鹿児島や琉球、そして山口県の同型石造物と深い関係があり、石堂普及の担い手が禅宗寺院と禅僧たちだったのではないかと思えるようになってきたのである。

ラントウの史料的初見は『看聞御記』応永二四（一四一七）年と永享八（一四三六）年で、これまで嫌というほど述べてきた通り、各地の石堂系石造物の初出と時期をほぼ同じくしている。また『看聞御記』の筆者伏見宮貞成親王が盆の施餓鬼供養のために赴いたのは同家の菩提寺大光明寺（旧地は京都市伏見区だが、現在は相国寺内）にある「檻塔御廟」および「亡母欄塔」であった。大光明寺は京都五山相国寺の塔頭であり、言うまでもなく臨済宗である。ということは、伏見宮の墓所であるラントウ造立には臨済宗が関与していたことはまちがいないし、ラントウ（蘭塔）が禅宗と無関係ということはあり得ない。こうしたことからいっても、石堂を禅宗僧等がさかんに採り入れ、檀家等に指導した墓の一形式であることはほぼ明らかであろう。

注

① 『埼玉県中世石造遺物調査報告書』一九九八。

② 「高崎市における近世墓石の編年―墓石からみた近世―」『高崎市史研究』一六、二〇〇二。なお本節の元となっている「北関東の石堂―中世・近世移行期の墓石文化について考える―」(『石の比較文化史』二〇〇四・一)が発表された後、高崎市教育委員会が刊行した『新編　高崎市史』資料編一三「近世石造物」では近世石堂にも格別の注目がはらわれている。また市史編纂事業の石造物調査にあたった金子智一氏による論考「高崎市周辺における近世石堂・四十九院塔について」(『高崎市史研究』一九号、二〇〇四・三)が公表された。一五世紀初期移行から近世にわたる群馬県周辺の石殿・石堂(金子氏は石殿と石堂を区別している)の事例を報告し、その形態的、様式的な変遷について論じている。北関東の同系石造物のさらなる研究の深化に期待したい。

③ 『前橋市史』。

④ 『前橋市史』。

⑤ 『長野県史 美術建築資料編』一九九二。

⑥ 『横地城跡 総合調査報告書』菊川町教育委員会、二〇〇〇。

⑦ 『越後佐渡 石仏の里を歩く』新潟県石仏の会編、二〇〇〇。

⑧ 村上訊一氏『霊廟建築』日本の美術二九五、一九九〇。至文堂。

⑨ 土井卓二『墓と石塔の民俗』、一九七二。

⑩ 『未指定文化財総合調査報告書』山口県、一九八四。『徳山市の社寺文化財』徳山市、一九九一。

⑪ 『南九州の石塔』一三号。

⑫ 『沼田市史』。

⑬ 「曹洞宗全書」寺誌。

⑭ 「琉球国中山王陵・浦添ようどれ出土の漆器関係遺物―唐櫃形漆龕の復元―」『特別展 尚王家と琉球の美術』二〇〇一、MOA美術館。

⑮ 上江洲均「紀年銘民具・農具調査等」『日本常民文化研究所調査報告第八集』一九八一。

三節　近世廟墓としての石造ラントウ

―埼玉県鴻巣市勝願寺の牧野家廟墓―

はじめに

本稿は、鴻巣市史編さん係による石造物調査に参加して得たいくつかの事例、なかでも鴻巣市にある勝願寺牧野家墓地および勝願寺の境内図等を通して考察したことをもとに、近世の大名墓の成立や、近世初頭期における墓地の景観について考えようと意図するものである。

近世大名の墓についてはこれまで、当時の武士の最高階級が設けた特殊な墓として、あるいは、近世建築物のひとつとしてしか注目されてこなかったのではないだろうか。贅を尽くした豪壮華麗な霊廟建築、そして豪快で巨大な石塔は、あまりにも他の身分の追随を許さないほどであるため、それらは特別な施設であり、一般民衆とは隔絶したものであって歴史学の研究には値しない、というのがその理由の第一だったのかも知れない。しかし一方で、墓地に関する報告や研究がこのところ増えている。その理由のひとつに考古学的な成果の急激な増加が挙げられる。これまであまり省みられることのなかった歴史時代の遺跡の発掘が全国各地で相次いでいるのがその第一因であろう。中世の墓地や近世の墓地も、かつての古墳や横穴墓同様に発掘の対象とされることで、多くの研究者の目を向けさせている。

ところで問題を近世に限ってみると、墓地に対する関心が高揚しているにもかかわらず、墓を造立する人間の思想、精神的な側面についてはあまり関心がないように感じられる。少しうがった言い方をすれば、墓や廟を設けた人々はそれらの施設にいったい何を求めていたのか、何を意図してそのような施設を造ったのか、という点に案外無関心でいたように思われる。筆者を含めて多くの研究者が、中世も末期あるいは江戸時代になると、あたかも人々はあまり宗教的、精神的な世界に関心を示さなくなり、より功利的・実利的・合理的な考え方をしていたのではないか、と漠然と決めつけてきたのではなかったか。研究の対象が霊廟建築とか墓石・石塔等に、どうしても物質的な側面（造立様式・製法技法・材質・流通など）に目が向きがちだったのではないか、と反省することが多い。もちろんそれらのテーマも充分大切なのではあるが、そうした側面を検討しながらも、人々の精神世界、信仰や世界観、習俗や慣習に対する視点も忘れてはならない。

1　勝願寺の中興

勝願寺(浄土宗知恩院末、天照山良忠院)は浄土宗関東十八檀林のひとつで、天正年中に物誉清巌が再興した。文政三(一八二〇)年五月「勝願寺由緒書」(以下「由緒書」と表記する)[1]によると当寺は、浄土宗三祖記主禅師良忠が文永年中に起こした寺であったが、草創の地は今より北方にある登戸村(鴻巣市)で、天正年中には真言宗寺院になっていたため、現在地に移して浄土宗寺院として再興したという。

家康の帰依を受けた物誉清巌はこの地を拝領し、良忠ゆかりのこの寺の再興を家康より仰せ付けられた。その後、天正一五(一五八七)年、物誉は岩槻の浄国寺を開山して隠遁し、弟子である円誉不残が勝願寺第二代となった。『新編武蔵国風土記稿』には、不残が勝願寺を再興し、師である物誉清巌を初代に招請、自らは二代になったとある。いずれにせよ、勝願寺が戦国末期に、中仙道の要衝の地である鴻巣宿に浄土宗寺院として中興されたことに変わりはない。

慶長一一(一六〇六)年、不残は家康の取立てもあって紫衣を勅許され、以後勝願寺は関東における浄土宗十八檀林のひとつとして大きな力を持つにいたる。

勝願寺牧野家墓地。手前の白い石塔が初代牧野康成塔

「由緒書」によると、「当寺本堂之義は従中興第六代日誉源庭上人、伊奈備前守忠次之三男ニ而、(略)寛永二十年癸未年　大猷院様依　台命、日誉源庭上人舎兄伊奈半十郎忠治建立之」とあって、寛永二〇(一六四三)年に本堂を建立するにあたり、関東郡代伊奈忠治がその奉行にあたった。その際、家康の命により結城秀康の御殿を移築したともある。本堂他堂宇を再建した日誉源庭は伊奈忠次の三男・忠武で、再建の奉行忠治は実兄であった。

「由緒書」にはさらに「当寺開基檀那ニは無之候得共、文禄元年　神君様当寺江被　為候砌、牧野讃岐守康成・伊奈築後守忠政・伊奈五兵衛尉忠家、何れも供奉ニ而被相越候処、依台命其方共子孫永々当寺檀那之契約候様　被為　仰付」とあり、伊奈氏とともに牧野氏が当寺を代々の菩提寺に定められることになったのは、家康の命によるものとしている。

これにより伊奈氏と牧野氏が当寺と特別な関係を結ぶことになった経緯が分かる。伊奈氏はその後寛政期の忠尊の時に没落したが、牧野氏は幕末まで舞鶴（田邊）藩主として継続し、その子孫は家康の命ずるまま勝願寺を菩提寺として子孫である現当主にいたっている。

勝願寺が伊奈氏、牧野氏など将軍家側近の大名・旗本と深い関係を結んだのがどういう理由によるものか、これ以上のことはわからないが、中仙道の要衝にあって江戸への玄関口にあたる鴻巣宿には鴻巣御殿も設けられていたことから、武蔵国北部あるいは北関東全域に対する幕府の出先機関的な地位が与えられ、その中核的な宗教施設として勝願寺が機能していたのであろう。

2　牧野氏と勝願寺

先にも述べた通り江戸開府まもなく、牧野家（以下断りのない限り、牧野家と表記する場合は後の田邊牧野家）は勝願寺を菩提寺とするにいたった。現在牧野家の墓域は仁王門の右手にあり、木塀に囲まれた方形の広大な敷地（正面幅約二九m、奥行約二五・五m）で、敷地内には牧野家本家はじめ分家等に関わりのある五五基余の墓石が並んでいる。また墓石以外にも墓石に付随する石灯籠が数多く残っている。

最も古い年号（ただし没年で、墓石の建立年とは限らない）を持つ墓石は、表の2号塔、慶長一〇（一六〇五）年無縫塔で、郭誉易然和尚のものである。易然は初代牧野康成の弟にあたる。『寛政重修諸家譜』（以下「諸家譜」、牧野家歴代は「諸家譜」の歴代に基づくことにする）によれば、牧野定成の子易然は「出家して武蔵国足立郡天沼村見樹院の住職となる」とあり、見樹院（埼玉県桶川市）は今は廃寺となっている。牧野氏は康成の時、家康に従って関東に入り、天正一八（一五九〇）年に武蔵国石戸領五〇〇〇石を賜って、川田谷村天沼の地に陣屋を置いた。見樹院はその川田谷陣屋に付属した浄土宗寺院として易然によって開かれたという[②]。ただしこの墓石は、牧野家歴代墓とは明らかに区別して置かれており、後世になってから（恐ら

勝願寺牧野家墓塔群一覧（年代順）

	番号	塔型	戒名	年号	西暦	俗名		譜	備考
本家	1	層塔	見樹院　善誉宗徹大禅定門	慶長 15	1610	一代	康成	○	銚子砂岩製
	2	無縫塔	郭誉易然和尚	慶長 10	1605		易然	○	
	3	層塔	知見院　性誉哲心大禅定門	慶安 3	1650	二代	信成		灯籠あり
	4	層塔	良園院　方誉善朗哲三大禅定門	延宝 5	1677	三代	親成	○	灯籠あり
	5	宝篋印塔	春光院　明室性光大姉	延宝 7	1679		親成室		灯籠・華瓶あり
	6	層塔	覚樹院　心誉清涼芳山大禅定門	元禄 6	1693	四代	富成	○	灯籠あり
	7	宝篋印塔	暁雲院　香誉董蓮春光大姉	元禄 2	1689		富成室ヵ		
	8	層塔	徳樹院　一誉暁覚宗山大禅定門	寛保元	1741	五代	英成	○	
	9	宝篋印塔	慈雲院　敬誉照覚智光大姉	延享 2	1745		英成室		
	10	層塔	浄照院　光誉廓然達道大居士	寛延 3	1750	六代	明成	○	灯籠・手水鉢あり
	11	宝篋印塔	久照院　明誉心光智相大姉	寛政 2	1790		明成室		
	12	層塔	嶺松院　信誉操貞忠山大居士	天明 3	1783	七代	惟成	○	灯籠あり
	13	宝篋印塔	真涼院　暁誉清月光雲大姉	宝暦 10	1760		惟成室		灯籠あり
	14	宝篋印塔	見了院　覚誉悟入法山大居士	安永 4	1775		武成	○	灯籠あり
	15	宝篋印塔	究竟院　蓮誉乗台月観大居士	天明 3	1783		福成	○	灯籠あり
	16	層塔	松樹院　仙誉貞幹宗如忠翁大居士	文化 8	1811	八代	宣成	○	灯籠あり
	17	宝篋印塔	楊樹院　清誉涼智観如経音大姉	文政 2	1819		宣成室		灯籠あり
	18	層塔	崇樹院　徳誉興英端雄仁山大居士	天保 4	1833	九代	以成	○	灯籠あり
	19	宝篋印塔	清台院　高誉春月智照大姉	文政 2	1819		以成室		灯籠あり
	20	宝篋印塔	香台院　映誉秋月清操大姉	文政 3	1820		以成室		灯籠あり
	21	層塔	寛樹院　顕誉泰道源真清山大居士	文久元	1861	十代	節成		灯籠あり
	22	宝篋印塔	観光院　清誉佳月貞照大姉	万延元	1860		節成室		灯籠あり
	23	山状角柱型	道樹院　寛誉寿徳興仁迪斎大居士	大正 13	1926	十二代	弼成		
	24	山状角柱型	禎祥院　坤誉靖節栄潤妙楽大姉	昭和 10	1935		彌栄子		
分家 A	25	宝篋印塔	照見院　曜誉土参居士	貞享元	1684	初代	照房（尹成）	○	
	26	宝篋印塔	高樹院　現誉随応無参居士	元文 3	1738	二代	遺成（貴成）	○	
			清空院　宝蓮社光誉心月禅定尼	寛延元	1748		遺成室ヵ		
	27	宝篋印塔	高俊院　騰誉顕盛雲心居士	宝暦 6	1756	三代	春成（為成）	○	
	28	宝篋印塔	□□□　道誉如神顕寿居士	文化 9	1812	四代	美成	○	塔身１欠
	29	宝篋印塔	□□□　順誉至道孝戒居士	文化 6	1809	五代	議成	○	塔身１欠
	30	宝篋印塔	寛徳院　仁誉心和順道居士	天保 6	1835	六代	賛成	○	
分家 B	31	宝篋印塔	還都院　泰岳安棲居士	元禄 11	1698	初代	貞成	○	
			連香院　董誉貞意善女	享保 4	1719				
			光曜院　照誉清閑大姉	正徳 5	1715				
	32	宝篋印塔	経邦院　縁誉心空道夢居士	享保 20	1735	二代	成房	○	
			仰見院　正誉成覚居士	安永 5	1776	四代	満成	○	
	33	宝篋印塔	光現院　鏡誉貞心大姉	正徳 3	1713		成房室		
	34	宝篋印塔	仰恩院　信誉持法受楽居士	宝暦 9	1759	三代	至成	○	
			穐光院　覚誉冷雲居士	天明 6	1786	五代	成表	○	
分家 C	35	宝篋印塔	自照院　光輪徹空居士	元禄 14	1701	初代	成房（直成）	○	
	36	宝篋印塔	自徳院　光誉梅月寿照大姉	正徳 2	1712		成純母		
	37	宝篋印塔	知雲院　高誉徳水勇哲居士	享保 17	1732	二代	成純	○	
	38	宝篋印塔	源洞院　俊誉徹仙居士	寛政元	1789	三代	成久	○	
	39	宝篋印塔	道樹院　見誉徹照居士	天明 7	1787	四代	成允	○	

不明	40	宝篋印塔	徳寿院　光運妙清大姉	元和8	1622				
	41	宝篋印塔		元和8	1622				銘文判読困難
	42	宝篋印塔	松光院　妙相日具	寛文5	1665				灯籠・華瓶・水器あり
	43	五輪塔	白芳撫心大童子	宝永6	1709		牧馬		
	44	宝篋印塔	至徳院　誠誉慈仁徹心大居士	天保7	1836				
	45	宝篋印塔	享徳院　瑞誉正善徹仁居士	安政4	1857		成之		
	46	宝篋印塔	俊徳院　高誉秀哲知参居士	慶応3	1867		成寿		
古川家	47	宝篋印塔	得譽栄受	寛永6	1629		古川某		
	48	宝篋印塔	得受妙叟	寛永13	1636		古川某		
	49	宝篋印塔	受陽雪頓	寛永10	1633				
	50	宝篋印塔	王花妙光	寛永10	1633				
	51	板碑型	一実受頓信士	慶安元	1648		古川源五右衛門		
その他	52	宝篋印塔	久誉浄栄居士	承応3	1654				
	53	五輪塔	要蔵院　快翁宗慶居士	延宝6	1678		原井三郎左衛門		
	54	板碑型	□岳院　性誉閑定居士	元禄7	1694				上半部欠
	55	板碑型	鉄窓妙眼大姉	慶安3	1650				
	56	灯籠		天明3	1783				竿のみ　鴻巣24－37と一対
	57	灯籠		寛政11	1799				竿のみ
	58	灯籠		年不詳					竿のみ

注1　番号はすべて枝番（鴻巣25-○）。
注2　「譜」は『寛政重修諸家譜』に記載された人物であることを示す。なお本一覧は、鴻巣市史編さん係高田大輔氏作成のデータをもとに作成した。鴻巣市市史編さん調査会編「鴻巣市史石造物調査報告書2　鴻巣の石造物　鴻巣・笠原地区」2003.2。

勝願寺牧野氏墓地内の墓石配置図
（『鴻巣市史石造物調査報告書2鴻巣の石造物　鴻巣・笠原地区』2003.2）

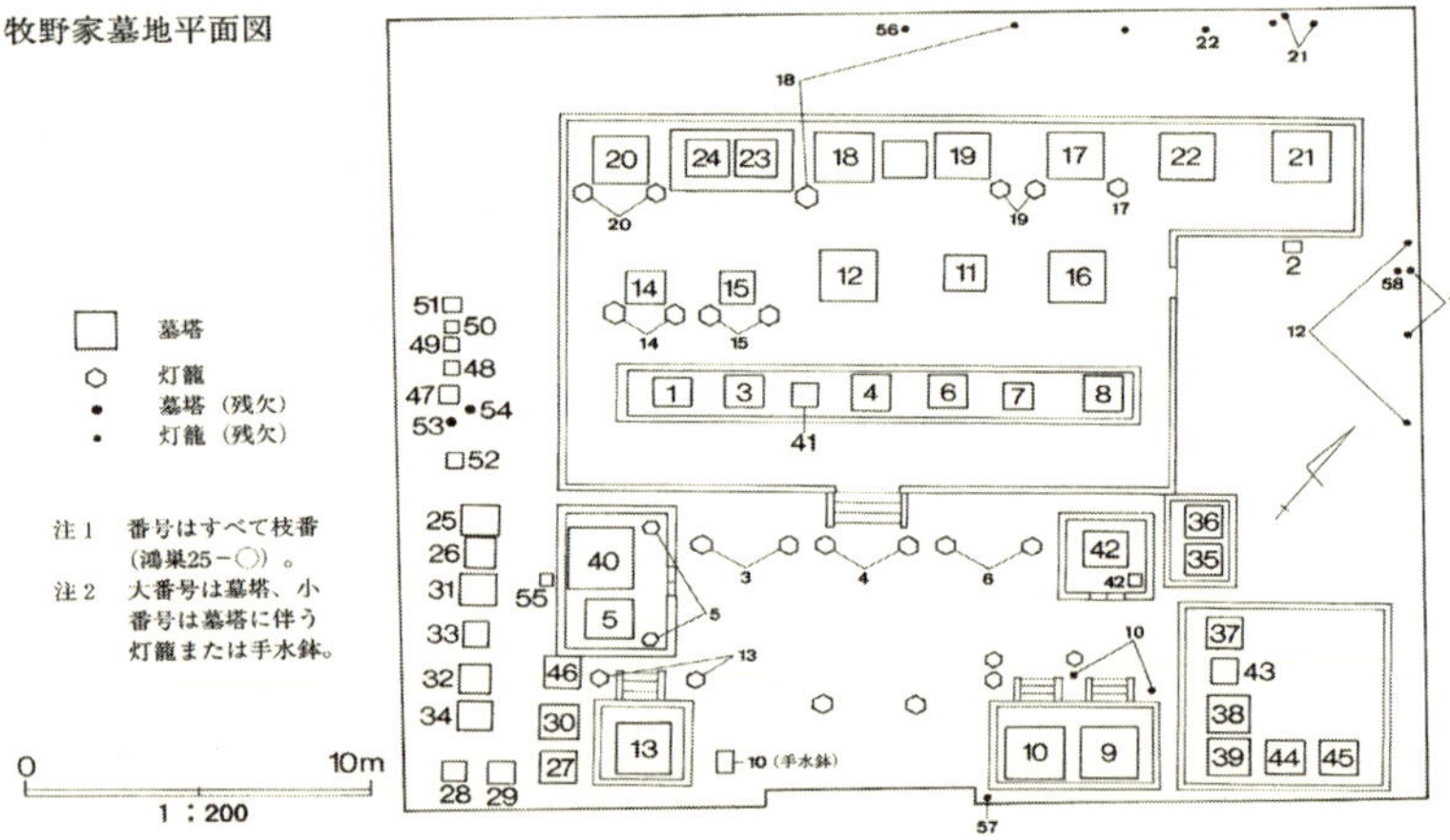

くは見樹院廃寺以後）ここに移されたと考えられる。

二番目に古い年号をもつのが一号塔の慶長一五（一六一〇、建立年）年、初代康成の層塔で、以下歴代墓がほぼ完備している。

さて牧野を名乗る譜代大名は、上野国大胡城から越後国長岡に転封となった長岡藩の牧野家と、石戸領から関宿藩に転封し後に舞鶴（田邊）藩主となった田邊牧野家がもっとも有力であった。ただ家康に従った当時の牧野氏については、江戸時代中期ごろまでにすでに伝承が混乱していて、不明な点が多い。「諸家譜」には長岡牧野家と田邊牧野家の記述内容に微妙な食い違いがあるが、今は詳しく検討する余裕はない。とりあえず田邊牧野家の記述に沿って、初期牧野氏の経歴を概観しておきたい。

牧野氏は三河国牛久保（現・豊川市）出身で、応永年間以降（それ以前と言う説もある）[3]宝飯郡中条郷牧野村（現豊川市）を領していた。初代康成の父・定成は生年未詳。三河国平井郷に生まれ、はじめは今川氏に属していたが、永禄八（一五六五）年以降は徳川氏方に転じたという。天正元（一五七三）年八月、三河国で没した。

康成も三河国に生まれ、永禄八年以来父・定成とともに家康に従って各地を転戦する。天正一八（一五九〇）年、武蔵国足立郡石戸領五〇〇〇石を賜った。家康が川越・忍に鷹狩に来た際はたびたび牧野の陣屋に立ち寄ったともあり、石戸領の北端にあたる鴻巣御殿が武蔵北部の拠点となっていたことを物語るとともに、幕府の関東支配に対して康成の果たした役割の一端をうかがわせる。慶長四（一五九九）年三月八日、京都で没し、同地の誓願寺に葬られた。法名は宗哲。弟・易然は出家して、足立郡天沼村見樹院住職となる。見樹院は康成の院号である（「諸家譜」）。

二代信成は天正六（一五七八）年遠江国に生れた。文禄元（一五九二）年の江戸城造営の奉行に最年少で列した。慶長四年、父康成の遺跡を繼ぎ、同一五年御小姓組番頭となる。寛永一〇（一六四三）年に加増されて一万一〇〇〇石の大名となった。正保元（一六四四）年石戸領を離れて下総国関宿城主となり、この時加増されて一万七〇〇〇石となる。正保四年に隠居し、石戸領五〇〇〇石を隠居領とされる。慶安三（一六五〇）年四月十一日、七三歳で没する。院号は性誉哲心知見院で勝願寺に葬る、とある。

三代親成は慶長一二年生まれ。寛永一九年御書院番頭となり、正保元年に父・信成が関宿に転封となるにしたがい石戸領五〇〇〇石を領したが、同四年に信成が石戸に隠居して親成が家督を継ぎ関宿藩主となる。明暦二（一六五六）年、摂津国および河内国あわせて三万二〇〇〇石の領地となり関宿から転封。寛文八（一六六八）年には丹後国田邊藩三万五〇〇〇石の藩主となる。延宝五（一六七七）年九月二三日、七三歳で没し、方誉善朗哲山と号する。

牧野家の基を作ったのは以上の三代で、特に二代信成と三代親成の時にいくつかの分家を出している。それらの分家のいくつかも勝願寺牧野家墓地内に墓石が置かれている（次頁表「勝願寺牧野家墓塔群一覧」参照）。

3　康成と信成の墓石について

牧野家の墓域はほぼ方形の敷地をなし、寺の参道から墓地に入る門がある。門を入って正面に一段高くかつて玉垣で囲まれていた基壇があり、その内側に歴代当主および数基の正室の墓石が置かれている。

玉垣内にはさらに前面中央に二段の基壇が築かれ、その上には1号塔初代康成墓、3号塔二代信成、5号塔三代親成、以下七基の墓石が置かれている。

これら牧野家当主の墓石は一様に三層からなる層塔形式で、関東ではあまり類例のないものである。大きさは3号塔信成墓石を例にとると、基壇上に置かれた基礎から相輪までの総高は二二九・五㎝と非常に高く、最下層の塔身部の幅が六六・五㎝と狭いため、不安定なほどに背の高い墓石形式である。以下の当主石塔もほとんど信成のそれに準じた形式、大きさを踏襲しているので、基壇内の景観は石塔が林立しているといった表現が適切であろう。

基壇上には向かって左から、康成以下六代目英成までの石塔が置かれている（ただし元和八年銘四一号塔の被葬者は不明）。このことから、六代目の石塔を造立するに際してそれまでの石塔を整理し、新たに基壇を設け、配置し直した可能性がある。

康成塔には正面と左側面に比較的長文の刻銘がある。以下にその全文を掲げておきたい。

1　牧野康成墓銘文

（正面）

光明遍照十方世界

念仏衆生摂取不捨

（正面石扉）キリーク種子
右意□□□
前讃岐善□（（誉））宗徹大禅定門
拾三回忌菩提也孝子牧野
豊前守造立之仍如件敬白
（左側面）
于時慶長拾五季今月日
（以下追刻）
延享四丁卯年三月當見樹院
殿百五十回諱而為追薦明成
公鋳無量寿佛之銅像一躯而
納于此石塔之中□塔之正面
有方一尺許之□□此拝謄焉
兒輩謾出像其□□戯弄損壊
矣今茲寛政九丁□年三月當
二百回諱而今□□公加修補
而納之石堅閉□□今像無出
矣
現住光誉□回記

左側面の年月日銘以降は後世の追刻で、それによると康成塔にはもともと鋳造の阿弥陀仏が納められていたが、子供らが悪戯してその像を取り出すので、寛政九（一七九七）年に石の扉を新調して龕部を閉ざした、とある。確かに正面の石製の蓋は

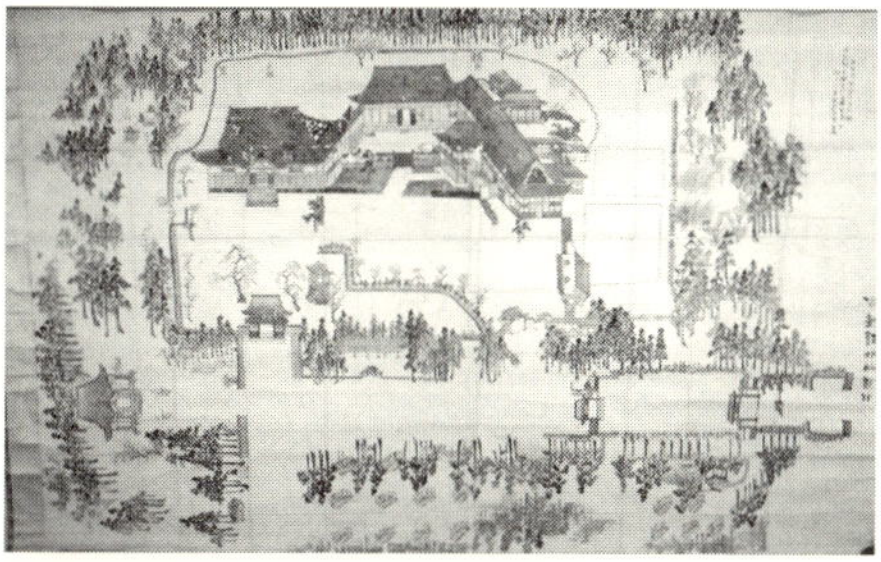

勝願寺宝永五年境内図（勝願寺蔵）

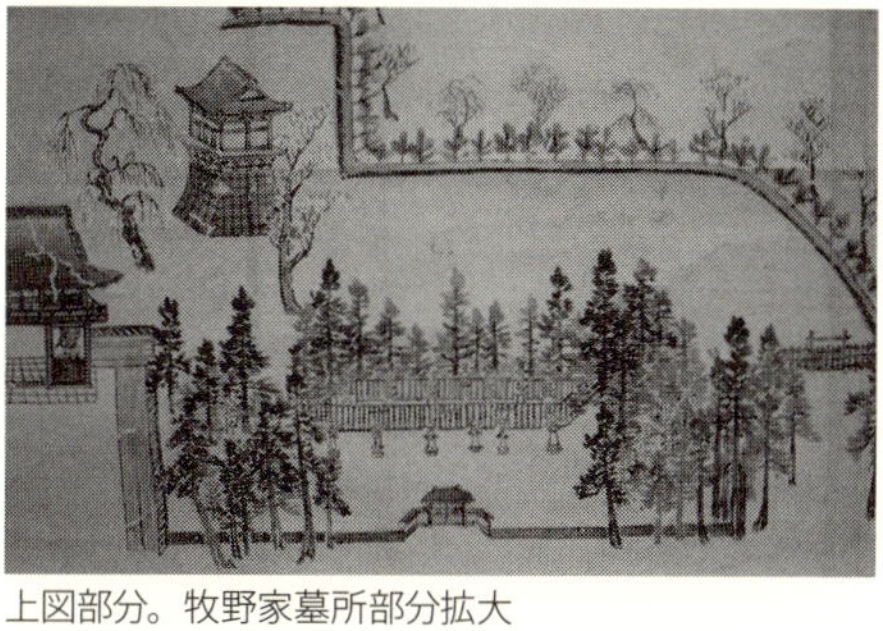

上図部分。牧野家墓所部分拡大

本体の石質と異なっている。

正面左右に刻まれている本来の銘文には、この石塔は康成の十三回忌に当たりその菩提を弔うため、豊前守信成が慶長一五年に建立した、とある。

次に二代目信成塔の銘文は以下の通りである。

2　牧野信成墓銘文

（塔身）　　知見院殿
（基礎正面）
　奉造立
為支提妙塔一基意趣者
性誉哲心大禅定門菩提也
　従四位下牧野内匠頭
　源朝臣信成春秋
　　　七十三薨
於是欄楯不□□□竜
華樹可期三會之暁
于時 慶安三庚寅年
　　　四月十一日
　施主
同氏　親成敬白

信成塔の銘文には後半部分で判読困難な個所があるが、とりあえず文意不明のまま示してみた。

先の康成塔では龕部に阿弥陀仏を安置し、正面に念仏信仰を表す願文、また後世とは言え阿弥陀種子を刻んでいるので、信仰の表現としては阿弥陀極楽浄土信仰ということができる。ところが二代目信成墓では阿弥陀信仰の表白は見られず「竜華樹可期三會之暁」とあるように、弥勒下生信仰が表現されている。

勝願寺が浄土宗の有力寺院であることを考慮すると、われわれが単純に弥勒信仰は密教系の信仰と考えているのは、当時の人々の心情を充分には理解していないことになってしまうかも知れない。弥勒信仰、特に中世末期から近世にかけての弥勒信仰についてはまだほとんど明らかにされておらず、信成塔の銘文はその端緒となるだろう。

というのも、先にも述べた通り、勝願寺中興に少なからず関係のある結城秀康の石造廟墓（慶長一二・一六〇七年建立）が高野山にあることは有名で、高野山では戦国期以降江戸時代前期にいたるまで、多数の大名霊廟が競って建立されたこともあまりにもよく知られていることである。高野山の基本的な信仰は、五六億七千万年後にこの世に下りてくる弥勒如来に知遇し、その時に催されるはずの竜華三会の法会に参会するため、弥勒兜率天浄土に比定されている高野山で即身成仏している空海を信仰すれば、たとえこの身が死んでも空海とともによみがえる、というもので、先の信成の銘文もそれを表している。

現在全国に多数残されている大名、武士等の廟墓には、少なからずこうした弥勒信仰の表現が見られる。たとえば、やはり高野山にある佐竹義重霊屋（慶長四・一五九九年）や上杉謙信霊屋（江戸時代前期）には、建物の板側壁に弥勒の兜率天を表す四十九院（兜率天にあるという弥勒浄土の仏殿を表す。実際には四十九院の名称を四九枚の板塔婆に墨書・刻銘したもの）が書かれている。これらの霊屋内には、被葬者の五輪塔・宝篋印塔や位牌・肖像、あるいは仏像が安置されている④。

関東に近いところでは、茨城県真壁町にある伝正寺（曹洞宗）の浅野長政・同夫人霊屋（慶長一六・一六一一年、元和二・一六一六年）がある。方一間の小規模な霊屋ながら、板側壁内部には四十九院が記され、外面には蓮華が極彩色で簡素に描かれている。内部は三和土の土間で、中央に高さ二m余の石造五輪塔が安置されている。こうした霊屋・霊廟の例は枚挙にいとまがないほどであるが、その多くに四十九院すなわち弥勒信仰が表現されていることを指摘しておきたい。

つまり信成塔の弥勒信仰を表す銘文も決して唐突に登場したのでなく、むしろ当時の大名クラスの武士から中堅武士、そしてひろく一般庶民にいたるまで、宗派を越えた信仰としてかなり行き渡っていたらしい。

4　銚子石と牧野家

ところで初代康成の墓石を見る人は誰しも、一見してこの墓石だけが、他のそれと石質においてまったく異なっていることに気づくであろう。今回この報告を書くことになった理由のひとつは、この康成の墓が他の墓石と石質を異にしていたことに気づいたことからでもある。

康成塔は基壇上の向かって一番左側にある。残念ながら最上階の塔身と屋根それにその上部にあったであろう相輪部が失われているが、残存部分のみの総高は一六四㎝、基礎部幅九一㎝で、二代信成のものよりわずかに小さいが、各部の寸法はそれほど大差がない。ということは先にも述べたとおり、以後の牧野氏当主等の層塔は、この康成塔を規矩としたと考えられるのである。

大きさや形体の違いはないが、石質に関しては踏襲することをしなかったのは何故だろうか。康成の墓石は明らかにやや黄色味を帯びた白色の硬質砂岩製で、石質が脆いために破損してもいるが、非常に美しく気品あるたたずまいを備えている。もし引き続き入手できるのなら、代々の当主もこの石材を用いたいと思ったに違いないのだが。

こうした石質の墓石は鴻巣市周辺のみならず、埼玉県域においては珍しい部類のものではなかろうか。もちろん近世墓石が数百基以上残されている広大な勝願寺境内にも、同じ石材を用いた石造物をこれ以外に見つけることはできない。

言うまでもないことだが、埼玉県内の石塔などの石造物に砂岩を用いているものは数多い。それらの産地や流通経路、工房・工人についてはまだほとんど解明されていない。ただ、中世から近世にかけて関東平野の北西部、群馬県から埼玉県の北西部の地域には、群馬県吉井町牛伏山を中心として藤岡市から富岡市にかけて、牛伏砂岩製の石造物がひろく分布していることは秋池武氏の業績によって明らかにされている[5]。

鴻巣の地域は西に現荒川本流、そして東には元荒川が流下しており、中世から近世にかけても両河川が生活物資をはじめとする物資の水運におおいに利用されていたのは明らかであり、牛伏砂岩製の墓石が上流部でさかんに用いられていたことからしても、今回の勝願寺牧野康成墓石が、牛伏砂岩を用いて作られているのではないかとまず第一に想定するべきであろう。群馬県吉井町の牛伏山中腹に産する、典型的と思われる牛伏砂岩と康成墓石の石材を比べたところ、石英粒等組成粒子の大きさ、木目などの現れ方、色合い等から判断して、明らかに別の石材であると思われた（より科学的分析を必要とすることは言うまでもないが、視認・触感でもその違いは充分確認できた）。

銚子石は銚子市の犬吠埼付近の海岸部に産出する砂岩で、室町期の後半ごろからこの地域で五輪塔や宝篋印塔、あるいは六地蔵石幢などに利用されており、近世に入ってからは、地元でミヤボトケと呼ばれる堂塔型の墓石をはじめとして寺社の石段などがこの石を専ら素材として造られていることが分かっている（本章第一節参照）。康成塔の素材は、筆者の見たところ銚子石である可能性がきわめて高い。

特に、犬吠埼の南方、千葉県旭市延寿院の元和元（一六一五）年銘のミヤボトケ残欠は、残欠ながら、その屋根部分の彫方が康成塔と酷似していることに筆者は注目している。ただしこの元和元年銘は塔身部分正面に刻まれており、写真でも分かるように現存する屋根部と塔身部との間には数層分の部材があるはずであるし、屋根部と一体だったという確証はなく、さらに調査を進める必要があろう。

それにしても、銚子石製のミヤボトケには三層塔・五層塔なども寛永期前後にはさかんに造立されていて、調整方法や意匠がほとんど同じであるということは、石質の同一性と相まって、非常に多くのことを考えさせてくれる。

康成塔が銚子石製であるとすると、まず第一に、関東平野の真中にある勝願寺に銚子の先端でしか産出されない石がどのような経緯および経路で運ばれたのか。第二に、康成塔は銚子石を産出する産地で製作されたのか、それとも石材のみが鴻巣に運ばれたのか、第三に、そもそも関東の三河出身の大名である牧野氏がなぜ銚子石製の石塔を用いることにしたのか、などが問題となる。

千葉県旭市延寿院の元和元年銘ミヤボトケ残欠

第二の疑問についてであるが、先の延寿院の元和塔に限らずミヤボトケは、本章第一節でも述べた通り非常に規格性の高い墓石で、天正二〇（一五九二）年の初見例（佐原市谷中自性院椎名家墓地）以来一八世紀後半に激減するまで、ほとんど形態上大きな変化が見られず、その意味では限られた工房で、規格品が大量に生産されていた。つまり工人が産地の外部には出ていないと考えられるのである。とすれば、康成塔も産地で造られた可能性が強い。康成塔は他地域ではあまり見られない形式の層塔であることは先にも述べたが、まったく同じではないもののミヤボトケには層塔も多く造られている。康成塔と同じく初層に龕部を穿って内部に五輪塔・宝篋印塔・石碑・仏像を安置するようにしつらえてあるのがミヤボトケの層塔の一般的なスタイルである。以上のことからも、康成塔が銚子石の産地で、特別注文品として製作させた塔を菩提寺勝願寺に運んだと考えるのが無難であろうと思う（なお銚子市周辺には明らかに特別注文で工人等に造らせたであろう塔型のミヤボトケが多数見られる）。

次に第一の疑問、つまり運搬経路に対しては、利根川の水運が用いられたのか、あるいは太平洋沿岸から東京湾そして隅田川から荒川へ、という経路を辿ったのか、という選択肢がある。これについてはもちろん明確な答えが出るはずもない。近世初頭はちょうど利根川と荒川の流路の掛替え工事が、幕府によって大規模に行われている最中でもあり、両経路とも充分に可能性があるからである。しかしこの点については、第三の疑問点と一緒に考えてみたい。というのも、実は現在のところ埼玉県内には、明らかな銚子石製の石造物（ミヤボトケ）が二地点で見つかっているからである。

ひとつは埼玉県東部、江戸川に面した吉川市吉屋の柳沢家墓地にある二基である[6]。柳沢家は現在転出しているため詳しい経緯を聞くことはできないが、実見したところこれは通常の銚子石製ミヤボトケそのものであり、塔身内部には同じく銚子石製の一石五輪塔・一石宝篋印塔が一基ずつ納められている。銘文が塔身正面に刻まれているが、残念ながら摩滅していて判読できない。形態的には比較的古形に属し江戸時代の初期に造られたものであろう。吉川市地域はかつて下総に属していた。同時に利根川の水運にも直結していることから、このミヤボトケは銚子方面から利根川を介して運ばれてきたものと考えてよかろう。ただし、後世になってこの地域に下総東部の住民が移住してきた時に、先祖の墓として持ち込んだと考えることができなくもない。

東松山市上唐子浄空院菅沼家墓地内にあるミヤボトケと宝篋印塔

いまひとつはもっと無視できない存在である。鴻巣市の西方、東松山市上唐子の浄空院菅沼家墓地内に一基のミヤボトケがある（前掲『埼玉県中世石造物調査報告書』）。総高は五一㎝とやや小さめだが、銚子石製ミヤボトケには必ず施されている塔身部正面の鳥居様刻紋（四門）の下部に、わずかながら「宗悦」「宗藍」という法名が見える。千葉のミヤボトケの例では正面鳥居下部に銘文を施すのは初期のものがほとんどであることから、これも江戸初期に造られたものと考えてほぼ間違いない。

側面にはミヤボトケに特有の四十九院刻紋もはっきり施されている。ミヤボトケとは別の系統に属する家型・堂型の墓石が、群馬県と埼玉県北西部、および長野県・山梨県一帯に分布し、それらにも近世初期のものには四十九院の刻紋が刻まれていることが多い。このことから大名の墓ばかりでなく下級の武士や庶民にも高野山と弥勒への信仰が当たり前のように浸透していたことが分かる。

この塔の左側には、同じ銚子石製の宝篋印塔（相輪欠、残存部分の総高六二・五㎝）が置かれており「□山締範禅定尼」「慶長（二〇）年乙卯九月四日」という銘文がかろうじて判読できる。この宝篋印塔および菅沼家墓地の中央にある初代菅沼定吉の墓石左右にも、銚子石製五輪塔と宝篋印塔が全部で五基あって、それらは千葉県東部地域で見られる中世末から近世初頭期に造られた銚子石製墓石そのものである。これらのことはいったい何を意味しているのだろうか。

菅沼家の墓地にある銚子石製ミヤボトケはやはり近世初期の特徴を持つもので、それ以降同石製の墓石は菅沼氏墓地内はもちろん境内にも見られない。ということは、菅沼氏が菩提寺である浄空院に墓地を設け、初代の墓石を設置した初期の時期にだけ、この銚子石製墓石が用いられたということになろう。

菅沼家も鴻巣の牧野家と同様、三河出身の旗本である。「諸家譜」によれば、初代定吉は三河国黒田・津具・新城を領した菅沼一族、菅沼定氏の子である。浄空院は、天正一九（一五九一）年に上唐子村を領した定吉が開基した曹洞宗寺院。菅沼家は文化八（一八一一）年に所替えとなった後も当寺を菩提寺としている点は牧野家の場合とよく似ている[7]。

以上のことから、牧野家と菅沼家がともに初代の時代からさほど遠からぬ時期に、墓石をわざわざ銚子から取り寄せているということがわかる。関東の事情をほとんど知らないはずの三河出身の両氏が、なぜ遠方からわざわざ墓石を取り寄せたのか、はっきりしたことは判明しない。しかし次に述べるように、菅沼家の領地が下総国匝瑳郡にあることが、何らか関係していたのかも知れないのである。

菅沼家は「武蔵国比企・埼玉、下総国匝瑳三郡」に三〇五〇石の領地を与えられていた（「諸家譜」）。そのうち匝瑳郡の領地一〇〇〇石は元和五（一六一九）年、三代目定政が弟・定勝に分知している。これ以降、匝瑳の領地は幕末まで定勝系菅沼家の領地となるが、同家は引き続き浄空院を菩提寺としていた。

幕末期になっても下総国匝瑳郡の菅沼家領地は今泉・西小篠・平木に散在しており、現在の八日市場市域にあたる[8]。この地域はミヤボトケがもっとも集中して造立された地域にあり、先の延寿院のある旭市にも隣接している。ということは、菅沼家は天正一八（一五九〇）年に拝領した匝瑳郡内の領地と、武蔵国内の領地を領地経営のために往復しつつ、その際、近世初期にあたってちょうど銚子地域に普及しはじめた銚子石製の石造製品や墓石に関心を持ち、自家の墓石造立に際して積極的に採用したということにはならないだろうか。

もっと時期を限定すれば、定政が弟定勝に匝瑳の地を分知した元和五（一六一九）年以降、定勝が領地である匝瑳の地元で墓石を買い求め、そのいくつかを菩提寺である浄空院に持ち込んだのである。現在、浄空院の銚子石製の墓石は誰のものであるか不明とされているが、これらのことから考えると定勝あるいはその親族、家臣のものである可能性が高い。

さらに牧野康成の墓石に戻って想像をたくましくすれば、鴻巣の牧野家と菅沼家とは出身・出自・領地が近かったゆえに親交があり、菅沼氏の墓石の美しさ、新奇さに心動かされ、牧野氏も初代康成の墓石を銚子石で造ったのではないだろうか。いささか強引ではあるが、銚子石の墓石を使った三河武士という、あまりにも唐突な事実を説明するには、以上のような考え方もできるのではないだろうか。

5　境内絵図と「卵塔場」

勝願寺には宝永五（一七〇八）年、寛政三（一七九一）年、天保一三（一八四二）年の境内図が残されている。これらの境内図には堂舎以外に境内の施設も書き込まれているが、これまで述べてきた牧野家の墓域も現在あるそのままの場所に描き込まれている。このうち宝永五年のものを観察すると牧野家墓地に六基の層塔が基壇の上に置かれていて、現在とほぼ同じ景観が宝永年代には実現していたことを確認できる。

ところで境内図の左端、つまり塀の西側に目を転じると、そこには疎らな林の中ほどに一棟の木造の堂らしきものが描き込まれていることに気づく。その建物の周辺には点々と墓石が描かれており、この辺りが勝願寺の墓地であったことを教えてくれる。しかし現在、境内図と同じ場所に広がる墓地に堂はない。とすれば境内図に描かれている建物は何であろうか。

寛政三年の境内図にも同じ位置に建物が描かれ、それには「伊奈霊屋」という註記が付されている。すなわちこの建物の図

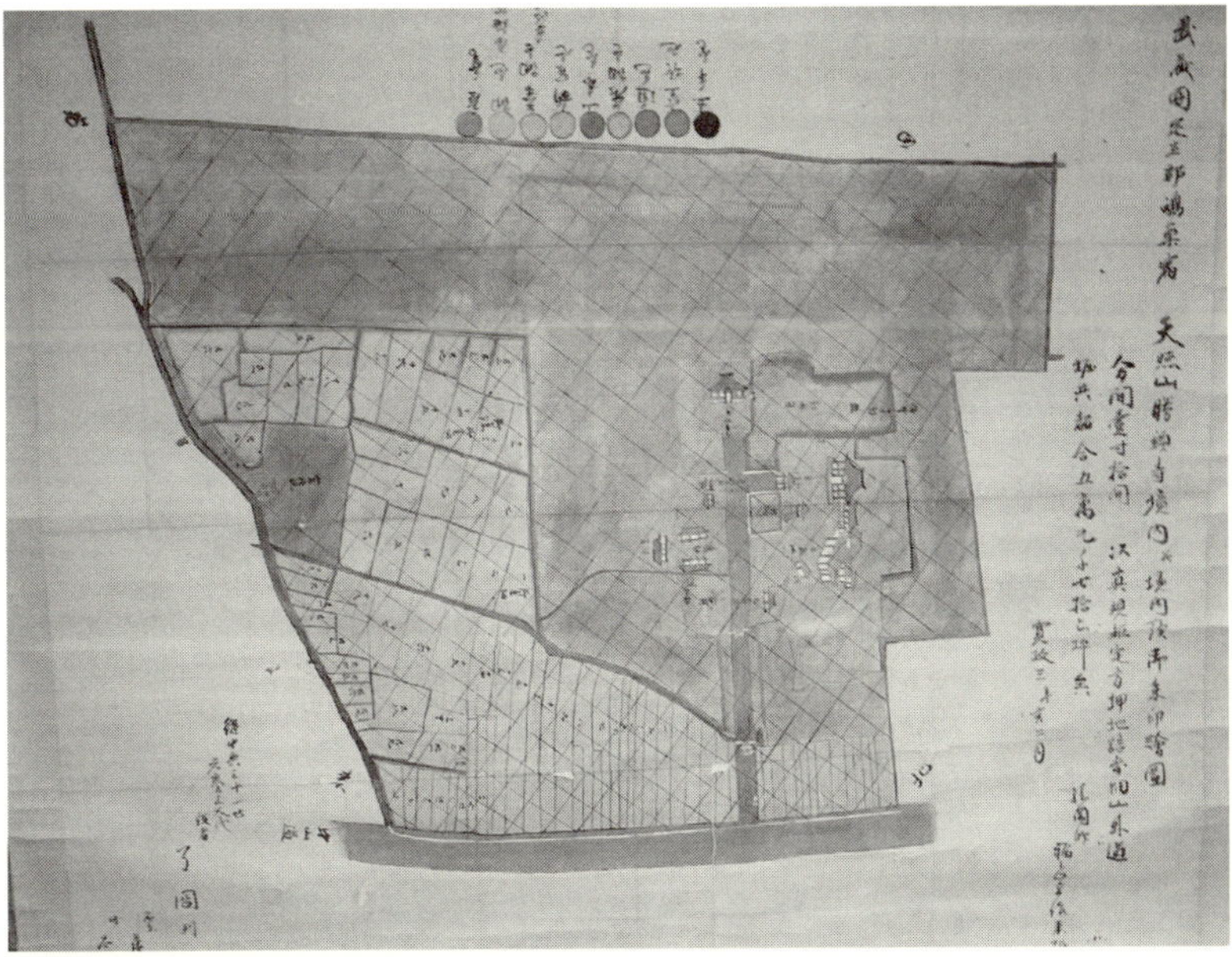

勝願寺寛政境内図（勝願寺蔵）

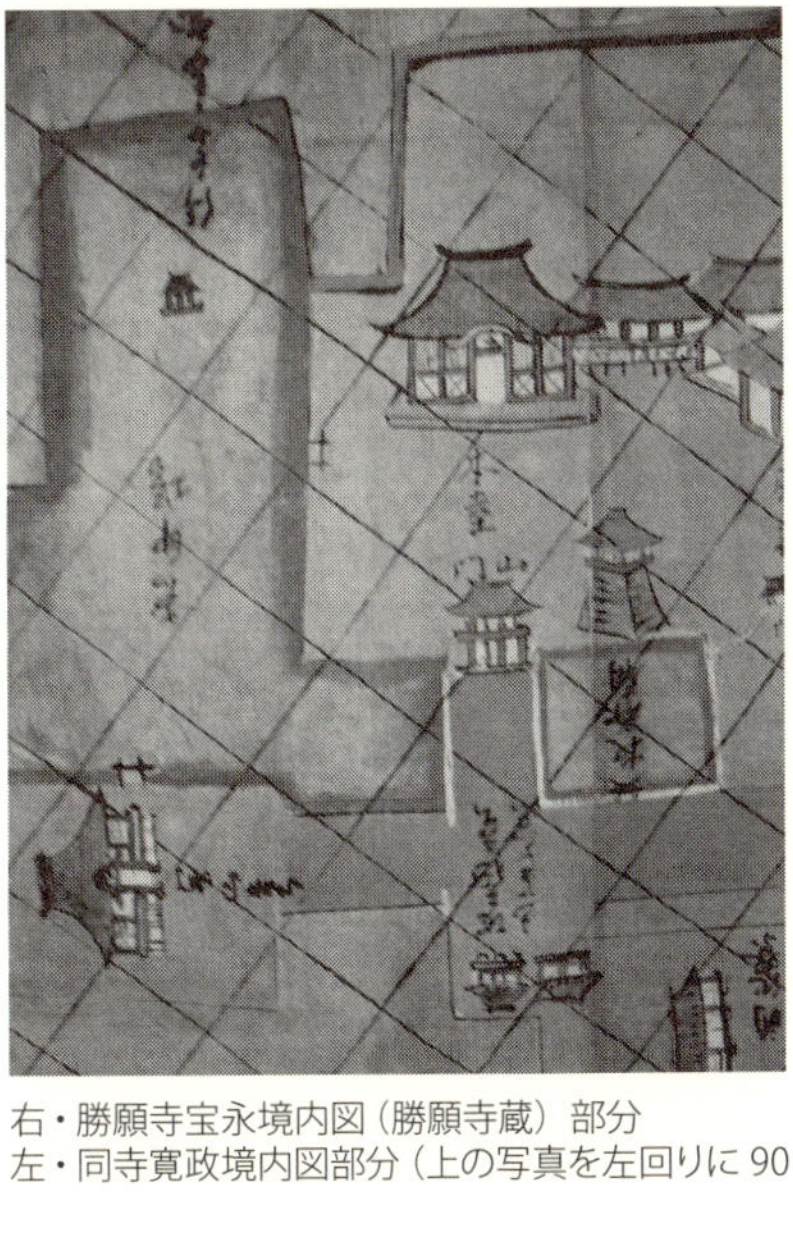

右・勝願寺宝永境内図（勝願寺蔵）部分
左・同寺寛政境内図部分（上の写真を左回りに 90 度回転させたもの）

は伊奈氏の霊屋を表しているのであるが、伊奈氏墓地の現状は、長方形に玉垣で囲まれた基壇内に四基の宝篋印塔を並べたもので、宝篋印塔は左から忠次、忠治、忠治夫人、忠次夫人となっている。

一見して初代忠次夫妻の墓石の間に忠治夫妻の墓石が割って入るという不自然な配置になっていることから、これもある時期に整理され、配置替えされた可能性がある。

一番古いのは忠次夫人のもので、没年は慶長二（一五九七）年、造立は銘文から寛永二（一六二五）年である。忠次墓石は寛永一九（一六四二）年、忠次の三十三回忌にあたり建立したと銘記されている。忠次墓石の基礎左側面に「宝暦九己卯年、相当勝林院殿百五十回遠忌、耳孫伊奈半左衛門忠宥祈請冥福厳□塔廟修飾牌堂」と記されているが、この「塔廟」は墓石のことを、また「牌堂」はまさしく先の境内図に描かれている霊屋のことであろう。境内図の描写と現存する石塔の銘文とが一致したことになり、貴重な事例ということができよう。この建物が現存していないのは、建造物というものはもともと、ある程度時間が経過したときに縁者子孫によって修理され、時には再建されなければ維持できないからである。伊奈氏のように途中で没落し、勢力が落ちてしまえば、当然霊屋の修理をすることができないばかりか、寺院の檀家でもなくなってしまうことによって、建物は朽ち果ててしまうからである。

このことから、われわれは大切なことを学ばなければならないことに気づく。つまり、伊奈家の墓は今でこそむき出しの墓石でしかないが、かつてそれは境内図に見るような木造の霊屋内に安置されていたのである。われわれは往々にして、墓地の景観を渺々とした地面の上にむき出しの石塔が雑然と林立する、もの恐ろしげなさまと観念しがちであるが、実際には数一〇年、数百年の間に霊屋が朽ち果ててしまった後の景観である可能性があることを忘れてはなるまい。

むすびとして―ラントウのある風景

先に筆者は各地の大名の霊屋・霊廟を例にとって説明したが、このような霊屋の建ち並ぶ景観こそが、中世末から近世初頭ごろの墓地の姿だったのではと考えている。今はまだ充分に述べることができないが、そのひとつの証左として墓地の名称が挙げられる。

勝願寺の寛政三年境内図には霊屋の下方に「惣卵塔」という註記が見える。惣卵塔というのは共同の墓地という意味であるが、ここの「卵塔」は僧侶の墓石であるところの無縫塔を意味しているのではない。

本論の「はじめに」でも示した通り、ラントウとは中世後期から史料上に見られる廟墓施設の一呼称である。『文明本節用集』（一五世紀後半ごろ成立）に「卵塔　ランタフ　卵卵非也　塔頭廟所也」とあるもので、『日葡辞書』（一六世紀ごろ成立）には「ランタゥ（卵塔・蘭塔）四角な石と円形の石とを重ねて置いた墓碑のようなもので、ゼンチョ（異教徒）が墓の上に据えるもの。サンマイ（三昧）、墓所。（寺院内の）墓地、または、共同墓地」との解説文があるが、前節来述べてきたとおりこれは廟墓そのものの名称であると考えられる。全国各地で共同墓地のことをラントウバ、あるいはダントバと呼び、石塔がある墓地をイシラントウ、埋葬墓地のことをミラントウ（身つまり死体を埋めてあるラントウバの意）などと呼んでいる地域があるように、墓地を表す全国的な呼称である。

京都市右京区京北町には現在も、一族単位で用いている木造のラントウが一族の霊を祀る施設として用いられ、内部には室町時代以来の宝篋印塔、五輪塔、近世から現代に至る木製位牌などが納め置かれている。また内壁面には四十九院名が忠実に墨書されており、大きさや荘厳の度合は比較にならないとしても、その景観は近世境内図に描かれた伊那氏の霊屋とほぼ同じである。関東でも茨城県真壁町の正伝寺にある大名浅野家の霊廟が、やはり木造建築で、壁面には四十九院が墨書されており、同様の事例といえる。

墓石があまり用いられなかったと言われてきた近世初期から前期の墓地の景観は、地域差はあるけれども、実はわれわれが想像する以上に見事なもので、美しく荘厳された石塔ばかりでなく、それを納める石造や木造のラントウが建ち並ぶ、まさに兜率天浄土のような有様だったのかも知れない。

一口に墓地、墓石といっても時代ごとに大きく考え方も作り方も変わるのは当たり前なのだ。墓地に対する関心も、あの世・天国・浄土に対する関心も薄れたわれわれのような現代人が、墓地はもの寂びれてゾッとするような場所だという先入観をもとにしてそれらを研究しようとすれば、畢竟もの寂しい墓地の歴史、墓地の景観しか描ききれない。近世中期ごろから全国的に流行した、一見無味乾燥な角塔婆型墓石の乱立する墓地景観だけで、日本の葬制・墓制を判断してはならないことを痛感するのである。

先年、千葉県の松尾町にある金尾という小さな村に行った時、ほとんど廃寺同然の寺の裏山で、これも忘れ去られたような墓地を見つけたことがある。そこは銚子石製の堂塔型墓石であるミヤボトケで墓地全体が埋め尽くされていた。うら寂れた湿った場所にありはしたが、よくよく見ると、木漏れ日に明るんだ薄い黄色が黄金色に輝き、酸化変色してオレンジ色に彩られたそれら小さなミヤボトケが建ち並んでいる様は、あたかも現世に出現した兜率天浄土の内院、四十九院の景観そのものであった。その時に、これこそが本来のラントウバの風景なのだと実感したものである。

牧野家墓地内に林立する廟墓は、三河から新天地を目指して東遷し、江戸幕府による天下統一を夢みた三河武士たちの終の住み処であった。その斬新とも思えるたたずまいこそ彼らのパイオニアとしての気概をよく表している。時代は変った。永い戦国の世は終焉を迎え、徳川氏という新しい「王」のもとに、いよいよ泰平の代、弥勒の世が近づいたのである。弥勒仏が下生して龍華樹のもとで三会の説法が開かれるその時を待つという弥勒信仰は、中世から近世への移行期の信仰として、身分、階層を超えて広まっていったのであろう。

注

① 『鴻巣市史』。
② 『上尾市史』。
③ 『豊橋市史』。
④ 村上訊一『霊廟建築』。『日本の美術』二九五。一九九〇。至文堂。
⑤ 「関東管領山内上杉氏と牛伏砂岩・多孔質角閃石安山岩について」『群馬の考古学』一九八八、その他。
⑥ 『埼玉県中世石造物調査報告書』二〇〇〇。
⑦ 『東松山市史』。
⑧ 『旧高旧領取調帳』。

※ なお、鴻巣市が行った勝願寺の石造物に関する報告は、「鴻巣市史石造物調査報告書2　鴻巣の石造物（鴻巣・笠原地区）」として平成一五年三月に刊行された（編集・鴻巣市史編さん委員会、発行・埼玉県鴻巣市）。

まとめ　石造ラントウの定義と研究課題

1　廟墓ラントウの特徴

廟墓ラントウとは何か、といってもこれまではっきりした定義があったわけではない。家型あるいは堂塔型の墓の設えがかつてラントウと呼ばれ、木造のもの、石造のものが全国で用いられていたのではないかと、筆者が提案しているだけなのである。

これまでの報告でわかるとおり、ラントウと呼ばれている石造物があるのは、長野県の諏訪・伊那地方と、岡山県を中心とした兵庫県・愛媛県・香川県・広島県など瀬戸内海中部地域である。細部に多少の違いこそあるけれども、屋根と塔身部と基礎部の三部材からなる家型の墓石が、両地域でともにラントウと呼ばれていることから、同じ様な形体的特徴を備えた全国各地の石造物はみな、かつてラントウと呼ばれる墓の一形式だったのではないかと筆者は考えている。

誤解のないよう述べておきたいのだが、ラントウは石塔の一形式ではない。むしろ墓の一形式であり、言い換えるならば死者の祀り方の一様式の呼称である。さらにいえば、ラントウと呼ばれる木造の施設もあることから、ラントウはかつて「墓」と同義語で用いられていた言葉であり、非常に一般的な墓の形式だったのではないかと推定している。それが民俗語彙として全国で墓地を表すのに用いられているラントバ、ラントウバ系語彙である。

厳密にいえば、ラントウを木造ラントウ、石造ラントウと分けて分類する必要があるだろう。さらにいえば、今日までその形跡が残らないような、木や竹、あるいは藁などの材料でこしらえた墓地の設えも、同じ時代からラントウと呼んでいた可能性がある。しかし現在残っているもののほとんどは石造のそれであるから、本稿では特に断りのない限り、ラントウと言えば石造ラントウのことである。

石造物は、それを形態的に分類する呼び方（形態分類）と、造立目的によって分類する呼び方（目的分類）があるが、今日各地の石造物調査・研究においてはこうした分類名称が混在しているのが現状である。たとえば、五輪塔や宝篋印塔の場合、基本的な形態的約束事は決まっており、またその造立目的も、五輪塔は主に死者の供養のための石塔として、一方宝篋印塔は宝篋印陀羅尼経を納めて仏菩薩に供養するために造立される。これらは形態と目的が一致している石塔形式である。

一方「板碑」などは、形態的にはほぼ基本を踏襲しながらも、仏菩薩の画像や種子を正面に彫刻して礼拝対象とするために造立する場合と、死者の供養や逆修供養のために造立する場合等があり、目的はさまざまである。つまり板碑は形態に基づいた呼び名であり、分類である。また「庚申塔」などは、庚申信仰に基づいた礼拝対象として、あるいは庚申講の結願記念を目的として造立するものであって、板碑とは逆に、形態はそれこそ千差万別である。庚申塔などは造立目的に基づいた呼び名であり、分類であるといえよう。

さて、ラントウをそうした石造物の分類の中に位置付けるとすれば、形態分類から言えば石堂・石殿・石廟、地域によっては石祠とも呼ばれている石造物に分類される（これらの名称も研究者によって用いられ方が不統一ではあるが、今はそれら呼称の是非や概念規定の機微に深入りするつもりはない）。片や目的分類からすれば、ラントウは墓石、あるいは石廟と呼ばれている石造物に分類できる。つまり石造ラントウは、墓石（石廟）として用いられる石堂（石殿）と規定することができよう。

なぜ面倒で回りくどい分類について述べるかというと、形を見ただけでその石造物がラントウかどうかを判断できない、ということを何よりもまず伝えたいからである。筆者自身、これまで恐らく同じ石造物を見ていながら、それらが他の石造物とは異る存在であることにほとんど気づかないでいたこと、そして、石殿や石祠（仏像を納めるための石製の堂や、神体を納めるための石製の祠）とラントウとの区別はなかなか理解してもらえないし、理解してもらうための充分な説明が自分自身できなかったことに対する反省のためでもある。

筆者が現在ラントウと考えている石造物は西日本、東日本の別なく、全国各地に残っている。分類呼称の点からも分かる通り、これまではこの石造物に対して正当な位置付けが与えられてこなかった。その原因としてはさまざまな原因が考えられるが、一番は、奈良・京都・大阪や鎌倉・東京など、これまでの日本の大都市部近辺に、この石造物が不思議にもほとんど残っていなかったことが挙げられよう。そのため地方の研究者のあいだではその存在が知られながらも、全国的な視野でこれらの石造物を比較検討する研究者がいなかったのではないか。石造ラントウを研究の俎上に乗せるためにはまず、分類上の位置づけが必要なのである。

先にも述べた通り、石造ラントウは石堂型の墓石である。石造物としての構造は屋根部と塔身部、それに基礎部の三つの部分からなっている。それぞれに地方による特色があり、また変遷もあるが、各部分の基本的な特徴について最後にまとめておきたい。

【屋根部】屋根部の形には、寄棟・方形（宝形）・入母屋等があるのは木造建築と変わらない。屋根部の石材は一石である場合がほとんどで、裏側は粗く刳り貫かれていることが多い。これは石室内部のスペースを少しでもひろくするためという理由からであろうが、恐らくもっと重要な理由は石材の重量を軽くするための工夫であったろう。大量に普及している地域、たとえば群馬県・埼玉県北部・長野県・山梨県・新潟県の一部のもの（以下群馬県型と呼ぶ）や千葉県のミヤボトケなどは総高でも一mに満たないものが多いので、全部を合わせてもそれほどの重量にはならないが、大量生産されて工房から遠くに運ばれることを考えれば、少しでも軽いほうが運搬しやすかったはずである。また岡山県を中心とした瀬戸内海地域に普及するラントウ（以下瀬戸内海型と呼ぶ）では、近世初期のもので総高二m近い巨大なものもある。屋根部だけでも相当な大きさと重さに達するので、少しでも軽量にする必要があったはずで、屋根の内部は石材が壊れない程度まで刳り貫かれたものだろう。

初期のラントウでは屋根や垂木、扉や窓等に、木造のお堂そのままの写実的な装飾を施したものがある。屋根型の様式には地方差と時代差が認められ、地方ごとで特徴と様式の変遷を辿ることはそれほど難しいことではない。ただし必ずしも造立年を記しているわけではないので、今後そうした様式変遷を研究する場合、多くの事例を統計処理する必要があるのは他の石造物と同じである。

千葉県のミヤボトケでは、初期（一六世紀末から一七世紀半ごろ）のものは寄棟式の屋根の傾斜が緩やかで、棟が太いカマボコ型になっており、全体に重厚なたたずまいを呈しているが、時代が下るにつれて屋根の傾斜が急になり、棟が細くなる傾向がある。一七世紀前期の元和・寛永期ごろから方形屋根や三層塔や五層塔など立派な塔型のものも現れてくるなど、形体がバラエティに富んでくる傾向を見せる。おそらくこのころがミヤボトケの流行期、普及期と言えよう。塔型の流行と平行して堂型のミヤボトケはますます様式化が進み、ほとんどのものが既製品として大量生産されているから、専門の工房が存在したにちがいない。

群馬県型では一六世紀末までは寄棟であった屋根が一七世紀を境に入母屋式になり、同時に棟の両端に鬼面や懸魚を刻したり、屋根全体が異様に高くなると同時に、傾斜が極端に反り返ったりしはじめる。この地方に方形造りの屋根が現れるのはその少し前、天正年間あたりである。

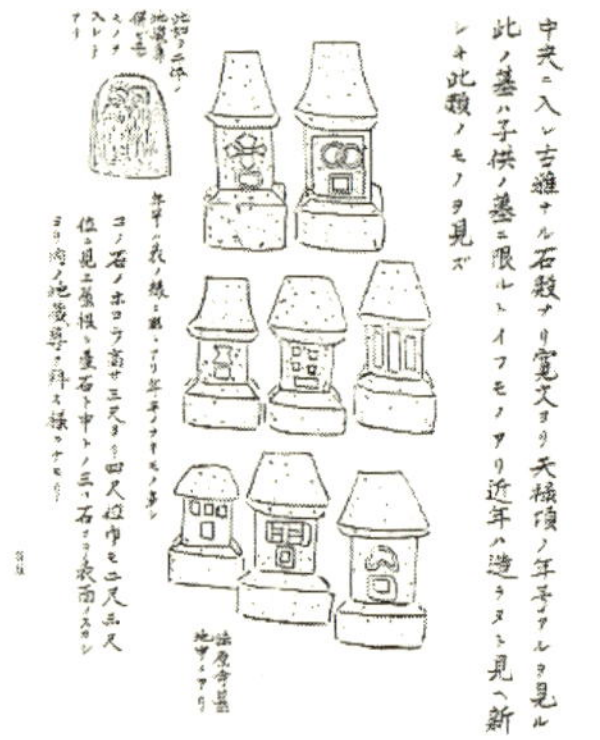

山中共古『甲斐の落葉』より

屋根の形状が急に高くなる傾向はなぜか瀬戸内海型ラントウにも見られ、ごく初期のものを除き、それ以降の屋根の形が全国的に急激に変化するとともに、造立数が圧倒的に増えていったことはほぼ確実であり、その原因をどこに求めるかは大切な検討課題であろう。屋根が異様に高くなることで、ラントウを正面からみた時に大きな寺院の本堂のような印象を与える。それはラントウの前でセンゾ祭祀を実施する場合には、廟墓を壮大にみせるなどそれなりの効果があったと思われる。屋根が高くなると同時に、塔身部の奥行がなくなる傾向もみられ、古い形式では低い屋根と方形の塔身部がかもし出していた重厚さが失われていくように思われる。石材を有効かつ安く使うための工夫ということもできるが、それに加えて、こうした形態上の変化がセンゾ祭祀の普及の実態を反映しているのかも知れない。

【塔身部】　屋根部の下には中空になった立方体の塔身部がある。塔身部は、千葉県ミヤボトケや群馬県型、そして瀬戸内海型は一石を刳り貫くタイプで、その他の神奈川県・静岡県・福井県・富山県・兵庫県などは正面・左右側面・背面を別々の板状の石材を組合せるタイプである。

塔身部の形状には地域差が著しい。なかでも特徴的なのが正面の開口部である。千葉県ミヤボトケでは長方形の開口部を正面にひとつ空けるという単純なもので、開口部の外側に鳥居と扁額が刻まれているのがこの形式の大きな特徴である。

同じように開口部がひとつのものとしては、先にも述べた神奈川県西部、静岡県小笠郡地域、北陸の笏谷石製ラントウ、瀬戸内海型のラントウが挙げられる。これらの地域のものはミヤボトケや群馬県型に比べて開口部が大きく、ほとんどの場合石製か木製の扉が設けられている。扉の有無は、この石造物の用いられ方、すなわち「祀り方」を考えるうえでは重要なポイントと思われる。というのも、ミヤボトケや群馬県型には扉がなく、同時に非常に開口部が小さい。これらは堂の入口を表現したのではなく、内部を拝むための覗き窓を表しているかのようにみえる。群馬県型と類縁関係にあるらしい山形県地方のマンネンドウには格子戸のように小さ目の方形穴が多数空けられている。これらのタイプは、内部に何かを納めるとしても大きな

大分県富貴寺十王石殿（南北朝期から室町初期ごろ）

ものや大量のものを納めることを考えていないらしい。開口部が小さいと同時に扉がなく、内部に何かを納めようとすれば、屋根部を持ち上げなければならない構造になっている。もし大きなものや大量のものを度々納める必要があるとすれば、開口部をひろくして扉をつける必要が生じるはずだからである。

群馬県型では、ハート型を逆さまにした亥の目や円形、そしていくつもの方形の穴を様々に組合せたものである。幕末から明治期の随筆家山中共古は『甲斐の落葉』で、今の山梨県にあたる地域一帯の墓地にある珍しい石塔を紹介しているが、とりわけ開口部の意匠に心が動かされたようでいくつもスケッチを描いて紹介している。開口部の意匠の工夫はすでに造立の初期から行われており、群馬県前橋市堤町文明一三（一四八一）年銘五十嵐家のものなどがある。このデザインのラントウは栃木県から福島県、山形県・宮城県西部にも分布している。

開口部の特徴は、実は沖縄の厨子甕の前身である、中世から近世前期の石厨子にも見られる（本章第二節参照）。沖縄と関東地方という隔絶した地域にいったいどのような文化伝搬が想定できるかについてはここでは触れないでおくが、沖縄の石厨子の系譜を引く近世の骨蔵器・ジーシガミ（厨子甕）やボージャーズシ（家型で陶製の骨蔵器）にも同様の小さな穴が空けられていて、地元ではこれを死者の魂が出入りする穴といっている。開口部の形状はラントウの源泉と系譜を探る意味でも注目しておかねばならないだろう。

塔身部の周囲側壁に四十九院の刻文、あるいは墨書がある系統がいくつか見られることも、ラントウの重要な特徴である。千葉県のミヤボトケでは特に元和・寛永期以降元禄期あたりまでの大型のものに四十九院が刻まれている。また群馬県型も同様で、その他栃木県宇都宮市新里の高橋家、兵庫県河西郡にも類例が見られる。それらのほとんどが近世初期以降の造立である。四十九院を施した最古のラントウは、鹿児島県日置郡郡山町の文正元（一四六六）年銘のものである、これについては次章でふれることにしたい。先にも紹介した京都府京北町のラントウには内部側壁に墨書で四十九院が書かれていて、木造ラントウと石造ラントウが同一の思想に基づくものであったことを教えてくれている。

四十九院に関してはこれも次章で詳しく検討するが、恐らくは平安鎌倉時代以来の忌垣に由来する、墓域を周囲から結界するための板塔婆状の柵が、中世になって弥勒兜率天浄土の四十九院を表すことに用いられるようになったのであろう。

土葬墓には遺体を埋葬した上に家型の施設を置くことが多い。それをガンあるいはソトガン、ところによってはシズクヤ・ススメドウとも呼ぶが、これらとラントウとの関係についてはさらに掘り下げてみる必要がある。ちなみにシズクヤ・スズメドウは四十九院（シジュウクイン）の転訛したものである。

【基礎部】 基礎部には方形の石材を用いられ多くが一段であるが、なかには二段のものもある。山口県周南市徳山の明応九（一五〇〇）年銘の事例は、丸柱上に龕を乗せたものである。須弥壇を模した形体かも知れないが、龕部を石柱や石台の上に置く形式のものは近世に至ると北関東、福島県等にもみいだすことができるが、中世の事例は知られていない。第二節でもふれたとおり、大分県の南北朝・室町初期以降造立されている、十王像六地蔵を四面に陽刻する石殿の影響の有無を、今後は考えてみる必要がある。

【内容物・礼拝対象】 ラントウは礼拝（供養）対象を納めるための容れ物であるから、本来主体はその内容物である。しかし石塔類や木製品であれば今日まで残る可能性があるが、それ以外のものについてはおそらく残存しなかった可能性があることを考慮しておかねばならない。今あるものだけがかつてラントウ内に納入されたわけでないことを肝に銘じておく必要がある。

現在残されている内容物あるいは礼拝対象物としては二種類が認められる。ひとつは、全くラントウ本体とは別に造られた五輪塔や宝篋印塔、墓石・石仏などの石塔類、いまひとつは、ラントウの内側に石仏、位牌、石塔を半陽刻する場合である。千葉県のミヤボトケでは、一石五輪塔・一石宝篋印塔を納入しているが、いずれも本体と同じ銚子石でできている。その他に石仏や石製位牌などを納めている例も少なくない。

群馬県型の中世のものでは、二基のラントウにそれぞれ観音菩薩と地蔵菩薩一基づつの石仏を納めているものがある。ところが近世になると五輪塔や石製位牌の納入が増え、それに比例して、石仏でも光背型小石塔に二仏を陽刻したものが主流となることは注目に値する。中世での二基のラントウと二仏というセットが、近世になると一基のラントウ内に二仏という変化が認められるのである。どちらも夫婦を表しているであろうことは容易に推定でき、ラントウの造立と夫婦を単位とした家観念の深化に深く関わっていることを予想させる。

福井県等北陸のラントウや静岡県・神奈川県のものは五輪塔・宝篋印塔を納入しているものが多く、塔身内部に五輪塔を半陽刻しているものがある。

同じように岡山県型ラントウは、塔身内部奥壁に位牌や五輪塔を半陽刻し、それに刻銘または墨書で題目や戒名等を銘記しているが、塔身内部に石塔を納めているものも多い。この地域のラントウは他の地域のものに比べて非常に大型で、石製または木製の扉も備えている。おそらくは祀り方にも違いがあったであろうけれども、この問題についてはまだ充分検証できる段階ではない。塔身部内壁に石仏を半陽刻する例は埼玉県秩父地方皆野町大沢家の例（年未詳だが古形と見られる）など、群馬県型の最初期のものにもあることを付記しておくにとどめたい。

ところで、岡山県備前市西片上真光寺のラントウには、その下部の地面に備前焼の大甕が埋められ、なかには火葬骨が容れられていた。ほかの事例で明確な納骨は確認できていないが、たとえば永観堂禅林寺の十王図では木造ラントウ内に五輪塔を納めるものと骨壷を納めるものが二通り描かれている。甚目寺参詣曼荼羅にも同様の画面があることから、ラントウが本来五輪塔などの供養塔のほかに納骨堂としての役割を果していた可能性がある。これについては次章以降でさらに検討を加えていきたい。

以上、全国各地のラントウ系石造物についての主な特徴、特性について列記してきた。ここまでの記述でも分かる通り、地域性はあるものの、全体的にはラントウを石造物のひとつのカテゴリーとして設定してしかるべき特徴は充分認められると考えられる。他の石造物に比較すればその絶対数は少ないが、それでも千葉県や群馬県・長野県・山梨県、岡山県地方など、他の石造物に劣らないほど造立数が多い地域もあり、全国的に分布することも確認できることから、筆者はこれらの石造物をラントウ系石塔あるいは石造ラントウとして提案してゆきたい。

2　ラントウ研究の可能性

第一章では、これまであまり世には知られてこなかった石造ラントウの地域的、時代的広がりを、筆者自身の調査を中心に素描してみた。それによって、きわめて不十分ではあるものの、石造ラントウが一五世紀から一八世紀、全国各地に地域的な拡がりを呈しながら普及していた実体を、ある程度描き出すことができたのではないかと思う。

群馬県・埼玉県などにまたがる関東平野の東北部で文明年間ごろ、すなわち一五世紀ごろから土豪クラスの人びとの間で用いられはじめ、その後この地方では曹洞宗寺院の教線に沿って広がっていったようである。そして戦国期から近世初頭になると、寺院の定着、村落の安定とともに草分百姓等の墓地で定型的な石造ラントウが造立された。千葉県の東部、下総地域では、おそらくは真言宗勢力の主導のもとに、銚子石を用いたミヤボトケと呼ばれる石造ラントウが戦国末期ごろから普及しはじめ、近世初頭期にあたる一七世紀初めから、各地の土豪層の墓石として大流行した。この時代にはそれ以前の銚子石製五輪塔・宝篋印塔はほとんど見られず、ミヤボトケが主要な墓地施設であったのであるが、約一世紀後、一八世紀の中ごろからは急激に近世的な墓石に移行している。こうした傾向は関東ばかりでなく、岡山県を中心とする瀬戸内海型にも明確に現れており、一五世紀から一六世紀にかけて全国各地に広がり、一七世紀後半、すなわち近世幕藩体制が完成されていくのと並行して、特定の地域で一般庶民の間で爆発的な流行を見せる。また一八世紀になると各地ともに衰退、消滅していくというラントウの特異な変遷過程も、普及に対する宗教者の関与やセンゾ祭祀の変遷の問題と併せて注目に値する。中世近世移行期を境として墓地の設えが急激に変化する現象をどう考えるべきか、それがまず、ラントウ研究が目指すべき第一の課題であろう。これについては次章以下で改めて検討することにしたい。

第二の課題として、そもそも石造ラントウをふくめラントウという墓地の施設は前時代のどのような葬制・墓制文化、思想を引き継いでいるのか、言い換えるならばラントウの源流をいったい何に求めるべきか、についても不明な点が多い。その場合、ラントウという語に注目すると同時に、各地のラントウ系墓石の多くが、兜率天四十九院浄土を表す四十九院の意匠をともなっていることにまずは注目すべきであろう。四十九院は石造ラントウの早期の事例である鹿児島市郡山町の事例に始まり、その後の事例は多くはないけれども、戦国末期ごろになると諸大名の霊廟をはじめとして一般庶民の石造ラントウなどにも頻繁に用いられるようになっていく。このことは家型・堂塔形の墓地の設えであるラントウの重要な特徴であり、四十九院抜きにしてラントウの系譜を考えることは不可能であろう。これについては第二章で検討したい。

第三には、形態上の要素である家型・堂型の墓地施設の源流がどこにあるかを課題として挙げておきたい。形態上の系譜として筆者は、日本古代の葬送施設として知られているモガリ屋と、それを中世的に継承したと思われる納骨施設を想定している。古代のモガリ屋から中世後半に登場するラントウまでを一気に繋げることは想像以上に無謀であることは目に見えているが、第三章ではわずかな素材を探りながら、モガリ屋とモガリ葬の変遷、舎利信仰にも関わる納骨など中世の葬制・墓制を通観しながら、廟墓ラントウが登場する道筋を探ってみたい。

ラントウの多くは祀り（祭り）墓として使われている。銚子市等覚寺のミヤボトケは、周辺村落の祀り（祭り）墓であり、群馬県の石堂は両墓制とは見られていないけれども石塔墓地成立期には両墓制であった可能性が高い。長野県の諏訪周辺には明確な両墓制石塔墓地にラントウが用いられている。京都市京北町の木造ラントウは、墓地の奥に埋葬墓地があり、手前にラントウがあって今も、盆彼岸には墓前の祭りが行われている。その他にも両墓制墓地にラントウを用いている事例は数多い。しかし一方では、岡山県西片上真光寺のラントウ墓地など、火葬骨を納骨した備前焼大甕をともなうラントウもある。必ずしも両墓制の「詣り墓」とは限らないのである。現在も、奈良県の盆地・東部山間部の村々では埋葬墓の墓上施設として四十九院率塔婆を設置し、それをラントウあるいはシジュウクイン（四十九院）と呼んでいる。このようにラントウ墓は、両墓制、単墓制を問わずその成立と変遷を考える上で、重要な素材となる概念であろうと期待している。しかし両墓制論全体に答えるにはまだ充分な材料が不足しており未知な領域も多分に残されている。そこでここでは、「詣り墓」を「祀り（祭り）墓」と規定しなおすことで両墓制論について別の視点からのアプローチを提起してみたい。

ラントウを「祀り（祭り）墓」と規定する場合、そこではどのような儀礼が行われていただろうか。これまでの研究では、仏教的な供養儀礼、法要にしか目を向けてこなかったが、仏教的な儀礼とは異る、死霊やセンゾ霊を「祀り、祭る」ための施設としての墓がラントウであり、廟墓であると筆者は考えており、それを明らかにするために、ラントウの前でどのような儀礼、祭りが行われていた可能性があるかについては第四章で検討してみたい。このことがこれまでの両墓制研究には欠落していた。

豊国廟前で歌いかつ踊り狂った四百年前の豊国祭礼のように、死者の霊を祝祭の如く祭り上げる風俗がかつてはあった。墓前で歌い、かつ踊り狂った安土桃山期の墓前祭祀の姿は、つい最近まで、とくに西日本各地の盆行事では当たり前の観すらあった。死霊祭祀をしめやかに、厳かに、悪くいえばもの寂しげに行うのが日本人の通例となったのは、いったいいつの時代からなのであろう。廟墓ラントウの前でセンゾ祭祀を行う人びとの光景をいかにリアリティをもって描ききることができるか、それが本論が負っている使命である。

第二章　四十九院の成立と展開

はじめに

一般に四十九院と呼ばれているものは方形柵状の土葬墓地の設えで、ほぼ全国的に分布している。四十九日を目処に初七日から四十九日にかけての七日ごとに、埋葬墓や石塔墓地に立てられる七本塔婆、あるいは年忌法要に板率塔婆を立てる習俗なども、広い意味では四十九院と同根の習俗と考えられる。墓地に柵状の板塔婆を立てるという習慣はいまでも、日本全国でほぼあたり前に行われているのである。しかし土葬墓地や石塔墓地に板率塔婆、または四十九院率塔婆を設けるようになったのがいつの時代からなのか、またどのような信仰的・宗教的理由にもとづくものなのか、あまりはっきりしていないのが現状である。

中世の墓の姿を描いたものとして決まって引き合いに出される「餓鬼草紙」(平安末期成立)の塚墓の場面は、土壇上に三本の大型の木製率塔婆を立て、その周囲におよそ五〇本あまりの小型の木製率塔婆を密集させて立てるという、みるからに異様な姿を呈している。描かれている他の塚墓には石製五輪塔のまわりに忌垣を廻らせているものもあって、これが中世墓の典型のようにあつかわれているのだが、後述するようにそう単純に評価するにはいま少し検討が必要である。それは措くとして、遺骨埋納の際に率塔婆を墓所に立てるのも、良源の遺告を史料上の先駆けとして一〇世紀以降しばしば目に触れるようになる。そうした率塔婆という日本独自に考案された墓所の設えの中に、四十九院率塔婆もいつのころからか確かな位置を占めてきた。

本章では、前章で扱った千葉県のミヤボトケをはじめとする各地のラントウ系墓上施設に、四十九院率塔婆が線刻あるいは墨書で施されたものの数多くあることに着目し、とくに一章を設けて四十九院率塔婆の成立とその墓制上の意義について考えてみようと思う。実は、ラントウ系墓上施設のなかでこの四十九院の占める意味は、思いのほか重要だと考えられる。ラントウ系墓上施設が存在していない地域でも、土葬墓地の設えとして、または大名らの廟墓の装飾表現として四十九院は頻繁に用いられており、日本の墓制の根幹にかかわる問題ではないかと考えられるからである。

墓の設えである以前に、四十九院が弥勒菩薩の兜率天浄土内院を表していることはよく知られている。しかし、弥勒信仰に関係のある四十九院がなぜ墓地に設えられるのかについて明らかにした仕事はきわめて少ない。四十九院に言及した各地の墓制についての報告書なども、『望月仏教大辞典』など辞典的概説書の解釈を援用したものがほとんどであり、歴史的にも民俗学的にも十分には検討されてこなかったのが実情であるといってよいだろう。

ところで近年の葬制・墓制に関する辞書的仕事である『民俗小事典　死と葬送』①には、四十九院は項目として挙げられていないばかりか、その他の項目の文章の中にさえ登場していない。かろうじて四十九院の転訛した語であるシズクヤが、墓地の設えの説明文のなかに名を連ねているばかりである。また同書のイガキの説明のなかに「奈良県大和高原地域では方形の周囲に四十九本の竹を打ち付けたり板塔婆を打ち付けるところもある」として、イガキの特種例扱いとなっている。しかし筆者の現地での聞き取りでは、大和高原のイガキはシジュウクインもしくはラントウと呼ばれていた。もしかして同書の編者は、四十九院の語は仏教的であり、民俗語彙ではない、と判断したのかも知れない。しかしたとえそれがイガキより民俗語彙的でなかったとしても、現に語られている語彙は尊重すべきであろう、と筆者は考えるのだが。

いうまでもなく四十九院の元となっている当来仏としての弥勒の信仰については、宮田登による古代から近世にかけての宗教史的かつ民俗学的な業績があって②、日本的メシアニズムのあり方を考察したものとしていまも絶大な影響力を保持している。ただ宮田氏の仕事はどちらかといえば民俗信仰、それも修験道的山岳信仰におけるミロク信仰に重点をおいていて、葬制・墓制との関わりに関してはきわめて手薄といわざるを得ない。当然のことながら同書で、四十九院については一言もふれていない。

当たり前すぎるゆえに見過ごされてきたことは意外に多い。第一章で採り上げた石造ラントウも、筆者自身その存在に気付くようになってから調べはじめると、全国にその事例があったことに驚いたものである。四十九院についても同じようなことがいえる。これまで何気なく見過ごしてきた墓地のごく当たり前の風景を、今一度その原点から見直すことで、日本における葬制墓制の新しい展開過程が見えてくると思うのである。

一節　葬と墓

1　墓所の設えとしての忌垣

墓所の設えについて早くから注目し、整理したのは新谷尚紀であった。先述の小事典にはその成果が反映されているのだが、新谷は墓の設えを墓上施設、墓上装置という概念で整理し、筆者が四十九院と関連があると考えている類例も数多く紹介されている③。

香川県三豊郡仁尾町北草木では、埋葬地の上に目印の自然石を置き、その周囲に「四角にぐるりと先を尖らせた割竹で囲む。座棺の場合は正方形、寝棺の場合は長方形になる。四隅および左右両辺の中ほどに六本、やや太目の花立て用の竹を立て季節の草花を飾る。そして、さらに青竹を上から対角線上にもわたす。・・・（中略）・・・これに板屋根をかぶせる形のものもみられ、また比較的簡単にすませる家では青竹数本を周囲にぐるりとさし立てて上で束ねる円錐形の設えに」している、という。

奈良県輿ヶ原では「割竹でなく四九本の板塔婆で囲む設えでラントウと呼ばれる。めでたく天寿を全うした老人などの場合につくられ、若死に、もしくは神道の家などでは写真右向うにみえるマガリと呼ぶ設えにする。・・・（中略）・・・ここでは墓標のうしろに古い五輪塔が建てられるが、この五輪石塔は、墓域内に散乱している古いその各部分を適宜拾い集め、組み合わせては使用しているものである」。

香川県仲多度郡多度津町高見島浦では「周囲を四九本の板塔婆でめぐらした上に、さらに板屋根をかぶせたもので四十九屋《シズクヤ》と呼ばれる設えである。これは四十九日に喪主が据えるが、内部には目印の自然石、野位牌、六角塔婆、四花、竹にさした草鞋、杖などがみられる」。

新谷がここに紹介している事例は、四十九院と呼んで差し支えないものばかりであり、実際に地元ではシジュウクインと呼んでいるものもある。四十九院の呼称をあえて使用しない、あるいは採用しない理由は分かりかねる。

香川県三豊郡仁尾町北草木（新谷尚紀『両墓制と他界観』より。写真提供、新谷尚紀氏）

香川県仲多度郡多度津町高見島浦（同上）

これらの事例のほかにも全国各地で墓地の設えとして四十九院が用いられていることを示す報告は数えきれない。『日本の葬送・墓制』④は、戦後まもないころに全国の葬墓制習俗を概略的に報告したシリーズで、記述の多くが戦前から昭和三〇年代ごろまでの民俗調査報告書を元にしているため、いまではほとんど見られなくなった当時の葬送や墓制の事例を写真入りで載せていてくれることで重宝している。そこに報告されている全国の葬制事例の中から、関東と関西で四十九院に該当するものをいくつか拾い出してみたい。

群馬県新田郡藪塚本町の土葬墓の設えは、寝棺の縦に長い土饅頭の周囲に細く短い竹を差し立て、それにやはり竹の横棒を渡して、小さな垣根のように取り巻いている。この様子はまさに忌垣のミニチュアようである。その正面には、これも竹で作ったと思われる数段の梯子（あるいは階段）が設えられていて、入口にあたる梯子の左右には高張り提灯が立てられている。この設えが埋葬後すぐに設けられたのか、それとも新盆の時に改めて作るのかは記載されていない。梯子や階段は、神奈川県から静岡県東部で今も八月の旧盆に作られているスナモリ、ツジと呼ばれる精霊棚や、奈良盆地の盆の施餓鬼棚とよく似ており、関東における四十九院塔婆のひとつの完成された形といえる。

群馬県新田郡藪塚本町の新盆の墓。土饅頭の周囲に竹を方形に巡らしている。正面には階段が設けられているのは、霊が上り下りするため（『日本の葬送・墓制』より）

埼玉県西部では葬式組が葬式道具作りで拵える道具として位牌や野位牌、棺箱の他に、棺箱を担ぐための輦台なども作っていた。その他、墓標、塔婆、七本塔婆（シチホンボトケともいう）、お膳、花立てなども作った。葬列に花籠を加えるのもこの地方では一般的で「喪家から墓までの野辺送りの道中、銭のおひねりを入れて振りばら撒くもの。竹で球形に編み、竹の先は四十九本放射状に出ている」とある。花籠は葬列後、埋葬墓の上に天蓋のように差し掛けられていることを考えれば、四十九院とも無関係ではない。ここでは率塔婆のシチホンボトケが四十九院にあたるものだが、花籠も四十九本という数にこだわっている点、興味深い。花籠は関東各地でヤナギとも呼ばれる葬列時の採り物であり、埋葬後、葬地の脇に立てて放置されるのが一般的である。この花籠と同じ役割を果していると考えられるものに、葬地の上に差し掛けられる傘がある。これらも四十九院と同系統の設えと考えることができる。四章で採り上げる踊り念仏や関東のサイノカミマツリにもヤナギは用いられる。

神奈川県津久井郡地方では、土葬墓の設えとして四十九院に近いものがある。藤野町又野では墓穴を埋めた後、その上にザルを被せるが、動物が入れないようにするために、葬列で使用した竹を墓穴の周りに挿す。これをシャバグネという。相模湖町千木良でもシャバグネをつくる。藤野町名倉では「土盛りの回りに竹をうちこみ、棺を担いだ縄を周りに回し、頭の部分だけあけておく。無縁仏の場合は竹を一つに集め、縄で結ぶ。城山町葉山島では、埋葬した上にシャバグネを作り四十九日までおく。前記名倉ではジャバグネを作らぬ場合は、アマヤを作る。アマヤの回りに経を書いた板が四九枚あり、四十九日の間お詣りする度に毎日一枚ずつとってくる。葉山島ではアマヤのことをウワヤという。・・・（中略）・・・半原ではウワヤの院号を書いた板は四九日間、一本ずつ打つのが本当だが、いまは全部打っておく。こうすると六道の辻で迷わぬという」。シャバグネを用いない地域で用いるアマヤは、雨屋であろうが、四九本の経を書いた板というのはまさに四十九院そのものである。アマヤ、ウワヤとは関東平野部ではよく見かけるもので、ソトガンと呼ばれている。四方に鳥居型の門が設けられているのも棺を運ぶ輿、葬輦と同じである。徳地町柚木のテンガサは四十九院こそないが、屋根を支える四本柱で埋葬地を覆うもので、カサにあたる。アマヤ、ウワヤの使用目的をよく表現する名前と形である。

関西地方の事例として、山口県では土葬の葬地に雨笠・コウモリ笠・四十九院を設える。美和町釜ヶ原・大三郎では、四十九日の忌み明けの日、土葬墓の上に安楽堂・安心堂・常安堂などとも呼ばれるスズメ堂（鎮堂）を置き、それまで立てられていた鎌やコウモリ傘を堂の後方に撤去する。この日まで毎日墓詣りするところは多いが、柳井市平郡島では倒しておいた石塔をこの日はじめて立てる。死者の霊が家から葬地へ完全に移ったことを意味し、この日をもって魂しずめが墓前で行われることになるのであろう。家形の四十九院をスズメドウと呼ぶところはほかにもあり、シジュウク、シズク、シズメ、スズメに転訛したと考えられる。

神奈川県津久井郡津久井町の埋葬施設ウワヤ（『日本の葬送・墓制』より）

神奈川県津久井郡徳地町柚木のアマガサ（『日本の葬送・墓制』より）

岡山県川上郡備中町では、棺を埋めた後に塔婆と「ガキ幣」を立てる。同町平川の土居家では墓のそばに筵で小屋がけをして墓守りを置き、これをモヤと呼んだ。同じく奈良熊の伊原家では

山口県美和町大三郎のスズメドウ（『日本の葬送・墓制』より）

四九本の板塔婆で墓をかこみ、屋根をつけてこれをスヤと呼ぶ。美作地方でもこの形のものをスヤとかウワヤと呼んでいる。浅口郡金光町周辺では、昔は七日目のシアゲのときに、いまは翌日、ツユオソイを作る。小麦藁で片屋根に作る。この地方でもこれをスヤと呼ぶ。笠岡諸島の飛島では麦藁で作り、ヒオイ、六島ではハカヤネ・アマモイと呼ぶ。スヤ、ウワヤの別名はそれぞれ、ツユオソイ＝露覆い、アマモイ＝雨守りの意であろう。しかしスヤとはどのような意味が含まれているのか不明であるが、同地方では産屋もスヤと呼んでおり、誕生と死の観念と信仰が、この施設の媒介によって交差していることは注目される。

ちなみに岡山県下に石造ラントウが広く分布することについては第一章でたびたび述べてきたところであるが、ラントウについて「岡山県や瀬戸内諸島の各地には、墓印としての豊島石を用いた屋根のある家形のものがある。備中西北部ではかまど（クド）に使用する石材で造ることからクドバカ、県下一般にはラントウと呼んでいる。備前南部や瀬戸内諸島には、おりおり内部に二人の半肉彫り（浮彫り）の胸像を刻んだだけのものや、それに戒名を並べたものがある。豊島石（凝灰岩）、備中地方で用いるコゴメ石（白色粒状石灰岩）、蒜山地方で用いる蒜山石は、もろくて崩れ易く風化が早いが、邑久郡牛窓町小津の表家の「元和八年」銘のものや、真庭郡落合町大庭の檀家のもの（表側の右の柱に「天正十三乙丑暦」、左の柱に「七月廿六日」奥に五輪塔一基を浮彫りにし各輪に妙法蓮華経と彫り、地輪には「浄願禅定門」と刻んでいる）、倉敷市下津井の般若院にある「慶長四年」銘のものなどが初期の事例である。

以上、関東と関西の四十九院を列記したが、新谷も事例として挙げ、関沢まゆみ[5]も考察の対象とした奈良県東部の山間地域の村々の四十九院について、少し詳しく検討してみたい。

2　奈良県東部山間部の四十九院ラントウ

この地方では現在も土葬が行われている村々が多い。関沢によれば、奈良市大柳生では七人百姓と呼ばれるムラのオトナ衆のひとりが死亡した際、何はともあれ新しいメンバーを選定するため次のオトナの家に集まり、亡くなったメンバーの葬式には絶対に出ないことになっているという。その大柳生をはじめとして大和高原地方では、村内の高齢者の土葬墓にラントウとも称するシジュウクインを葬地の上に設えることが多い。

大和盆地とその東部の高原地帯は最近までほとんどの村が両墓制で、埋葬墓地の設えである四十九院卒塔婆の設えを、ラントウまたはダントウと呼んでいるところがある。天理市との境にある奈良市中畑では、コハカと呼ばれる石塔墓地と、オオハカと呼ばれる埋葬墓地があり、埋葬墓地は上下二段になっていて、上段は八人墓とも呼ばれ、中畑集落の長老を勤めたものだけが埋葬される墓地とされている。

オオハカには、埋葬地毎に地元でラントウと呼んでいる四九本の板卒塔婆による方形の囲いが、標木を中心として設けられている。板卒塔婆の上部には、現在はベニヤ板が被せられているが、いまも原形をとどめる古いラントウをみると八本余りの板材で天井が作られていた。天井の中央には穴が穿たれ、四角い標木が内側から上につき出している。板塔婆と天井に囲まれた内部は地元の人たちの言によれば、やわらかく盛られた土であり、その下に棺が埋葬されている。現地で聞いた話によると今は寝棺であるためラントウの下に埋葬するが、以前は座棺であったので棺の半分くらいの深さの穴を掘り、棺を収めたのち上から土を盛るものであった。その周囲に四十九院を廻らし、天井を乗せ、標木を建てていたという。四十九院内部に今も土盛りをするのは、その名残であるらしい。土盛りはすなわち塚であることがわかる。

一八世紀の著作であるが、『秦山集』甲乙録六に、土葬の仕方について「はじめ、死して三日、服を改む。棒二本を下に置き、四角に柱四本を立つ、下に竹簀を敷き、上に竹簀を覆う、中に屍を坐せしむ。上下四方を布をもって巻囲む。腰以下は土中に在り。腰以上は土上に在り。土を蓋せてこれを蔵す。高さ

奈良県奈良市中畑のラントウ（筆者撮影。2007.4）。ちなみにラントウ(シジュウクインとも）は今後作らないと、今年の寄り合いで決定された。上部が天板で覆われている

奈良県奈良市都祁白石町のシジュウクイン（ラントウ）

三尺四尺にこれを築くべし。此れ上古の葬法なり。聖徳太子に至り、地を八角に掘り、屍をそのなかに蔵し、竹簀をもってこれを蓋す。土で掩い、いささか平地に高くす。これ穴に埋ずむのはじめなり。」とある。著者の谷秦山）一六六三〜一七一八）は土佐国長岡の八幡宮神官の子で、若くして上京し山崎闇斎の弟子となる。江戸前期の垂加神道の理論家で、暦術、儒学にも造詣が深かった。竹簀で蓋をするとあることと、体の半分くらい埋めて土を盛るというのは、大和高原地方の土葬そのものである。ただし谷泰山がこの葬法をどこで見聞したのかは不明である。

さて中畑集落でも大柳生などと同様、長老である八人衆のうちのひとりが亡くなった時は、次に長老入りする予定の家に知らせに行き、その家ではすぐに長老入りの準備に取りかかる。準備が済むと他の七人を家に呼んで、長老入りの祝いをしてもらうのである。ここで面白いのは、新しい長老は、死んだ長老の籍を受け継ぐもの、と考えられていることで、八人衆はそれぞれかつてのムラのオトナの籍（霊＝タマ）をずっと継続させてきていることになるのである。籍とはオトナの筋にあたり、近世社会での「株」と同意である。

墓の設え、および墓地における埋葬場所が、男女差、年齢差など集落内の社会階層を反映しているということについて関沢は、これらの村々はもともと年齢秩序を重視した社会秩序があり、それが埋葬場所の選定に反映したものと考え、長老衆の埋葬場所とその設えが他の墓と異なっていることにそれ以上の理由を認めていない。しかし関沢自身「(大柳生の氏神である）夜支布山口神社の八人衆をつとめて死亡した長老には、その他の村人とは区別したかたちで、墓標の周囲に四九本の板塔婆をめぐらす墓上施設が設置される」ことに言及している。この地方にはこの他にも、「宮守墓」「長老墓」「一老墓」といって、一般の村人とは墓の設えや埋葬場所を厳格に区別する村々があることは以前から報告されている。[⑥]長老衆のみに四十九院＝ラントウという墓の設えを設けている例が各所にあることから考えて、そこに年齢秩序の重視という社会観念以外にも、長老衆の墓だけを格別に扱う別の理由があると考えるべきではないか。少なくとも長老衆の墓にのみ四十九院を用いるのであれば、なぜそれは四十九院でなければならないのか、四十九院にはそれ自体にどのような意味があるのか、についても検討すべきではないだろうか。そしてそこにこそ、関沢が問題提起した宮座制度と墓制とをつなぐ地域社会の精神構造の根が見出せるのではないかと筆者は考える。

3　墓所の設えの諸相

新谷は前掲書で、埋葬地の装置を次の六類型に分けて考察している。すなわち①菰覆い　②屋根がけ　③ハジキ竹　④サギッチョ・モンガリ　⑤イガキ　⑥家形。それぞれの特徴はあるけれども、これらに共通する要素はヤネ（屋根）とカキ（垣）であり、六類型はヤネとカキの組み合わせ方の差異が生み出したものであるとする。「ヤネとカキという主要な要素に着目するならば、これら二つの組み合わせによって構成されている埋葬地点の装置の類というのは、死者が埋葬されたのち、この世の存在からあの世の存在へと転換していくまでの不安定な状態にある一定期間、人々が必要とした死者のいわば忌み籠りのための装置である」としている。

ここで氏が強調しているのは、埋葬地の設えが死者の忌み籠りのための装置としている点であろう。それまで墓、とくに埋葬墓の設えは、死者のためというより生きている人びとのため、死体のケガレを封鎖するための装置と考える場合が多かった。新谷は石率塔婆の建立についても、たとえば火葬所の上に石の率塔婆を立てた後一条天皇の例⑦などを指摘して、これには死者に対する礼拝供養という側面よりも、「死者の魂や死霊の鎮撫とか鎮送という呪術的機能への期待があったように思われる」としている。

さて新谷が数多い民俗事例の整理を前提にして示した類型は、充分参考に値するものと評価できる。けれども、埋葬地の装置がモンドリ、サギッチョなどと呼ばれる円錐形のものからイガキなどの囲い形、シズクヤなどの家形へと変化、展開していったという結論は、そうした墓の設えの歴史的展開過程、変化のプロセスを資料にもとづいて検討して得たものとは思われない。たとえば先に事例としてあげた山口県美和町釜ケ原・大三郎のスズメ堂、香川県仲多度郡多度津町高見島浦のシズクヤ（四十九屋）など、むしろ四十九院と呼ばれていたものが後に民俗語彙として定着したらしいものもあり、スヤ、アマヤ、ウワヤなどが古語で四十九院が新語と決めつけるわけにいかないものも多い。いかにも素朴らしい名称が在来的、民俗的で、仏教的な名称が付けられていれば新しいもの、というステレオタイプの考え方には疑問を抱かざるを得ない。後に詳説するように、四十九院を墓の装置とする習俗は少なくとも鎌倉期末、南北朝期にはすでにはじまっているのであり、現在の「素朴」な墓上施設が、逆にその後変容したものである可能性は否定できないのである。

ほかにも、すでに一〇世紀には記録に表れる霊屋、玉殿などは家形の墓上装置ではないのかどうか、古代末から中世にかけて火葬施設として多用される忌垣・荒垣、四門（三昧鳥居）などの設えと、埋葬墓のイガキ形とは無縁なのかという点についても、充分な検討がなされているとはいえないなど、いくつかの問題点を指摘できよう。一見歴史的なパースペクティブで墓の設えを系譜的、分類学的に整理したようにみえながら、新谷の墓上施設の系譜論は意外に観念的な結論で終っているのではなかろうか。

一方、かつて独自のモガリ論を展開し、多様な墓上装置を系譜的に説明することを試みたのが五来重である。四十九院を古代のモガリ葬の延長線上の習俗と捉え、葬制墓制研究の枠にとらわれない視点から評価したのも、五来であった[8]。

五来は日本古代の通常の葬法は風葬であったと考えていた。土葬は風葬よりも一段高度な葬法であり、その後普及した火葬はさらに「高度な文化葬」であったとする。火葬が普及したのは火による死体の浄化作用が受け入れられたためであり、行基が路上に横たわる死骸を荼毘に付したことについて「浄化は古代概念では滅罪であり、浄化滅罪しなければ、あのきよらかな極楽浄土へは送れない」と行基ら古代の聖たちは考えたのであろう、とする。しかし火葬に浄化作用と滅罪作用があったとする論拠は不十分で、かなり恣意的な論調と言うべきであろう。

また五来は、風葬は殯葬でもあり、それゆえに風葬のまわりには死体を隠し、霊魂を封鎖する構築物があった。そのもっとも簡便なものが木の枝であり、青い枝を死者のまわりに立てて覆ったのが原始的な「青山型殯」である、とする。五来によれば青山型殯からは、やがて切懸や忌垣型殯、「モンドリ型（円錐形）殯」、霊屋型殯など「現在見られる墓上構築物が派生した」。その上で、「発生的に見れば（木の枝を立て並べた）忌垣がまずあって、仏教にあわせて四十九院ができたのである。別に墓と兜率天は関係ないが、忌垣一辺を十三本ずつにすれば四十九本になるので、四十九院として、墓の内部を兜率天浄土になぞらえた」とし、四十九院そのものには特別な意味を見いだしていない。むしろ氏は、四十九院の前身とする忌垣に多くの関心を寄せている。

五来は、忌垣と同様の起源と役割を持つ切懸は、『類聚雑例』長元九（一〇三六）年の後一条天皇葬送記事に「山作所の四面に切懸を立てて荒垣と為す・・・南面に鳥居を立つ・・・荒垣の内に又切懸を立てて内垣と為す・・・南面に又鳥居を立つ・・・内垣の中央に貴所屋を作る」とあることを引き、切懸とは荒垣の材料を指し、竹の枝を全部はらわないで元を残して枝を切ったものであり、刺のある垣になるので荒垣と呼んだとする。また『玉葉』承安二（一一七二）年閏一二月二一日条に、昔は切懸に柱は立てないで作ったものであり、そのために忌まなかった、つまり柱を立てないことで地神の土を犯すことがなかったが、今では切懸にも大柱を立てることがあるけれども切懸という場合には忌まない、という説を引用している。柱を立てるか立てないかは、犯土を心配した古代の人びとにとっては重要なことで、彼らは墓を作るにもできるだけ土を掘り返して地神を怒らせないよう気を遣ったのである。

五来は荒垣、切懸もモガリのまわりに立てた忌垣の名残であるとする。氏によると木の枝、竹の枝を墓のまわりに垣のように廻らしたのが「忌垣型殯」であり、これが今日も全国各地で用いられている「モンドリ型殯」である。モンドリ型殯とは、墓のまわりに廻らした木や竹の枝を、上方で束ねたものであり、「霊屋殯」のように家屋建築をつくる必要がないので、「庶民にも容易に立てることができた」簡易な墓上施設であった、という。

五来独自のモガリ論は、基本的には次のような古代葬法についての考えに基づいている。すなわち縄文・弥生時代以来、古代の人びとは、死者を風葬してこれを覆い、その荒魂（凶癘魂）を一定期間封鎖する構築物に、木や竹を円錐形に立てるモガリがあったのであり、霊屋型、モンドリ型（サギッチョ型も含む）、忌垣型、そして四十九院などもそうした霊魂観に基づいて設けられたのであると。

大筋において、五来のモガリ・イガキ起源説に筆者は賛同している。しかしいくつかの問題点を指摘しておかねばならない。

① まずモガリ葬が縄文・弥生時代以来のものとする根拠はまったくない。葬制墓制の文化にも「日本固有」が原型としてあり、それが徐々に崩壊していったと受け取れるような、安易な日本固有文化論の行き過ぎが見てとれる。

② 忌垣を仏教的にアレンジした表現が四十九院率塔婆であるという指摘はたとえ肯定されるとしても、四十九院を採用することで在来の墓制や葬制にはどのような信仰的変容があったのか、新しい墓制様式の供給者である仏教者側の論理にしても、または受け入れ側である人びとの必然性にしても、まったく問われていないのはいかがなものか。仏教は各時代において高度で先進的な宗教、思想、文化を日本にもたらし、日本社会に大きな影響力を持ったことは否定できないはずである。ある時期以降仏教とその思想は決して権力者だけのものではなかった。五来は、仏教が日本の葬制墓制に与えた影響力を、必要以上に軽視しているのではないか。

③　死体を覆い隠し凶癘魂を封鎖する目的で採用されていたという青山型殯や忌垣型殯は、地方によっては現在も埋葬墓の設えとして使用されているが、もともと両墓制についての明確な論点が欠如しているため、葬と墓とが概念上区別されないまま扱われている。たとえば後一条天皇の葬送記事に見える荒垣は山作所（貴所屋・荼毘所）の設備であって、火葬後の遺骨は拾骨後別の骨墓所に収められている。この場合、葬所の荒垣と骨墓所の設えは区別しなければならない。また霊屋は亡き骸をそのまま床上に安置する施設であり、サギッチョやモンドリは埋葬墓地の施設であるが、ここでも氏はそれらを無媒介に比較している。両者には明らかに葬法や墓制上の大きな隔たりがあるはずであり、形態的な比較だけでその起源を論ずるには飛躍がありすぎるように思われる。

新谷の豊富な見識と整理された分類や、五来の慧眼には感服するが、いずれにせよ両氏の墓制論の不備を補うには、仏教が日本文化に果たした役割を、もう一度正当に評価する必要があろう。そのためにも、仏教的な葬制墓制施設を代表するものとしての四十九院の変遷をたどることは、墓制史的にも民俗学的にも意味のあることだと考えられるのである。

先にも触れたとおり五来は、弥勒兜率天浄土を表象するものとしての四十九院は、墓とはなんの関係もないものと切り捨てた。氏は、高野山が空海信仰の霊地である以上に、弥勒兜率天浄土として信仰されていることを知っていたはずである。にもかかわらずそのように誤解していたのは、四十九院墓制がこれまで研究者の関心をひいていなかったこと、資料の整理がほとんどされてこなかったことなどに大きな原因があるのであろう。

日本の中世・近世における浄土信仰研究は、阿弥陀仏の極楽浄土に関するものがほとんどであり、弥勒仏の兜率天浄土信仰が省みられることはほとんどなかったといっても過言ではない。多くの歴史資料が中世から近世にかけて、人びとが死後の世界として極楽浄土への往生を願い、そのための行いとして日々の念仏行を採用していたことはいうまでもない。にもかかわらず、弥勒菩薩の浄土に固有の浄土の表象である四十九院率塔婆を墓地に設置する習慣も、これまで挙げた事例のみをもってしても日本全国におよんでいることがわかる。日本人の他界観、浄土観には古来このふたつの浄土信仰が根強く併存していたのである。阿弥陀極楽浄土と併存するもうひとつの浄土観として、弥勒菩薩の王宮を表す四十九院率塔婆の成立とその変遷を明らかにすることは、葬制墓制研究のためのみならず、日本人の他界観、信仰観を明らかにするためにも決して無意味ではあるまい。

4　高屋板垣と霊屋

鎌倉中期に描かれたとされる「北野天神縁起絵」人道の場面に、葬列の情景が描かれている。葬列は左上方から斜め右下に向かって進んでいるが、その斜め下方には粗末な板率塔婆の手前で子供の死体をむさぼり喰う犬と烏、そしてさらにその下方には土中から死体を引きずり出して喰う二疋の犬の姿も描かれている。周りには頭がい骨が散乱し、そこが死者を葬った「葬所」であることを鮮烈に表現している。しかし細い板率塔婆が立てられていることから、やみくもに死体がうち捨てられていたわけではなく、そこにも死者を悼む心情が表現されているのである。中世の葬所はこの絵のように、死体が葬られ、その葬った上や傍らに板率塔婆を挿し立てるものであった。

目を引くのは、葬所の傍ら（画面下部）に、小さな板葺き屋根の小屋が見えることである。小屋の周りには、先端を三角形に黒く塗った細長い板が隙間なく垣根のように立て並べられ、よくみるとその一枚一枚には梵字の阿字と南無阿弥陀仏名号が墨書されていることから、これが板率塔婆であり、小屋が墓所に付設されたある種の施設であると推測されるのである。

「北野天神縁起絵」人道の場面。左上には葬列の図。その下、紅葉の木陰に板屋根の建物が描かれる。よくみると板壁には墨書で阿字と「南無阿弥陀仏」が描かれている

この小屋は葬所とどのような関係にあるのであろうか。二通りのことが考えられる。ひとつは墓地の近くの仏堂、墓堂であり、中には阿弥陀仏など仏像の他に火葬骨が納められる骨堂であるということ、いまひとつは死体を安置する霊屋である。しかし二番目の霊屋であることを証明する材料は見当たらない。やはり火葬後に遺骨を収める骨堂と考えるのが妥当なところだろうか。

この絵とほとんど同じ形体をした建造物が、奈良西大寺の墓地に骨堂として現存している。西大寺骨堂のもともとの建造年

代は鎌倉期であろうとされている。壁には上部を五輪塔形に削った板率塔婆が打ち付けられ、内部には骨壷、骨箱が納入され、今も機能しているのである。

このような施設はほかにもあったとみられ、律宗にゆかりの深い鎌倉の東の入り口にあたる朝比奈切通で平成一五（二〇〇三）年、納骨堂とみられる遺構が発見された（朝比奈砦遺跡）。切通周辺には多数のヤグラ群があり、納骨堂と見られる遺構はその中央の平地で見つかった。三間四方、四柱の建物で、中央部分に常滑窯製の大甕が埋設され、内部には「火葬骨が何層にも堆積して」いたという。

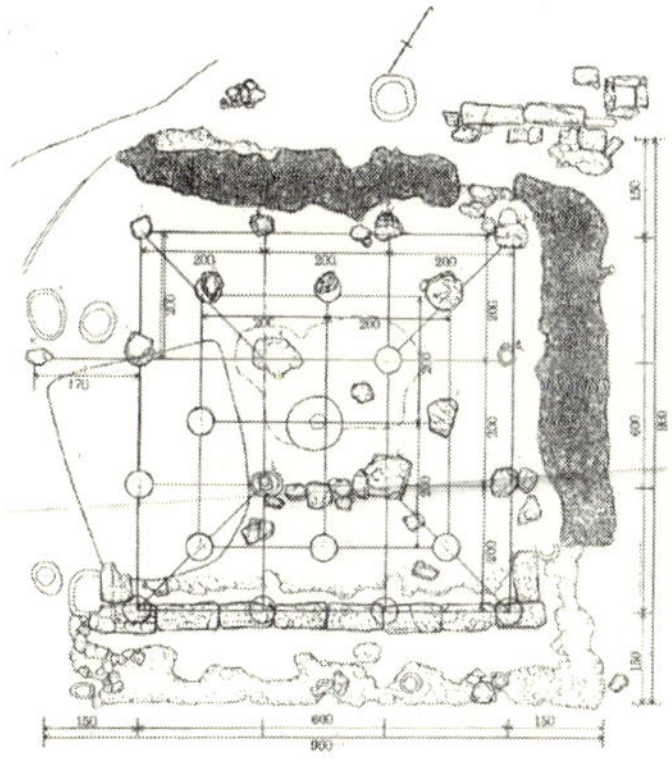

鎌倉市教育委員会・朝比奈砦遺跡発掘調査団現地説明会資料「文化財めぐり―朝比奈砦遺跡を訪ねて―」掲載の基壇上建物実測図。中央に納骨穴が掘り込まれ、なかに常滑窯大甕が埋け込まれていた。その内部には細片に砕かれた大量の焼骨が充満しており、不特定多数の火葬骨が意図的に甕に入れられていたと考えられている

奈良県西大寺骨堂

建物は突き固められた基壇の上に建てられ、一四世紀から一五世紀にかけて機能していた納骨堂と判断されている。火葬址も基壇上建物の北側に一基見つかっているが、納骨された火葬骨も茶毘が、すべてここで行われたとは限らない。別の場所で火葬された遺骨を持ってきてこの納骨堂に収めたのであろう。火葬骨を納骨したのは中世都市鎌倉の住民たちであったと考えられる。その形状から、南都西大寺の納骨堂とほぼ同じ機能が想定できる。

先の「北野天神縁起絵」に描かれた小屋は、おそらく骨堂またはやがて骨堂に展開する施設に板率塔婆を廻らす四十九院型の墓の施設として、おそらくはじめて絵画に表現された事例である。葬所に向かう葬列は、死体を葬所で茶毘に付したのち、この骨堂に収めるのであろうか。骨堂であるとしたらその情景描写が気になるところである。その小屋の周りは美しい紅葉に囲まれていて、死体が散乱する上方埋葬場面の枯れた立木とは対照的に描かれ、浄土に往生した死者の霊の家を表現し、浄化された霊の存在を暗示しているように感じられるがいかがであろう。

寛和元（九八五）年に没した慈恵大僧正良源は、書き残した遺告で自身の葬送のことをあらかじめ定めている[9]。

　拾骨所

　　入棺焼所。人々中可勤之。

　右卒都婆生前欲作運。若未運之前命終者。且立仮卒都婆。其下掘空除三四尺許。置骨於穴底上、可満土。四十九日内作石率塔婆。可立替之。是爲遺弟等時々来禮之標示也。卒都婆中安置随求大仏頂尊勝光明五字阿弥陀等真言。

これまでもよく、墓地に石率塔婆を建立したことを示す資料として引用される箇所である。この記事によると、石率塔婆は拾骨所すなわち骨墓所に立てられたようだ。もし生前に石率塔婆が用意できなかった場合は仮の率塔婆を立て、三、四尺ばかり穴を掘って骨を置き、土で満たして覆い、そして四十九日以内に石率塔婆を立てよ、としている。おそらくは木製の仮率塔婆を拾骨し、納骨したその時点で立てるのは、その後の七本塔婆や四十九院率塔婆の習俗と同じであり、四十九日経ったら正式の石率塔婆に取り替えるという事例は現在もある。

　書かれた正確な時期は不明だが、中世の葬送儀礼を詳細に示したと思われる「葬法密」[10]には、

涅槃とは、是果中の果なり、地を掘りて墓を作るには土塔の形なり、土塔の上に卒都婆を立つるは、是果中の果なり、卒都婆とは、五大の所生なり、仏界の五大は、衆生の五大と差別无きを以て、別に一卒都婆を立つ、是を仏果衆生一時成仏と名づく。故に三世の諸仏は、常に亡魂の舎利を護り、十二大天は定めて孝子の頂上を摩で給わん。塔婆の功徳力を以て、自ら沙羅林となり、真言の加持力に依って、常寂光を隔てず

（中略）

次に葬畢りて、先ず爐を破却し、次に水を以て火を滅し、重ねて酒を以て火を滅し、次に骨を拾い了って瓶子に入れる〈打敷上紙を敷き箸を置き、人々の前に置く、此瓶子兼ねて土砂を入れる〉

次に呪砂を以てその上に散らす

次に火屋を破り墓を突かしむ

次に卒都婆を立て、釘貫等を作す、暁の間に及び、挙げ物等〈亡者の身に近き物ならびに車等也〉を焼かしむ、火屋の丑寅の角に於て也、荒垣の内々に埋む外也、荒垣鳥居の絹布帳等、分けて近辺の寺院に給わり了る

（原漢文。傍点は引用者。以下同じ）

この文言から、墓と死に対する真言密教の思想と葬送行儀をうかがうことができるが、土塔の上に率塔婆を立てるのは三世諸仏が「亡魂の舎利」を護っていることを示しており、それは率塔婆の加持力によるものとしている。

重要なのは良源の場合とちがって、率塔婆は骨墓所でなく火屋の跡に立てるとある点であろう。火屋を破却してその上に墓を築き、率塔婆を立ててまわりには釘貫を巡らすのである。荼毘所を取り囲んでいた荒垣の内側では葬送で用いた道具類も焼かれていて、その葬所をその周囲から隔絶させようとしているかのようである。

火葬を普及させる先駆けとなった道昭、その弟子で民衆に行動的な仏教で布教した行基、仏教的な葬送と墓制の方式を貴族社会に提案した良源など、彼らはその後の日本の死生観、人生観に大きな影響を与えた。空海や源信等は、地獄極楽の思想を平易に解説してそれを普及することに成功し、それとともに厭離穢土、欣求浄土という人間の生き方にまで迫る教えを説くことで日本社会は、思想的に大きな前進を遂げることになる。こうした思想的な深化はしかし、ごく日常的な生と死にまとわりつく葬制・墓制と遊離するものでは決してない。むしろ古代から中世へと社会が移行していくなかでいや応なく人々を襲う孤独感、疎外感、死と死後の苦しみに対する不安に応える人生哲学でもあった。飾りとしての宗教、権力の道具としての宗教という側面は当然あったにしろ、結局仏教は、人間の「死」に直面する「生」についての、より確かなプレゼンテーションを期待されていたのである。火葬の行儀を皮切りにして、率塔婆を墓に設置すること、引き覆い、土砂加持祈祷など、真言密教が次々に斬新な提案をおこなったのも、貴族社会をはじめとして日本社会全体に深く浸透しながら、仏教が葬制・墓制に大きな影響力を果たすようになることがその目的であったにちがいない。

仏教は多くの貴族やその家族の葬送に影響を与えた。しかし彼らの提案した葬送と火葬、そして遺骨埋葬の方式が、当時一般にまで広く浸透したと考えることはできない。良源は日時を選ばず、弟子等も素服荒縄を着けずにことを行え、と命じていることから分かるとおり、当時の葬送の常識に従うことはないとしている。こうした方式が日本社会一般にも応用されるのは数世紀も後のことになるが、当時の葬制墓制に一石を投じた新奇のやり方であったから、やはり容易には受け入れられるものでなかったと考えるべきであろう。

良源遺告で先ほど引用した文章の前に、「命終三日之内。必可葬之。不可延引。遺弟等不可着素服縄帯。努力々々不可背教。

岡山県備前市西片上真光寺墓地のラントウ。内部には永禄年間銘の五輪塔が納められており、ラントウの下には備前焼の骨蔵器

長野県飯田市文永寺の弘安６年銘石室と五輪塔

墓所高屋板垣等。如例作法」という文言がある。ここに見える「高屋板垣」とはいったい何であろうか。中国式の祠堂などを想定したものかとも思われるがその証跡はない。ただし墓所に「高屋板垣」を設えるのは「例のごとく」とあり、普通に行われていた葬所の施設であったらしい。

筆者が「高屋板垣」にことのほかこだわるのはそれが、先程の「北野天神縁起絵」や西大寺骨堂、そしてのちの廟墓ラントウに繋がっていく廟墓の姿の原型を示しているように思えるからである。納骨堂も後の石造ラントウも、三和土の土間に側壁と屋根を設けた建物である。板垣という語も意味深長で、それが板状の率塔婆を廻らせた北野縁起絵や西大寺骨堂へと連なるものである可能性さえ考えられる。もしそうとすれば、新谷の家型類型、五来の忌垣型殯などの変遷過程よりも複雑でかつ長年月にわたる変遷プロセスを視野に入れておかねばならないことになる。

参考にすべき例はほかにもある。長野県飯田市の文永寺には弘安六（一二八三）年に南都石工菅原行長が、この地の在地領主知久氏に依頼されて造ったと銘文に書かれている「石室」と五輪塔がある（長野県指定文化財）。この石室は高さ一八八㎝、方一五八㎝にもおよぶ大型のもので、床面にも板石が敷かれている。屋根は大棟を表現した家型であり、明らかに後の石造ラントウの原型的様態を呈している。敷石の下、土中には蔵骨器が埋められていた。

ラントウの場合、内部には五輪塔などの石塔が建てられていることが多い。岡山県備前市の真光寺墓地では、高さ二m近い豊島石製大型石造ラントウ内に永禄年銘の五輪塔あるいは宝篋印塔が安置され、その底抜けとなっている地下には備前焼大甕が埋けてあって、その中に火葬骨が納められていた。側壁のある覆い屋、三和土の土間、石造率塔婆、骨甕と火葬骨などは、良源遺告にある高屋板垣の構造にきわめて近い。

良源のいた一〇世紀から室町時代の末まではおよそ五世紀以上も経ており、これらを安易に比較することが危険であることはいうまでもない。とはいえ、形体上の類似を端から否定するわけにもいかないのであり、果たして良源が意図した墓所の建物「高屋板垣」が数世紀後、廟墓ラントウに展開していくのかどうか、歴史的に確かめてみる必要がある。

忌垣から四十九院へ、霊屋から家型の墓上施設へという展開は資料的に明らかにできるのだろうか。まずは四十九院から検討してみたい。

注

① 『民俗小事典　死と葬送』新谷尚紀・関沢まゆみ編、二〇〇五。吉川弘文館。
② 宮田登『ミロク信仰の研究』、一九七五。未来社。
③ 新谷尚紀『両墓制と他界観』、一九九一・七。吉川弘文館。
④ 『日本の葬送・墓制』一九五六・三。明玄書房。
⑤ 関沢まゆみ『宮座と墓制の歴史民俗』二〇〇五。吉川弘文館。
⑥ 中田太造「大和の墓制（二）―特に墓制に表れた年齢階層、社会階層、及び男女別墓制について」、『大和の村落共同体と伝承文化』、一九九一。名著出版。
⑦ 「類聚雑例」『日本紀略』長元九・一〇三六年四月一七日条、その他。
⑧ 五来重『葬と供養』、一九九二。東方出版。
⑨ 「慈恵大僧正御遺告」『群書類聚』。
⑩ 『日本教育文庫』所収。伴信友による文政一三年の奥書に「此書原本小山田與清所蔵也…蓋六七百年之古物也」とあるが、真偽のほどは不明。ただし中世真言宗系の葬送儀礼の実際を知るには参考となろう。

二節　四十九院の諸相と中世的墓制の展開

1　古代寺院と四十九院

まずわれわれは、寺院や霊山に四十九院と呼ばれるものが多数あったことを確認しておかねばならない。古代の行基四十九院を嚆矢として、中世の寺院で自ら四十九院たることを標榜する例がいくつも知られている。

吉野の金峰山が弥勒の浄土であり四十九院内院として貴賎の信仰を集めていたことは有名で、『梁塵秘抄』「神分」に「金の御嶽は一天下、金剛蔵王釈迦弥勒、稲荷も八幡も木島も、人の参らぬ時ぞなき。金の御嶽は四十九院の地なり」「金の御嶽にある巫女の、打つ鼓、打ち上げ打ち下ろし面白や、我等も参らばや、ていとんとうとも響き鳴れ鳴れ、打つ鼓、いかに打てばかこの音の絶えせざるらむ」とある。全国にある修験の霊地に四十九院伝承が多いのは、おそらく修験道の根本霊場と自他ともに認めていた金峰山修験の影響によるものであろう。

吉野金峰山から熊野にかけての大峰には、弥勒兜率天浄土を表す地名がいくつもみえる。大峰山の「大菩提山等縁起」(1)には、「此峰（大峰）ニ大菩提在リ、小菩提在リ、皆石也、地黄金地也、十方浄土図絵地ナリ、十方ノ中ニ西方阿弥陀ノ浄土ヲハシメトス、目東屋西也、南方ハ深山ノ大日峯ヨリ下ル、北方ハ吉野ノ熊野禅定ヨリ西長峯ヨリ西方、中央金峰也、之慈尊三會暁ツキニ不㆓ル動㆒地ト注シ給也」として、山中でも中央の金峰山は弥勒兜率天浄土とされている。

弥勒菩薩の聖地として、吉野金峰山におとらず名を馳せたのが奈良市東部にある笠置寺の弥勒磨崖仏であった。山頂の磨崖石仏は渡来系の石仏師の手によるものと考えられ、制作年代こそ未詳ではあるが、古代以来の弥勒信仰の聖地であった。『今昔物語』巻一一「天智天皇御子、始笠置寺語」では大友皇子が弥勒像の造立に関わっていたとの伝説を載せる。

笠置寺縁起は、最終的には天文七（一五三八）年の年記だが、その材料となった記録には鎌倉期以前の伝承がかなり含まれていると考えられている。

同縁起では金峰山修験、修験道の祖である役優婆塞との関係を強調した内容が多いのも特徴である。

一　温㆓當寺開山㆒者、發㆓　天武之叡願㆒　所㆓草創㆒也

一　本尊者都史多天之教主。化人刻彫之石像也。
一　山者非二此土之地一。耆闍崛山之霊峰欠落来現。補處弥勒慈尊胎蔵界之峰也。
（中略）
一　第四十六代孝謙天皇　天平宝字三年辛卯十月。実忠和尚。自二笠置寺之龍穴一入而過二北方江一里餘一。則都率之内院也。
　四十九院摩尼宝殿一々巡二礼之一。其内諸天殊集会而。勤二修十一面悔過一之處在レ之。号二常念観音院一。

実忠が東大寺二月堂の観音悔過法要（いわゆる「お水取り」）をはじめたのは、笠置寺で兜率内院にいって実見したのを、現世に移したものという。東大寺の奥の院的存在でもあった笠置寺は吉野金峰山との深い関係も強調し、開山を役優婆塞としている。この縁起で、笠置寺の地は「此土之地」にあらず、つまりこの世の国とは別世界であるとしており、それは金峰山の笙の窟から浄土＝冥途へと赴いた日蔵[2]と同じ冥界遍歴への入り口がここにあったからであった。日蔵が金峰山浄土へ入った笙の窟も、実忠が兜率内院に通り抜けた笠置寺龍穴も、ともに山頂に近い中腹の洞穴であることから、兜率天浄土は山中他界という日本在来の他界観に根ざしていたと推測することができよう。また龍穴を通って別世界に行くこの種の話は、後の甲賀三郎伝説、富士の人穴説話の先駆けということもでき、神や死霊の行き先である他界、異界は弥勒の兜率天であるという考え方はすでに平安期以来一貫していたと思われる。

笠置寺の弥勒磨崖仏跡

笠置寺と吉野金峰山とは信仰的にも宗派的にも深くつながっていて、どちらが主でどちらが従ということは一概に論じられない。両者ともに古代から中世、近世を通じ、弥勒信仰の拠点的霊場であったことは確かである。その影響は各地におよび、平安末期までには山岳寺院、修験の霊場を弥勒信仰の拠点、四十九院と称することがはじまった。

吉野山と笠置寺との中間に位置する多武峯にも四十九院であるとの説があった。「多武峯略記」[3]には、多武峯山内から三方に路があり「東椋橋五十二町。卒都婆有五十二位名。西細川三十七町。卒都婆有三十七尊種。北山四十九町。卒都婆有四十九院額。今者依衆議。北山路永止畢」とある。山内の道に町石が立てられていて、そのうちの北山道の卒塔婆には四十九院の院名を記した額が掛けられていたのであろうか、実態は未詳である。ちなみに弥勒兜率天浄土は北方にあるとされていたので、それにいたる道を示しているのであろう。

多武峯は藤原氏の氏祖である中臣鎌足の廟墓として設けられた寺院だが、略縁起のもととなった「多武峯縁起」（成立未詳）に四十九院の記載はなく、同寺の四十九院の町石率塔婆は略縁起がつくられた平安末期ごろまでに設けられたのかも知れない。ただしその詳細は不明である。

京都では門跡寺院で真言宗の仁和寺に四十九院があったと伝えているが、その根拠は明らかになっていない。南北朝期の戦乱で衰微してしまったが、谷ケ堂とも呼ばれた最福寺（のちに西芳寺。もと天台宗で、暦応二（一三三九）年夢窓国師を招じて臨済宗天龍寺派となる）が四十九院と呼ばれていた。最福寺は安元年間（一一七五〜一一七七）ごろ、開山の延朗上人によって松尾山山麓に開創され「奇樹怪石の池上に、都卒の内院を移して四十九院の楼閣を並べ、十二の欄干珠玉天に捧げ、五重の塔婆金銀月を引き、恰も極楽丈殿七宝荘厳の有様」[4]が整えられていた、という。なお奈良県の西大寺も元禄期の境内絵図によると四十九院を標榜していたらしいが、それは実際の景観にもとづくものでなく往昔を偲んでのものであった。

東国ではまず箱根山が四十九院の筆頭に挙げられる。建久二（一一九一）年の奥書のある「筥根山縁起并序」[5]では箱根山山上の室河津にある「弥勒尊佛浄刹」は「都率宮院」を擬したものであるとし、山内の諸寺は四九院を数えたという。同縁起によれば、天平宝字元（七五七）年に箱根山を開いた万巻上人の瑞夢に現れた比丘形、宰官、婦女形の三神のうち、宰官姿の神は、手に白拂を持ち、みずから當来導師、すなわち弥勒菩薩なりと名乗っている。箱根三所権現の信仰は平安末から鎌倉期にかけて、僧形）観音）・貴人）弥勒）・女神）文殊）の三神）三仏）を祀っていた。「神道集」など、中世社寺縁起の世界がその背景にあったことがうかがえる。箱根山の宗教世界は複雑で不明な点が多く、弥勒信仰がどのように展開していたかを知ることは困難であるが、縁起には箱根山の濫觴を語るなかに役行者、行基、万巻、空海、良弁など、平安期における傑僧、高僧がすべて登場しており、平安末期、鎌倉期には顕密および修験の霊場として著しい発展を見せた。後述する相模大山寺の弥勒信仰との関連についても無関係ではないと思われる。

関東ではほかに鎌倉五山の筆頭、建長寺（臨済宗建長寺派）が塔頭四十九院を有したといわれる。西大寺律宗僧忍性が開いた極楽寺（真言律宗西大寺派）ももとは塔頭四十九院を擁したと伝え、その後は一二坊となっている。忍性と関連して、鎌倉の東の海の玄関口であった金沢には龍華寺（真言宗御室派）がある。山号は兜率の異表記である知足山で、今も多くの文化財を所蔵していることで知られる。龍華寺には元禄一四（一七〇一）年に書かれた「龍華寺略縁起」があり、同寺の前身浄願寺は源頼朝が文覚とともに「都率の四十九院になそらへて」建立した寺院であったという（後述）。

同じ相模国の大山寺（中世には顕密兼学という）も中世には四十九院とされていた。日蓮の弟子、日興がもともと修行していた駿河国蒲原の四十九院は、同郡岩本の実相寺とならんで天台宗の地方拠点寺院であった。

四国ではやはり空海にゆかりの真言宗寺院、白峰寺（真言宗御室派、香川県坂出市）、光林寺（愛媛県越智郡玉川町、高野山真言宗）が四十九院であったと伝えている。「白峰寺縁起」[6]には、空海が訪れ山に登って宝珠を埋めた。その後円珍が山に登拝して瑞光を放つ霊窟にゆくと、なかから一老翁が出現し、「吾は此山擁護の霊神。爾は法輪弘通の聖者なり。此崛は七佛法輪を轉。慈尊入定の地也」と述べたという。廻峰の後、円珍の前に「虚空に音ありて、補陀落山より流れ来れりとしめし、大師と明神と、あひともに山中に引入れて、十躰の本尊を造立し給ふ。四十九院を草創し給ふ」とある。白峰寺は崇徳天皇（崇徳院）が茶毘に付され埋葬された寺で、相模坊という天狗の霊場としても知られる。本尊は千手観音で、鎌倉期以降は真言宗に属しているが、円珍伝説があることなどからあるいはもともと天台宗であったか。四十九院を言い出したのは真言宗寺院、修験道の霊場となった平安末期あたりからであろう。

九州では、何といっても彦山修験の霊場、英彦山を挙げなければならない。建保元（一二一三）年の年紀のある「彦山流記」[7]には、英彦山三所権現は法体・俗体・女体の三神なりとし、この山には四十九窟あって、また山は「黄金地」であって、俗体嶽の南面に金と材木を積み置くがこれは「慈氏説法ノ時大講堂可二造立一結構也」として、吉野金峰山や箱根三所権現と同様の伝承を記している。その他の記載でも英彦山は生身の弥勒の霊地とされ、その利生は九州一円におよんでいるという。とくに興味深い記述は、山中の四十九窟であり、その第一という般若窟は、宇佐の弥勒寺別当法蓮が修行した修行窟であり、法蓮を弥勒の化身としていることである。また第一の般若窟から四十九窟すべての名と護法童子名を記し、この山が九州一円の弥勒の霊場たることを強調している。英彦山では四十九窟というかたちで四十九院が変化しており、ここに修験道の四十九院観がよく表されているといえよう。ちなみに同縁起は建保元年の成立に疑念が持たれている。しかし一三世紀よりも時代が下がることはないともいわれており、九州地方における四十九院の最初のものといって差し支えはない。

他にも福岡県京都郡の菩提院（廃寺）が、江戸期の「大宰管内誌」に、四十九院の宅跡があってそれは皆竹林になっていると記しているが、これは薬師四十九院の可能性がある。また詳細は知られないけれども、中世までは博多と並び称される外港として栄えた鹿児島県坊津の真言宗寺院、一条院も四十九院であったとされる。

まずはよく知られている全国の四十九院寺院、霊地を列記してみたが、こうした寺院あるいは寺院群を四十九院とする事例のいくつかを検証してみたい。

行基四十九院

行基の四十九院については『続日本紀』行基卒伝に、行基は滞在したところすべてに道場を建て、それは畿内の四十九処におよんだ。畿外にもあって、いまも弟子たちがその寺を継承している、と記している。平安末期、安元元（一一七五）年成立の『行基年譜』によれば、さきごろ発掘されて話題となった神亀四（七二七）年銘の文字瓦によって行基創建が裏付けられた大野寺（真言宗、大阪府堺市土塔町）をはじめとして、多数の寺院が行基四十九院として創建された[8]。

ただ行基四十九院が弥勒信仰によるものか、それとも薬師信仰によるものかについてはいまだに定説がない。「薬師如来本願経」には、病者が死に瀕している時、薬師如来を礼拝供養し、四十九燈を燃やし、四十九天の五色の彩幡を造り、かつ薬師経を四十九遍唱えるならば、魂は人の体に帰る、と説いている。一方、中陰を四十九日までとすることや、兜率天が四十九院で構成されているということは当時すでに知られていて、現時点では古代の弥勒・薬師両信仰が相まって四十九という数字が神聖視され、行基の創建した寺々が早くから四十九院と称されていた、と考える他はない。

行基四十九院のひとつ大野寺にある土塔（国史跡）は、その特異な形状から、仏菩薩の浄土を表すマンダラ世界を立体的に表現、造立したものとみて間違いなく、とすれば弥勒菩薩が現住するとされる兜率天浄土を表しているとみる可能性も捨て切れない。

発掘報告によると、土塔の土壇は東西南北の四方に正しく揃えられた方形状で、一辺が約五三メートル、高さは八・六メートルあまりの四角錘状をしている。上部は平らに成型され、家原寺蔵「行基菩薩行状絵伝」（鎌倉期作）では、ピラミッドのような方形の土壇として描かれている[9]。インドや東南アジアの仏塔、すなわちマンダラ世界を立体的に表現したものであろう。土塔の一三壇の各層は全面に瓦が葺かれていた形跡があり、今は何も置かれていないけれども、ほとんど同一形状で同時期の造立と推測されている奈良市の頭塔には上方の各段にあわせて四四体、下段に一体の石仏が残されている。頭塔の四四仏（下段の一仏は除外するとして）は、もともと頂上にあった弥勒仏本尊と四方仏の計五体が取り去られたもので、もとは四十九仏あって四十九院を表していたのではないか。同様に土塔にもかつては上部中央の弥勒仏を囲繞する石仏が配置されていたのではないかという推測も成り立つ。「行基菩薩行状絵伝」および発掘結果によると、土塔の最上段には宝珠のような構造物が存在していた。同じく頭塔の頂きにも瓦葺きの建物が設けられていたという。弥勒兜率天でなかったとしても、仏教的世界観を表したストゥーパであり、頂きには宝珠、おそらくは仏舎利が納められていたのであろう。

　こうした特異な構造物は土塔、頭塔のほかに岡山県赤磐郡の熊山遺跡をはじめとしてその周囲に三〇基あまり確認されていて、熊山の塔の最頂部からは三彩釉小壺が出土している。また竹林寺の行基墓、四天王寺に近世まであった塚も、土塔と同じ形式のものと考えられている[10]。

土塔の復元図（大阪府立狭山池博物館図録五『平成一五年度特別展 行基の構築と救済』、2003・10）

　行基四十九院はこの土塔、頭塔のように、大和国に弥勒四十九院を実現しようとした行基集団の信仰的事業の遺物ではないだろうか。そしてまたそれは、弥勒を信仰する人びとがこの世を去ってから、五六億七千万年後に実現する弥勒下生を待つための死者の住処とも考えられていたのではないだろうか。ただしそれが集団の墓地ではなく、あくまで仏塔であり、仏教的施設として造立されていることは重要である。それゆえに後世の行基四十九院を称する畿内地方の惣墓には直接的にはつながらないこと、納骨信仰の痕跡もみられないことなど、その独特な築造技術も含めて、やはり古代的な孤立した存在であったと評価せざるをえない。

　一方で、大安寺（旧大官大寺）のように、国家的な大寺院は兜率天の内院を規範にして造立するという考え方もあった。『扶桑略記』天平元（七二九）年条に、聖武天皇が大寺を造立するに際して沙門道慈は、自分には大寺を建立したいという宿願があり、唐の西明寺の図面を写し取ってきていると話して、天皇はいたく喜んだとある。同条には、

縁起云。中天竺舎衛國祇園精舎。以二兜率天内院一。為二規模一焉。大唐西明寺。以二祇園精舎一為規模一。本朝大安寺。以二唐西明寺一為二規模一焉。

とあり、国家的な大寺は兜率天内院を写したものという考え方があった。
『扶桑略記』の作者阿闍梨皇円は、

私云。今案。彼祇園精舎。以二兜率内院一爲二規模一事雖レ出二縁起一。其旨未レ明。夫中天内院。只分二四十九院一。舎衛祇園。既有二百二十院一。付レ中。知足天内。毎置二七々重閣一。皆交二摩尼宝殿一。祇陀林中。地雖レ敷二黄金材一。堂未レ営二摩尼之珠一。員数不レ同。荘厳差別。規模之旨。有レ名无レ實。如何

として、そうした考え方には疑問を呈している。とはいえ皇円の言にもあるように、兜率天内院が四十九院で構成され、七七重閣は摩尼珠で荘厳された摩尼宝殿であったという観念がここに強調されている。

行基の四十九院は、奈良時代の大寺院が立地する平野部や海岸部などに創建されていた。四十九院造寺や、土塔のように特異な仏塔表現様式など、行基集団による弥勒四十九院の信仰は以後受け継がれることなく、おそらくは死者を仏教的な方法で墓地に葬るということに人びとの関心が惹かれるようになる平安末、鎌倉期になるまで、ほとんど省みられることがなかったのであろう。鎌倉期に法相宗僧として弥勒信仰を唱道した笠置寺の貞慶は、上宮太子（聖徳太子）と行基を弥勒の権化としている[11]。彼は東大寺再建による行基の業績の見直しと復権を宣伝した。南都を中心として東密勢力が成長するなか、彼らは行基を弥勒菩薩と同一視する信仰を推し進めていったと思われる。西大寺律宗勢力が登場し、叡尊等を中心とする造寺造塔活動を展開するのも、これと軌を一にした宗教運動と評価することができる。

山岳密教霊場と弥勒兜率天浄土

高野山は一〇世紀ごろまでにはすでに兜率天浄土の霊地と観念されるようになっていたが、それを移した霊地、霊場、大寺院が全国各地に設けられるようになる。そうした傾向はやはり真言密教系山岳寺院に顕著であった。

一例を挙げれば、時代は下るが時衆開祖の一遍が訪れた四国の岩屋寺（愛媛県上浮穴郡美川村七鳥）も四十九院と観念されていた。「一遍聖絵」[12]には、

予州浮穴郡に菅生の岩屋というところに参籠し給。このところは観音影現の霊地、仙人練行の古跡なり。・・・（中略）・・・

仙人は又土佐国の女人なり。観音の効験をあふぎて、この岩窟にこもり・・・(中略)・・・又、四十九院の岩屋あり、父母のために極楽を現じ給へる跡あり、三十三所の霊崛あり、斗薮の行者霊験をいのる砌なり。・・・(中略)・・・仙人利生のために、遺骨をとゞめ給。一宇の精舎をたてゝ、万人の良縁をむすばしむ

画面には一遍が、細長いきざはしを渡って岩屋寺の奥の院を訪れている場面が描かれ、そこには奥の院の堂内に仙人の姿、おそらくは仙人の御影像（あるいは遺骨）が一遍を迎えるかのごとく描かれている。聖絵詞書にあるように岩屋寺は観音の霊場であるが、極楽を現世に現す霊場および兜率天浄土四十九院でもあり、まさに他界への入り口であった。そしてそこには仙人の遺骨が納められている。あたかも高野山奥の院に入定した空海が、生きながら弥勒の下生を待つさまを移したものということができよう。

弥勒兜率天浄土の特徴は、空海や岩屋寺の仙人のように、弥勒仏が五六億七千万年後この世に下生してくるまで、釈迦の弟子のなかでもっとも信頼されたといわれる大迦葉が、釈迦から託された袈裟と口伝を保持しながら鶏足山内で永遠に生き続け、弥勒の下生までそこに留まっているというものである。玄奘三蔵の『大唐西域記』には、鶏足山（中国雲南省）に慈氏三会の説法の後、大迦葉が釈迦から託された金縷の袈裟を弥勒に渡すという場所があり、そこには率塔婆が建立されていた、と記されている。こうした伝説のひとつは、すでに空海自身もその主著である「三教指帰」に仮名乞児の口を借りて披歴していることは有名である。その梗概を示すと、見るからに薄汚れた身なりの仮名乞児は、虚亡隠士の質問に答えてこう語った。釈尊は弥勒菩薩や文殊菩薩に後事を託し、印璽を弥勒に授けて衆生済度の教えを弟子等に残した、そして弟子の最上である文殊と迦葉は経論を四方に伝えるとともに、弥勒が成道したことを人びとに知らせた。それゆえ自分は、旅の姿を整えて兜率天への道を急いでいるのであると。

そのため四十九院霊場には、末法世界での仏教の保持者の象徴である大迦葉に自らを仮託する行者や仙人、あるいは護法神の伝説をとどめていることが多い。そしてまた、吉野金峰山寺で発見された道長の経塚に代表されるように、四十九院とみなされた多くの山岳寺院からは経塚遺跡が発見されているのもその特徴である。

相模大山寺の場合も、山上から平安末期の経塚が発見されている。享禄五（一五三二）年に作成されたとされる縁起絵巻によれば、山内に仙窟があって絶えず振鈴の音が聞こえていたという。東大寺開山であり大山寺も開いた良弁が大山山内で八〇

歳にして入定し、その岩窟内で龍華下生の時を待っているからである、と縁起にある[13]。ここでは良弁が弥勒菩薩の化身でありながら同時に、現世の四十九院である大山で大迦葉、仏弟子、仲介者、持経者、永遠に生き続ける仙人、仏教の番人としての役を果すという、複合的な伝説となっている。

「大山縁起」（真名縁起）によれば、良弁は鷲にさらわれて大和の学明上人に拾い育てられ、その後、相模から我が子を探して流浪してきた両親と再会する。良弁はその後、故郷の相模に帰って霊山大山に登拝してこの地に大山寺を開いた。良弁は山中の岩窟に至り、その前には石の鳥居があり、ひとりの童子が現れて「汝いまだ石の鳥居の後の山頂の生身の不動明王の座を知らざるか」と語る。そこで早速山頂に至って三七日の秘法を修すると、生身の三尊不動明王が姿を現して良弁に次のように語った。すなわち「当来の導師慈師尊　法華示生名は良弁　我山建立仏寺を作す　末法の衆生に安楽を施す」。そこで良弁は一霊木から不動明王を彫り出して祀ったのが中堂の本尊であり、余りの御衣木をもって四十九院すべての本尊を作った。その後天皇の御願寺となり良弁はここを根拠地として法華経の弘通に努めたという。その後、執金剛神が来て「四十九院まさに現前すべし　すなわちこれ都率の内院たり　一切の天人皆影向し　権実の二類ことごとく守護せん」と告げると「その時四十九院忽然として現前す」。こうして大山寺は東国における不動霊場となったのである。この後に「良弁は弥勒菩薩の化身なり」とし、四十九院すべての名称が併記されている。

大山が四十九院であることを繰り返し強調するこの縁起は、寺院を取り巻く職人伝承（漆掻き、仏師、竹細工、渡し守）などさまざまな内容を秘めていて興味深いのだが、それはさておき、四十九院との関連でいえば、まず良弁が不動明王に出会う直前、岩屋の正面に石の鳥居が立っているという個所が注目される。実際に四十九院が現出するのはこの後のことではあるが、秘められた霊地であるところの四十九院に到達するにはまず、現世との結界を示す鳥居を通過しなければならないことを示している。熊野の発心門王子、吉野大峰の銅の大鳥居、摂津四天王寺の極楽浄土東門の石鳥居など、類例は多い。鳥居は浄土、または異界への入り口であった。四十九院である大山は兜率天内院であり、そこは一切の天人が影向する霊地であって、明らかに西方遥かに望む極楽浄土とはその世界がちがうけれども、鳥居の役割としては同じことであった。

やがて下生してくる弥勒菩薩は釈迦仏の継嗣であり、王子であり、今は三界の第四天にある兜率天に住んでいる。すなわち人間界の上方にその天界はあるが、弥勒菩薩が弥勒仏となった暁には、そこから下界に降りてくる。その四十九院は、もちろんたやすく人間が往き来できるところではないけれども、修行を積んだ有徳の僧や行者なら到達できる比較的身近な浄土と人びとには考えられていた。奥深い高山は、金峰山（「道賢上人（日蔵）冥途記」）、立山地獄（「今昔物語」）などに明かなように、地獄を含む他界への入り口とされていた時期を経て、平安末期ごろまでには兜率天四十九院そのものとみなされるようになったのである。

こうした中世的山岳信仰は、高野山や金峰山を弥勒の霊地とした真言密教勢力の伸長とともに平安期後半、とくに一二世紀ごろから喧伝されていった。弥勒信仰は阿弥陀仏の極楽浄土信仰の影に隠れて劣勢であったとはいえ、鎌倉期には高野山と東大寺を拠点とする東密系諸宗派によって阿弥陀信仰と張りあい、時には互いに影響をおよぼし合いながら、確実に霊場拠点を全国に点定していったと思われる。

大山寺縁起絵巻は一説によれば鎌倉期には成立していたともいわれるが、現時点では未詳である。ただし少なくとも、室町期の製作銘のある「大山寺縁起絵巻」[14]は、絵画史的にみても室町期の作とされており、そのもとになったと考えられる「大山縁起」（真名本）がそれを遡る時期に成立していたであろうことはまちがいない。

大山寺縁起絵巻のうち江戸初期の製作とされている一本（個人蔵）に、四十九院の全貌が描かれている。全山各所に堂宇が配置され、それぞれに院名を記す札も描かれているのだが、院名は一切書かれておらず未完となっている。この縁起絵巻は全部で二五の場面となっていて、他の場面は最古の享禄絵巻と同じであるが、この場面はこの絵巻独自のものである[15]。

大山寺縁起では、兜率天浄土の四十九院は弥勒の浄土であるとともに、弥勒を信仰する人が死後この都率天に迎えられる浄土であるとしている。大山寺も高野山や熊野山、英彦山などと同様、死霊のおもむく山だったのである。四十九院は浄土であり、死霊の山であるとする信仰は真言宗が強く推進した浄土信仰観であって、それは念仏の徒らが推す阿弥陀浄土信仰とは相容れない類のものであった。中世における日本人の浄土観は、阿弥陀仏の極楽浄土と弥勒菩薩の兜率天浄土がその双璧だったのである。

しかし両浄土の決定的なちがいは、先にもふれたとおり、極楽浄土が西方遥かに存在する不可視の浄土であったのに対して、弥勒兜率天浄土が人びとに身近な、生活圏にほど近い霊地、霊山だったことにあるのであろう。もちろん熊野や比叡山、白山など、日本中各地の霊山がすべて兜率天浄土であったわけでなく、それらの多くが平安期までに阿弥陀信仰の隆盛によって山中の極楽浄土と観念されるようになっていたが、おそらくは平安末期から鎌倉期にかけては、高野山と畿内の密教勢力の進出により、高野山と同様、それらのいくつかが弥勒の兜率天浄土として縁起などを再編成し直すこともあったのではないか。箱根権現、大山寺の四十九院はその典型的な例である。

さらに阿弥陀極楽浄土と弥勒兜率天浄土との信仰表現上の差異を列記すれば、来迎図などの掛け軸や阿弥陀三尊像など、阿弥陀二十五菩薩の来迎を観想するイメージづくりを重視した極楽浄土往生信仰に対して、弥勒兜率天往生信仰は、実際の四十九院を現世に再現するという手法がとられた。それが大山寺をはじめとする各地の霊地、霊山である。その代表であり、中心であったのが高野山納骨信仰であり、平安末期からはじまって中世の全期から近世にいたるまで続けられた。高野山の「移し」「写し」は各地に設けられ、奈良の元興寺極楽坊、会津の八葉寺、出羽三山などこれも枚挙にいとまがない。

先述した横浜市金沢龍華寺の本尊は、現在大日如来であるが、これは六世快辨がもとの本尊であった弥勒菩薩坐像と取替えたためであり、そのもとの本尊も現存している。旧本尊の胎内からみつかった明応九（一五〇〇）年の菅原資方願文には「弘法大師宝号千遍　右爲護持檀那息災延命子孫繁昌心中所願皆令満足祈所如斯　明応九年庚申十二月日　大檀那菅原朝臣中務丞資方（花押）」とあり、弥勒菩薩像造立に対して大旦那である菅原氏の信仰上の意図をうかがうことができる[16]。龍華寺には元禄一四（一七〇一）年に書かれた「龍華寺略縁起」がありそのなかに、もとは浄願寺と光徳寺の二か寺であったものが、文明年間、住持印融の時に兼帯となり、のち火災等で堂舎も寺宝も灰燼に帰したところ、明応八年に菅原資方が住持融辨とともに両寺を一寺として再興したとしている。この再興時の本尊が、現存する弥勒菩薩坐像と思われる。

また同縁起には、もともと浄願寺は治承年中源頼朝が三島明神を信奉し、金沢の瀬戸に勧請し、その社頭造営の後伽藍建立の「浄願」を発して一寺を建立したのにはじまるという。その際、六連（六浦）の山中に、四十九院になぞらえて精舎仏閣を建立し弥勒菩薩を安置した。瀬谷貴之は、縁起が浄願寺の創建当初の寺地とする「山高からずといへとも、奇岩霊窟あり、或ハ壇場をかまへ、或は梵字五輪の塔を彫刻」した「弘法山」というのは、ヤグラ群で著名な上行寺東遺跡を指しているのではないか、という魅力的な推定を下している[17]。もしそれが確かであるとすれば、鎌倉地方に一大流行するヤグラは弥勒の兜率天四十九院の「写し」として造成された可能性があることになり、鎌倉・房総半島南端や瑞巌寺と松島周辺など、一部地域の特殊な墓制と考えられているヤグラの意味付けも、その宗教的な動機の一端に接近できることになる。五輪塔などの墓塔を彫刻し、納骨した横穴墓の一種であるヤグラは、弘法大師空海とともに弥勒下生を待つまさに真言宗的な弥勒下生信仰の現れ、と評価してよいかも知れない。

千々和到は上行寺東遺跡に関連して龍華寺やその前身であった浄願寺の来歴についてふれるが[18]、上行寺東ヤグラ群の遺構は三段で構成され、下段に二〇数基、中段に約一〇基、上段には六基のヤグラが存在し、とくに上段に一三世紀後半から一五世紀にかけてのヤグラと一体化した掘っ立て柱建物（六号建物）があったという。氏は、ヤグラ群の中心に設けられたこの建物は無常堂で、瀕死の病人や死者を葬送に先だって一時的に安置する施設ではないかとしている。大三輪龍彦の、鎌倉幕府によって木造墳墓堂が禁止されその代用としてヤグラが作られたという説に対し[19]、千々和は、上行寺東ヤグラ群の建物跡は墳墓堂かそれとも朝比奈切り通しの納骨施設かを考えるうえで貴重な存在であり「鎌倉の境で、氏）大三輪龍彦氏）のいう「府内」の外であるとしても、木造の堂があるのに、なぜ、ヤグラも作らねばならなかったのか、一考に値しよう」と述べている。この場所が四十九院の移し＝写しである納骨墓所と見做され、ヤグラは上層階級の納骨施設（骨墓所と石塔）として、また中央の建物は不特定多数の人びとの納骨施設として、設けられたと考えることも可能であろう。弥勒を本尊とする龍華寺（後の浄願寺）は、寺院四十九院と次に考察する墓地の四十九院との中間に位置する事例ということができる。

ちなみに、この龍華寺の存続には、極楽寺をはじめとして鎌倉、ひいては東国の宗教的な環境づくりに大きな影響を与えた忍性が深く関わっていたらしい。「略縁起」には、鎌倉後期の正嘉年中、忍性が一時止住して寺を律院としたともあり、この時期は上行寺東ヤグラの形成期と重なってもいる。鎌倉周辺に四十九院を名乗る寺院が多いこと、南都西大寺（金堂の本尊は弥勒でありその境内にはかつて四十九院あったとの伝承がある）系律宗が、東国をはじめとして全国に石塔墓の造立とその中核となる寺院造立を推進していったこと、真言宗・律宗が阿弥陀極楽信仰とならんで弥勒信仰を強烈に推進し続けていたこと、などを考え合わせると、寺院の四十九院を墓制・葬制に移して表現する墓制の様式を形成し提供していったのも、あるいは南都の密教教団に連なる西大寺系律宗の叡尊や忍性らでなかったかと推測させる。

平安期以降、空海、最澄をはじめとする密教的仏教は、在来の山岳信仰を背景として山岳部に寺院、霊地を切り拓いていった。山間部、それも平野から相当山奥に入り込んだ山岳部に設けられたという点で、平野部を中心として創立され、民間に広く受容される以前の古代的仏教としての性格を帯びていた行基四十九院とは一線を画している。

天台宗は真言宗とは別の弥勒信仰を形成していった。しかしそれは真言宗の影響を多分に受けてのものであり、真言宗の標榜した弥勒下生信仰ほど整理されておらず、古代的な上生信仰の色合いの強いものであったとされている。最澄の弥勒信仰については、彼が空海に送った書状や「伝教大師発願文」に明確で、それは法華経信仰にもとづいたものであったと平岡定海氏は早くに指摘している[20]。同氏によって天台宗が行っていた弥勒信仰の骨子を示すと、法華経信仰と阿弥陀信仰との融合の上に成り立っていた信仰であり、また末法観を背景として如法経書写とその延長線上にあった経塚造立という信仰表現に収斂されるものであった。

日本における如法経の思想は、山形県山寺立石寺の慈覚大師入定窟に立っていた如法経所碑文に明確である。その銘文には「真語宗僧入阿大徳」と同志五人が法華経一部八巻をを書写して慈覚大師霊窟に納め、大師の護持を仰ぎつつ「慈尊之出世」を待つ、というものであった。慈覚大師自身も比叡山山内の小堂に自ら如法経を納め、その後の長元四（一〇三一）年には同山学僧覚超が上東門院のによる援助のもと、大師自筆の如法経を納めた銅塔などを横川に埋納している[21]。如法経信仰は天台系の浄土教信仰の成長とともに形を整え、弥勒の下生を慈覚大師とともに待つという、独自の弥勒信仰として形成されていった。そこにはやはり、空海を始祖と仰いでともに弥勒の出世を待つ真言宗的な弥勒下生信仰の影響が明らかにみてとれるのであり、こうして平安期には阿弥陀極楽浄土を希求する信仰と、弥勒下生を待つ間兜率天四十九院浄土に自写した如法経（法華経）、遺骨、塔婆などを埋納するという弥勒信仰とが混在するようになった。山寺の慈覚大師入定窟は横穴で、内部から出土した金棺内部には、非火葬骨三体分、火葬骨二体分の人骨（いずれも後世のものとされている）とともに、欅製等身大の慈覚大師像頭部も出土している。平安初期の肖像彫刻といわれ、金棺そのものも平安前期ごろの制作とされている[22]。その後の山寺への納骨信仰は、末世にわたって仏典（法華経）を護持する天台宗の精神を体現した慈覚大師への信仰と、釈迦の跡継ぎであり未来の王である弥勒への信仰とが習合したものであることがわかる。

承和二（八三五）年三月一五日に入滅した空海の「御遺告二十五箇条」には「吾閉眼之後、必方往生兜率他天、可待弥勒慈尊御前、五十六億余之後、必尊御供下生伺候、可問吾先跡」とあるように、兜率天浄土に往生するとしている。もちろんこの遺言は後世の偽作であるが、実際空海は高野山中で穀断して「弥勒出時」を期す座禅を実修した[23]。ただやはり空海自身が高野山を弥勒の浄土、兜率天四十九院に準えていたかどうかについては疑問もあり、むしろ高野山信仰宣伝のため、平安後半期になって形成されたものと考えるべきであろう。真言宗は高野山を弥勒の浄土、兜率の内院と称して憚ることなく、開祖空海が弥勒下生の暁まで生きたまま高野山奥の院に入定していると宣伝した。

高野山が、熊野とならぶ死者の霊の集まるところとして脚光を浴び、ここに日本的納骨信仰の一大ブームが起こったことはよく知られている。納骨信仰が弥勒兜率天信仰に付随したものであることについては、いまさら述べるまでもない。納骨される骨はそのほとんどが火葬されたものである。骨以外に髪や爪を納めることもあったが、主流は火葬骨であった。

道昭の火葬以前にすでに火葬が行われていた証拠として藤沢典彦は「万葉集」から三歌を選択しているが、そのうちのひとつに「玉梓の妹は玉かも　あしひきの清き山辺に　蒔けば散りぬる」（万葉集一四一五）をあげている[24]。この歌で作者が恋しい人を「玉かも」と呼びかけ、山辺に蒔いたのは火葬にした遺骨と氏は考えているのである。もちろん万葉集の他の歌に火葬の煙を歌った例があるのでその可能性は否定できないが、蒔いたのが骨であったのは確かであったとしても、火葬した遺骨であると断言してよいかどうか。あるいは、葬後数年して骨化した遺骨を山の麓に散骨したとも考えられないことはない。とはいえ、土葬や風葬による遺骨はばらばらになっておらず、火葬した骨こそが散骨にふさわしいということはできよう。後述するが、火葬・土葬・風葬のいずれであったとしても、遺骨を「玉」とみる観念には注目しておきたい。

藤沢はさらに、高野山ほか霊地への納骨信仰は、行基の火葬骨を舎利と呼んでいるように、あるいは先に引いた「葬法密」に遺骨を舎利と呼んでいるように、死者の火葬した遺骨を釈迦の舎利と同様に大切なもの、神聖なものとして扱うという考え方が終末期古墳以来すでに存在していて、古代から中世にいたるまで、日本社会に根強く浸透していたことを明らかにしている。骨ばかりでなく、歯、髪も同じように納骨とみなす風があって、『覚禅鈔』「三種舎利事」には「珠林五十三云。舎利有三種。一骨舎利。其色白也。二髪舎利。其色黒。三是肉舎利。其色赤色也云々。釈氏要覧云」とあり、髪も舎利とみなされていた。こうした骨に対する信仰がもとになって、後に高野山納骨信仰、ひいては日本各地の納骨霊場へと発展していくのである。

高野山納骨のはじまりについては、現在、一二世紀初頭あたりとみる考え方がほぼ定説となっている。その証左には『中右記』嘉承三（一一〇八）年正月一三日条裏書にある天仁元（一一〇八）年の記事に記入されていた、内大臣源雅実と藤原忠宗との対話メモが知られている。源雅実は堀河天皇の遺髪を自分は持っているのだが、それをどう処理すべきかについて忠宗に相談した。忠宗は「奉掘埋高野弘法大師聖跡邊如何」と申し上げた。その理由は「此事誠第一之計也、件所清浄地、大師入定、久期慈尊出世三會之暁之所也、就中先帝慈尊値遇之志」と提案すると、雅実も感心して「奉加入法華経、加奉埋高野山之由相定」めた、とある。この場合は遺髪であるけれども、二人の慎重な会話から、遺骨と同じように扱われていることがよくわかる。

高野山は弘法大師が弥勒菩薩の下生、三会の暁を待つ霊地であるから、五十六億七千万年後までも清浄な地であることはまちがいない、としてここに遺髪を納めることを思いついたとあって、こうしたやり方はまだ中央貴族たちの間で一般的というまでにはなっていなかった。事実、高野山納骨の風は『高野春秋』の万寿三（一〇二六）年の上東門院（藤原道長娘）納髪[25]を初見として、先の『中右記』天仁元年年堀川院納髪、『兵範紀』仁平三（一一五三）年御室覚法法親王納骨、永暦元（一一六〇）年の美福門院納骨とつづき、以降、平安末期からの大流行へとつながっていく。

納骨とともに、空海の廟である奥の院は整備が進められ、経塚の造営も盛んになっていく。御廟前から発掘された永久二（一一一四）年の比丘尼法薬経塚がその早い事例である。一二世紀中ごろ成立の『扶桑略記』には、承和九（八四二）年、嵯峨天皇が崩御して二ヶ月のち、その棺が高野山御影堂後方に飛来した、という伝説を載せている。高野山が現世の弥勒の浄土であるという信仰は、こうして一二世紀には絶頂期に達した。

高野山弥勒浄土の形成と同時期に、空海に対する信仰がもっともよく表現されている御影供が行われている。東寺では空海没後七五年の延喜一〇（九一〇）年、東寺長者の観賢が東寺潅頂院で最初の御影供（潅頂院御影供）を実施した。それよりも約一五〇年あまり遅れた天喜五（一〇五八）年、明算が高野山御影堂ではじめて行うようになるが、奥の院には生身の大師がおられるとの信仰から、まるで生きた空海に仕えるかのごとき儀礼が今も行われている。

藤沢典彦が元興寺極楽坊納骨遺物を軸に考察した、納骨信仰から石塔納骨への筋道は魅力的であり、とくに遺骨・毛髪・爪等が木製五輪塔に納入されて極楽坊に納められることと、それが立てる五輪塔から柱に打付ける塔婆に変遷し、その信仰が近世初頭の寛永期で断絶していったという指摘は、中世納骨信仰から近世的村落墓制の成立へと移行していく過程を考える意味で興味深い。納骨の習俗が墓制や寺檀制度と不即不離の関係にあったことを示唆しているからである。

弥勒兜率天浄土は高野山など、現世の山岳の霊地がそれにあてられ、そこに納骨信仰、経塚信仰が発展していった。しかし平安末期の段階ではまだ、居住地に近い場所を墓所とする方法はあまりとられていない。骨墓所を設けることを示す当時の記録は比較的多く残されてはいるが、文献資料だけで当時の社会一般の墓制や信仰を測り知るには問題があろう。ほとんど京都の天皇家や公家たちの特殊な墓制でしかない、そう考える方が妥当なのではなかろうか。墓地の未発達であった時代に、なぜこれほどまで納骨信仰がさかんになっていったのか、これはきわめて重大な問題である。日本社会でもともと火葬がふつうに行われていたとすると、火葬墓はもっと発見されてよいはずだが、実際にはそうした遺跡は今もってごく珍しい。そもそも平安期の集落遺跡自体発掘例がまれであるうえに、住居址あたりの墓地の数もあまりにも少ないのはどういうわけだろうか。文献史学と考古学による真摯な論争がいま、求められている。

山岳霊場を四十九院とする信仰は、高野山の場合などから推測できるように、平安後期以降の納骨信仰がその背景にあったと思われる。弥勒菩薩の内院は高野山上にあり、そこには始祖空海も即身成仏して今も生きている。その清浄な地に遺骨や遺髪を収めることで、弥勒菩薩・空海とともに龍華三会の暁を待つのが弥勒下生にともなう納骨信仰である。そしてその場合山上、山内の堂塔伽藍を弥勒経典に記された兜率内院四十九重の摩尼宝殿に擬したのが霊場の四十九院と喧伝されたのである。

ここで前節で検討した北野天神縁起絵の小屋、西大寺骨堂、鎌倉朝比奈砦骨堂遺跡、龍華寺奥の院について思い起こしてみたい。納骨の施設が鎌倉期に相次いで登場し、それらはいずれも山岳霊場ではなく中世都市に近い境界の場に設けられている。そしてなによりも、その建物の側壁に種子を墨書した板率塔婆が巡らされていることから推測して、山の兜率天浄土を都市周辺に「移す」ことによって、生活圏に近い場所に納骨するため四十九院という兜率天浄土の表象を納骨施設の荘厳に用いたと考えられるのではなかろうか。

火葬された遺骨を墓に納めるという墓制は、もちろんすでに平安貴族とその周辺には当然のこととして広まっていた。天皇家をはじめとする皇族、藤原氏周辺などの記録からも事例を拾い出すことはできる。けれどもそうした墓制のあり方はきわめて限定的で、弥生時代、古墳時代まで行われていて、集落遺跡とセットになって発見されるような墓地遺構は、一〇世紀以降になるとほとんど発見されていない。いったい当時の人々は、なぜ急に墓を造らなくなったのであろうか。否、造らなかったのではなく、現在それを見いだすことが困難な方法で葬られていたのではないかと筆者は考えている。

勝田至が指摘する、都における死体の充満、遺棄葬の存在なども、都市という特殊な社会環境で、混乱期に生起した葬制墓制の乱れを表すものであり、必ずしも日本の一般的な墓制を表しているものではないであろう㉖。このことは古代社会以来の墓制が一〇世紀前後に一端断絶してしまったことを予想させるのである。

その理由は不明だが、集落と古代氏族制社会の崩壊、阿弥陀浄土信仰の普及など、社会の大きな変容がそれを生み出したと考えられる。そして数世紀のブランクを経た一三、四世紀あたりから、いまだ限定的とはいえ納骨信仰という墓制とはいいきれないながらも、死者の霊を仏菩薩によって護ってもらうという墓＝浄土という信仰が台頭し、それとともに五輪塔、板碑などの石塔造立をともなう中世墓制が登場してきたのではあるまいか。その推進者の中心に真言律宗など、中世的仏教教団の存在が想定できる。

2　四十九院論と葬送の行儀

兜率天内院の表象、「移し」である四十九院が葬制・墓制にどのように表現されているのか、また、そうした考え方はいつごろ、どのような思想をベースに登場してきたのか、これまであまり明確にされてこなかったきらいがある。四十九院が今日、ほぼ宗派を問わず全国で用いられていることの主な理由と、その信仰的意味について、可能な限り資料を提出し、整理してみたい。

真言宗の弥勒信仰

前節でも考察したように、そもそも霊地、霊山を四十九院になぞらえることに熱心だったのは南都の真言宗系勢力であった。同じように人が死後往生する浄土として、明確に兜率天浄土の四十九院を採り入れたのもやはり真言宗であったとみられる。管見の限りではあるが、真言宗で四十九院の全院名を明らかにしたのは勧修寺慈尊院二世の興然であった。慈尊はいうまでもなく弥勒のことである。

興然の「五十巻鈔」第十一「往生兜率天事」には、

又云。若有レ人。受持シ読誦〆解二セムニ其義ヲ一。是人命終為二千仏ノ一授ラレレ手ヲ。令レ不二恐怖一。不レ堕二悪趣一。即往二
兜率天上ノ弥勒菩薩ノ所ニ一。弥勒菩薩ニ有二三十二相一。大菩薩衆ニ有二三十二相一。大菩薩衆ト所三共ニ囲二繞有百千万ノ
天女眷族ニ一而於レ中生セス云々

とあり、弥勒を信仰し経典の義を解するものは、兜率天に文字通り昇天するという。本書は正治二年（一二〇〇）、八四歳で没した興然八二歳の時というから最晩年の作で、奥書に「勧修寺住侶老比丘興然」とある。高雄山神護寺において文明一九（一四八七）年に書写された。興然は真言小野流勧修寺慈尊院流に属する平安末期の密教僧で、「覚禅鈔」で著名な覚禅の師であり、また神護寺の明恵に両部潅頂を授けたことでも知られる。

「五十巻鈔」十七「弥勒法」には、弥勒三部経などをもとにして、兜率天のあらましが詳細に記されている。牢度跋提という護法神が弥勒のために善法堂を建造するという誓願を起こすと、彼の額に五百億の瑠璃玻璃の宝珠、紫紺の摩尼宝珠が湧出する。「此の摩尼光、空中を廻旋して、四十九重の微妙寶宮となる。一々の善音、蘭楯、萬億の梵摩尼寶所共に合成する所なり。諸々の蘭楯の間より自然に九億の天子と五百億の天女が化生した」という。ここに四十九重の弥勒兜率天の法宮、すなわち兜率天内院が描写されている。また同書には「所居天」として、心地観経にいわく「弥勒菩薩法王子　處於第四兜率天　四十九重如意殿　晝夜恒説不退行」と、兜率天に住む弥勒菩薩を王子（釈迦の跡継ぎ）と称していることも示す。

「弥勒法」の最後には、四十九院の名称が書上げられている。日本で兜率天四十九院の名称を記したものとしては管見中最古のものとして、一応全名称を掲げておく。

兜率天四十九院
恒説荘厳院　守護國土院　覆護衆生院
念仏三昧院　般若不断院　彼但三昧院
修習慈悲院　常念七仏院　鎮國方等院
常現常楽院　小欲知足院　毘沙門天院
地蔵十輪院　常念普賢院　精進修行院
施薬悲田院　金光吉祥院　念観文殊院
平等忍辱院　造像図畫院　安善浄土院
理正天主院　檀度利益院　因明習学院
常念不動院　恒修菩薩院　三説真言院

千葉県銚子市岡野台弥勒画像板碑（飯岡石製）。仏像造立の儀軌にもとづき、左手には釈迦の身体を象徴する五輪塔を捧げ持っている

廣明十悪院　如来圓蔵院　潅頂道場院
説法利他院　常倶三昧院　不二浄名院
常行如意院　皆道律蔵院　金剛修行院
法花三昧院　常念観音院　得地蔵院
梵釋四王院　弥勒法相院　観虚空蔵院
招提抜説院　准学傳法院　常念總持院
理観薬師院　伴行衆生院　供養三寶院
勞他修福院　已上四十九院説所可尋之

興然に師事した覚禅は、弥勒は釈迦滅後五十六億七千万年後に下生して衆生を済度する未来仏であるが、現在は欲界第四天である兜率天に住している。衆生は三界に生まれるが、浄土に往生できるまでの間、弥勒が住する兜率天にともに住して「当来の得脱を期す」べきである。兜率天は第四天で、欲界のもっとも上にある大六天の下にあるけれども、それは人体でいえば胸に相当し、金剛界に同じであり、極楽と兜率とは本来同じものであるとしている。[27]

同じく鎌倉中期の真言密教僧、教舜[28]の『秘鈔口決第十八』「弥勒法」には、弥勒が手に持つ塔婆の真意をこう証している。

弥勒、塔婆を持するは、本師釈尊既に入滅し給うが故に、塔婆の中に彼の遺骨を安置して頂戴し、帰命し給うが故なり。また彼の塔婆はすなわち如来全身の舎利とも習う。よって塔印はこれらの義理を表示する。若し砕身の舎利をこころ得れば所持する塔婆にこれを納む。若し全身の舎利といわん時は、塔婆すなわち其形なり。（傍線は引用者。以下同じ）

塔婆には釈迦の遺骨すなわち仏舎利が納められ、五輪の塔婆そのものも人体すなわち釈迦の全身を表している、とする。「覚禅抄」などの儀軌に見える弥勒の画像や各地に残る中世の弥勒像は、両手で五輪塔を捧げているが、その姿は弥勒が釈迦の遺骨を継ぐ後継者であるということを表しているのである。弥勒は釈尊の後継者を意味し、遺骨を保持しているゆえに釈尊と同体とも考えている。教舜によれば、死者は、後継者がその遺骨を継ぐことによってその霊を伝える。そして舎利と塔婆は、霊的な後継者の象徴でもあると観念されているのだ。

ところで、これまでみてきたところで興然や覚禅、教舜の著作からは、四十九院を実際の葬礼や墓地などと直接結びつけるような記載はみられない。教舜は塔婆そのものが死者の遺骨を納める容器であるとして、塔婆（五輪塔）の重要性を強調してはいるが、葬儀や葬送に関してはまったく記載がない。興然・教舜の弥勒法には、後述する頼瑜が表したような、墓あるいは葬儀に四十九院が何らかの形にせよ用いられていた形跡がないことから、少なくとも鎌倉期初頭までは、四十九院と葬制墓制はまだあからさまには儀礼的に結びついてはいなかったとみるべきであろう。

興然から儀軌を伝授された覚禅は「覚禅鈔」の造塔法で、「法苑珠林」にいうとして「則是、霊廟也」として、率塔婆は廟であるとする。また同書は「供佛霊廟名支提供養。依僧祇被。有舎利者名爲塔婆。無舎利説支提」とあり、舎利が容れられているものを塔婆、舎利のないものを支提という、とある。このように「覚禅鈔」には率塔婆についての記載が俄然多くなってくるのが特徴で、これも葬制・墓制に対する社会の関心のたかまりに、真言密教側が応じたものであろう。石塔を造る功徳として「覚禅鈔」は「宝積経云。作石塔人。得七種功徳。一、千歳生瑠璃宮殿。二、寿命長遠。三、得那羅延力。四、金剛不壊身。五、自在身。六、得三明六通。七、生弥勒四十九重宮、云々」とし、七番目の功徳に弥勒四十九院重宮に生ずることをあげている。石塔はこの場合、必ずしも墓石というわけではないが、逆に石塔が墓石と観念される以前にこのような石塔造立の功徳が考えられていることにこそ、これ以後にはじまる石塔造立流行の兆しを見出すことができるかも知れない。

ちなみに同書には、子どもと造塔について次のような興味深い教説を載せている。

　五百幼童経に云う。五百人の幼子江水のほとりでともに遊んでいた。彼らは、江水の砂を集めて塔を造り、互いに自分の方が素晴らしい塔ができたと自慢しあっていた。ところが暴雨のために河が氾濫し、五百人の子どもたちは皆、溺れ死んでしまった。父母たちはおおいに悲しみ、屍を探し求めた。そこで仏は言った、この子供たちの宿命は尽きていたのだ。今より以後、彼らは兜率天に生れ、仏の光明のなかで暮すであろうと。父母たちははるかにそのさまを見て、散華供養した。仏は言った、善きかな、砂の塔を造るに因りて天に生まれることを得、弥勒仏にまみえんことは、と。（筆者意訳）

河原で砂を集めて塔を造るのは有名な法華経普門品の「乃至童子戯　聚沙爲佛塔　如是諸人等　皆已成佛道若人爲佛故　建立諸形像　刻彫成衆相　皆已成佛道」の文言によるものであるが、ここでは普門品のように子どもらの遊びとしての造塔が洪水による子どもたちの死亡に帰着するという不幸が却って兜率天への往生とされ、弥勒の浄土への転生とみなされていることに注意しておきたい。室町後期に登場する賽の河原信仰の原形として注目される。

墓に兜率天内院四十九院になぞらえた率塔婆の忌垣を設けるという考え方が真言密教を中心として普及したのは、興然や教舜など、後の高野山聖方に連なっていく勧修寺、また四十九院と塔婆を兼ね備えた墓を論じた頼瑜が活躍する鎌倉後期、あるいは南北朝期あたりからであった。

頼瑜はいうまでもなく、高野山衆徒の内部抗争によって高野山を離れて、後の新義真言宗となる根来寺を拠点として活躍した鎌倉末期の学僧である。「四十九院事」は頼瑜の著とされるが、実際に頼瑜の著作であるかどうかを確かめる術は今のところない。頼瑜自身が自らの著作をまとめたとされる「自鈔目録」に「四十九院事」は含まれていないからである。ただ頼瑜の著作は膨大であり、未完のものや未確認のものも多いことから、必ずしもすべてが公になっているわけではない。本書も頼瑜の著作であることを完全に否定することはできないであろう。本書は『国書総目録』に頼瑜作として取り上げられており、またそれを受けて「頼瑜―その生涯と思想―」[29]の巻末にまとめられた頼瑜著作目録にも挙げられている。

文章の表現や論理のレトリックは、たとえば彼の代表的な著作といわれる「十住心論衆毛鈔」[30]と比較して大きな矛盾はないように思われる。ただし内容的には充分に整理されているとはいい難く、彼の問答形式にもとづく「愚草」形式の著作に一貫する「問」に対する「答」の形が徹底していない、一つひとつの設問の切れ目が判然とせずに突然他の設問に移ってしまうなどの不備も目立ち、錯簡のある可能性も捨てきれない。未定稿であった可能性もある。

真言密教の思想的な機微について言及できるだけの力は持ち合わせていないのでそれは後考に俟つとして、たとえば小嶋（児嶋）流の祖「小嶋先徳眞興」が「天供修行ノ力ヲ以テ」「下界ニ於テ都率ノ内院ヲ現ズ」ることができるというので、内裏に呼ばれて実際「掌内ニ都率内院ヲ」現わした話（原漢文）など、興味深い逸話も紹介されている。頼瑜は実際、文永五（一二六八）年に小嶋伝法八印諸印信大事と小嶋流両界許可を受けており、小嶋流と無関係ではない。児島の法師真興の修験者としての神秘性を表している逸話だが、その術が宮中で披露されたのである。掌の上に兜率天の内院を現出させることができたとは、密教行者の超人的な力の源泉が兜率天浄土に自由に出入りして得た霊力に由来していることを証ししている。また修験の徒が兜率天浄土を世間に知らしめることの意味もそこにあり、すなわち生と死を超越した天界＝浄土としての兜率天（具体的には現世の四十九院である霊地・霊場）に対する信仰を民間に広めることであった。

それはさておき、頼瑜の「四十九院事」には、これまでの教説ではほとんどふれられていなかった、四十九院を墓の施設として設えることに関する記載がみられる。真言宗派内部でもこのことは頼瑜にいたってようやく表面化してきた考え方であると思われるが、それまでにもすでに四十九院を墓に用いることは行われていたのかも知れない。それを頼瑜が理論化したと考えるのがまずは妥当なところであろう。

「四十九院事」に書かれている関連個所を、引用しておこう。なお全文は章末に、解題とともに掲げておく。

経云、或説ニハ弥勒下生経ト云々。或説ニハ弥勒成道経ト云々。處〆於第四ノ都率天四十九重摩尼殿ヲ、晝夜恒ニ説キ不退ノ行ヲ、無数ノ方便以テ度人天ヲ文。

夫レ四十九院ノ之建立ハ者兜率ノ内院ト云事、自ノ上ニ引懸テ可意得事専一也。一切衆生色心實相常是毘盧遮那平等智心色心不二萬法一如ノ之處四十九院之建立ナリ。面テ六本ノ卒都 - 婆ハ者六大法性本有常住ノ佛心。右ノ方ノ十四本ハ瑜祇ノ十四尊。後十五本同ク瑜祇ノ十五尊。左ノ方ノ十四本ノ左右合〆二十八尊也。前後合〆二十一本三十二土也。佛部蓮花部金剛部ノ三部ノ諸尊ノ内證也。色心二法ニ配スル時、四十九ハ色法ノ建立テ而中臺ノ心法也。是六大分別ノ時ハ色法ニモ心アリ、心法ノ處ニモ色アリ。是ラ各各自建立ト云。委ク秘口有之。亦云、四十九院ノ建立ニ付テ観心ト随分トノ両説アリ。観心ノ方ハ密、随分ハ顕ニ用ル也云々。

頼瑜はこの書を、墓に四十九院を建てることを前提に記述している。内容の多くを阿弥陀極楽浄土、すなわち極楽往生との違いの説明に割いているのは、彼や密教系諸宗が当時、念仏系勢力とこの分野で激しく競い合っていたことを反映している。中には「亦称名ヲ唱ヘテ西方ニ生ル、一心ヲ覚テ兜率ニ詣ス、善導六時ノ禮法ニ設餘行無トモ但シ禮拝ニ依テ亦往生ヲ得云々。私云、今遊行上人ノ流此説ニ依ル歟」として、頼瑜と同時代に生きて活躍していた遊行上人一遍の教説も引き合いに出している。

さて頼瑜によれば、四十九院建立は、毘盧遮那仏と同体、同様になることである。あわせて四九本ある率塔婆のうち、正面の六本は「六大法性本有常住」の仏心を表し、右側の一四本は瑜祇の一四尊、後ろ側の一五本は瑜祇の一五尊、左右の二八本で二十八尊を表している、とするなど、本数合わせに走っている観がうかがえる。こうした論法はいうまでもなく、現実の数を聖数（仏菩薩、天衆の数や経典の数）に合わせることでその正当性を主張しているに過ぎず、まずは当時現実の率塔婆の数が四九本建てられていたことを示している。

このような著作にもかかわらず頼瑜自身は順次往生、九品往生を願っていたといわれる。彼の著作「薄草子口決」巻一一に、

そもそも諸仏の悲願に浅深無く十方刹土に優劣無しといえども大師の門弟は専ら中心を都率の雲に繋ぎ上生を内院に遂げる者歟。これにより密厳禅義言、高祖既に住す。末資なんぞ願わざるや云々。この言肝に銘じ已ぬ。ただし与の如き愚鈍の類、忝なく大日餘輝を信仰すといえども猶し質多に花台を顕し難し。屢に高祖の遺風を傳えるといえどももまた都率の雲閣に攀り難し。

頼瑜は自身の性格を愚鈍と見極め、ひたすら高祖空海の高みに登ることに不安を覚えていると自ら内省している。しかしこの著作でもわかるとおり、空海の弟子たる真言密教僧はみな兜率天内院に上生することを目指すのが肝要とされているのがわかる。

頼瑜のこの著作は、内容を詳しく検討するまでもなく、四十九院率塔婆を墓に建立する方法を真言宗として理論化、正当化するための著作と考えてよい。問題は、四十九院率塔婆を真言宗が墓に設置するよう決めたのがいつごろからで、それはどのような経緯を経て常習化してきたのかである。少なくとも本書が書かれた鎌倉末、南北朝期あたりが四十九院率塔婆の本格的な普及期と考えてよいだろう。

ふたつの浄土

浄土宗が阿弥陀極楽浄土への往生を教義の第一義としていることはいうまでもないが、浄土宗の中興の祖ともいうべき了誉聖冏は、彼の代表的著作であり、至徳二（一三八五）年に完成した「釋浄土二蔵義」巻六[31]のなかで四十九院についてふれている。一生補處の菩薩すなわち弥勒菩薩について、

頌曰　生兜率天ノ菩薩ノ位ハ現ニ天宮ニ在テ金色身ナリ　七七院ノ中ヲ常ニ説法ス　定寿四千ニシテ無中夭

の頌に対し、

生兜率天ト者、捨テ二閻浮提ノ報ヲ一、上二生ス兜率天一。七七院中等ト者於テ二彼ノ天上ニ一有二四十九院一。是レ補處ノ

菩薩ノ勤行精進説法利生ノ處也。

として、その後に四十九院全院名を記載している。すでに浄土宗の教義にも記されるほど、四十九院の名称は流布していたというべきであろう。

神居文彰は文禄二（一五九三）年書写『無縁集鎮西聖光上人』内題「葬送次第一大事也　聖光上人御作」[32]を、桃山期における浄土宗系葬送史料として注目し、この教説が桃山期における浄土宗側の四十九院容認のものであることを認めているが、それは古くからのものではなくこの戦国期における「新規の発想」であったとしている。

浄土宗二祖鎮西聖光上人）一一六二〜一二三八）の著作とされている「無縁集」の巻末には「右之条者元祖法然上人、鎮西聖光上人へ御傳」えになったものを「善導寺十七代証誉大上人」が書き留め、さらには「鎮西末塚沙門朽木七十歳」がそれをもとに粗々書き起こしたものである、とある。年号は文禄二）一五九三）年癸巳六月八日で、さらに末尾に「日本浄土二代善導寺十七代純蓮社和誉大上人御作也云々、今云、此本ハ聖光ノ作筆ヨリキレウセタルヲ証誉上人被成ツク也ト申」と追記されている。この記述による限りでは、聖光の著作を文禄二年に鎮西善導寺十七代の証誉が加筆し、それを沙弥朽木某がさらに書き写したもの、ということになろう。

本書のなかに聖光の著作部分がどの程度残っているのかは不明である。第四一項に、「関東増上・弘経両学校、其ノ外傍ラノ談所」とみえるが、改めていうまでもなく、増上寺は、明徳四）一三九三）年に西誉聖聡が真言宗から浄土宗に改宗させた寺であり、また増上寺とならんで関東十八檀林のひとつであった飯沼）茨城県常総市）の弘経寺も了誉聖冏の弟子良肇が応永二一）一四一四）年に開山した寺であるから、この部分が聖光の著作でないことはほぼ明白であろう。同項目には浄土宗の檀林として、第一に東山知恩院、第二に鎮西光導寺、第三に鎌倉光明寺、第四に武州増上寺、第五に下総弘経寺が列挙されていて、関東十八檀林が整備された江戸初期ごろの著作であることは明白といえる。しかし本書が、聖光上人とまったく無関係であったと断定することも不可能で、もともと聖光による葬送に関する著作があって、それをもとに後世、時代に合わせて書き直されたというのがより正確なところであろう。

内容的にみると、内扉を含めて墨付二六枚にのぼる大部のもので、最初に「葬送次第一大事也 御作聖光上人」と内題が記されている。その後、一つ書きが七項目あって、第二項目以下四七項目まで、合計で五三項目が葬送と浄土宗宗旨に関わる要諦として詳細にまとめられている。

とくに葬送に関する個所は、巻頭から第四〇項目、その後もたびたび葬送や法事についてふれていて、浄土宗の宗旨よりも、葬送・葬儀とそれに関連する浄土宗僧や檀那らの心構えをまとめた著作である。位牌の準備や取り扱い、龕前での法器や作法など、室町期以降日本に広まったと考えられる葬送儀礼や考え方も多数見られ、そのことから、聖光の著作というよりも戦国期おける浄土宗による葬送次第と作法を、戦国期の善導寺住職証誉がまとめたものとしておきたい。

本書が聖光上人直接の著作でないとはいえ、その詳細な内容から、葬送儀礼に関して中世後期から近世初期にかけての浄土宗が葬送儀礼に関してどのような考えを持ち、実際に行っていたかを知るための史料としては格好の素材ということができ、貴重な資料であることに変わりはない。

本書に最初に注目したのは先にも述べたとおり神居文彰で[33]、神居は本書を宗研本『無縁集』と呼び、以前から知られている大谷大学写本無縁集との内容比較を試みている。

氏によれば、作者の純蓮社証誉は築後善導寺第一七世であるが、天正二（一五七四）年に没していることが『築後善導寺誌』から知られるのみで、それ以外の事歴は未詳である。以下では、その主な内容を、とくに四十九院に関する記述を中心に検討してみたい。

第一 - 一から第二五まではほぼ純粋に葬礼に関する記述で、龕の作法と火葬場の四門についてはとくに詳しく書かれている。第二六から二七は位牌のこと、第二八と二九は「灰寄」すなわち拾骨のこと、第三〇と三一は中陰の法事にかかわる浄土宗の考え方ないし心構えである。第三二から三四は四十九院と率塔婆など墓所の設えに関する記述であり、とくに三二の四十九院についてはかなり詳細である。第三五以降は、葬儀葬祭全般にかかわる疑問に答える体裁になっていて、浄土宗の葬儀葬祭に対する姿勢を他宗との比較を交えながら考察し、記述している。

その宗旨や教義のすべてについて解説を展開することは筆者の力量上不可能なので、神居の意見などを参照しながら、中世後期における浄土宗が有していた四十九院に対する考え方を抽出してみたい。

まずは四十九院に関して解説している第三二項の全文を掲げることにする。

卌二　問云、於-淨家ニ-四十九之建立有之ル否ヤ、答無レ之、所以者何ナレハ四十九院者界内假浄土ナリ、弥勒菩薩ヲ為ニ所期トㇾ真言家之作法也、今此宗者界外報身報土ノ弥陀如来ヲ為所期トㇾ内外菩佛ノ業果、天地遙隔也、難〆云、然者何ソ建ニ立スル四十九院ノ塔婆ヲㇾ、答云、祖師云、四十八願華厳浄土也、苑池宝閣莫レ不スト云フ願力ㇾ云々、又云、観ニ彼ノミタ極楽ヲㇾ、広大寛平ニ〆衆宝成、四十八願ノ華厳ヨリ越ッテ超ニ諸佛ノ刹ニㇾ、最モ為精云々、以ニ此ノ道理ヲㇾ、建ニ立四十八願ヲㇾ表ニ報身報土ㇾ也、仝難云、然者四十八本也、何刻彫四十九本ヲㇾル、答云、祖師云、性相還相大悲ヲ首トス云々、故ニ平等利益也、廻向之一基也、曾テ非レ真言宗之作法ㇾ、七々四十九日之日卒都婆也、皆是弥陀如来之悲願力故ニ、悉ク書ニ（キリーク）字ヲㇾ、略スルニ陀号ヲㇾ而已、重々難〆云、（キャ・カ・ラ・バ・ア）五字何□云、平等覚、経云、（ア）字十方三世佛所、祖師云、極楽ハ是泥洹無為ノ境イ、諸佛法□ノ界也云々、（キャ）字ハ東方阿閦佛、（カ）字ハ西方阿弥陀佛ナリ、（ラ）字ハ南方宝性佛也、（バ）字ハ北方尺迦佛ナリ、（ア）字ハ中央ノ大日如来也、即（キャ・カ・ラ・バ・ア）大日如来有精非万物ノ躰也、大日経曰、五者ヲ名ニミタㇾ、々々ヲ名ニ大日ㇾ、々々ヲ名ニ五輪ㇾ　五輪ハ万法ノ躰也、云々、次ニ卒都婆之裏ニ五輪ノ形ノ中ニ（バン）一字ヲ書ク事ハ、五字之法義ヲ含故ニ、一字書レ之ヲ、結句ニ□施与之字ナリ、書レ之ヲ旨趣ハ、経云、願以此情普ク及願一切ニㇾ、我等与レ衆仝皆共ニ成センレ佛道ニㇾ、此ノ意趣ヲ含字也、又卒都婆ノ裏ナトニ（ハラ）書レ之、破地獄之種子成、又此下（ドバウ）ヲ書レ之、滅悪趣之子也云々。　（傍点は引用者。種子はカタカナで示した。以下同じ）

ここで語られている四十九院についての考え方を要約すると、墓所に建立する四十九院の率塔婆はもともと真言宗の法式であり、浄土宗ではこれを採用していなかった。しかし弥勒下生を期待する真言宗に対して、阿弥陀仏の極楽浄土往生を待ち望む浄土宗では、四十八願に示された華厳浄土を第一としており、その華厳浄土の報身報土の理を表すのが四十九院にあたる。現実には四十九本の卒塔婆となっているが、それは「平等利益」「廻向之一基」を表して一基を足したためである。四十九院はもともと「四十九日之日卒塔婆」であり、阿弥陀如来のキリークを書いていたが、その院号を略してしまった。キャ・カ・ラ・バ・アの五字は大日経によれば阿弥陀如来を表し、阿弥陀は大日を、大日は五輪を表していて、これらはみな同一であるから、四十九院も結局は阿弥陀仏の極楽浄土を表しているのである。おおむね以上のような主張が展開されている。

次の第三三項でも阿弥陀と弥勒の浄土のちがいについてふれている。そこでは、阿弥陀仏の西方浄土は「外界之報土」、弥勒仏の兜率天浄土は「界内之報土」なりとし、兜率天浄土が三界六道の内にある浄土であるから、両者はまったくの別物であるとしている。以上のように展開される説明には、一見してかなり苦心の跡がうかがえる。墓所に四十九院率塔婆が当然のように建立されている現状を浄土宗としてどのように説明するかに主眼が置かれたものであり、論理的な矛盾を露呈するものとなっているのは明かであろう。

神居は、「浄土宗の法式作法は、葬儀式を含め禅宗からの影響が強いことが言われているが」、四十九院や四門などに示されている考え方をみる限り「真言宗の葬送儀式からの脱却が意図されている」とし、さらに、本書が阿弥陀と大日、さらには五智五輪を同一視する考えを展開していることにも注目している。確かに真言宗に対する言及はいたるところにみられ、浄土宗側が、墓所様式の作法においてその大部分を真言宗がそれまで中心になって展開してきた法式によりながら、少しでも宗旨に沿った説明で独自な墓所解釈を展開しようとした著作が、本書であると考えてよさそうだ。真言宗の頼瑜が「四十九院事」で、四十八願阿弥陀仏の一を加えて四十九とするという考え方を示しているように、真言宗も浄土宗も、自宗派が他宗との違いを克服しながらかつ、独自性を強調していったのと同じ工夫が、ここにもみられるのである。

さらに本書には、荼毘所の設えと作法に関しても若干の記載がある。なかでも四門については詳しく、他の四門に関する資料と比較検討してみる価値のあるものである。

第二一から二三が四門に関する記述で、

廿一　四門、述二浄土宗意ヲ一云、四門ノ内ハ弥陀ノ浄土也、外者エ(穢土)と也、故ニ六道歴然タリ、先四方ヲ圍繞スル事ハ、経云、四邊階道之なり、圍垣ヲ結フ事ハ、七重欄楯之なり、幕ヲ懸ル事ハ七重門綱之なり、銭ヲ懸ル事ハ、皆是四宝之なり、四門アル事ハ十方浄土実無差別之なり云々

廿二　額畫、四假門、菩提菩薩、住二通法度ニ一、宗門ニ於テ書レ之、不レ無レ其謂レ一、経云、應シ當ニ畫影〆生彼国上ニ一云々、是即、畫四門也、門者出入之義也、出テレエ(穢土)とヲ一、入ル二浄土ニ一義也、経云、執二持名号ヲ一若ハ一日若ハ二日乃至七日、一心不乱ト意則修行門也、経云、是諸ノ人等皆得レ不ルヲレ退轉セ、於阿耨多門三藐三菩提云々、是則菩提門也、経云、即得レ往二生スナリ阿ミタ佛ノ極楽國土ニ一云々、是則菩薩門也、極楽トハ言霊意同云々、法事慣開趣云、直ニ取ン二菩薩城(戒カ)ヲ一云々、又以下之極楽無為ニ〆菩薩界ナリ云々、経云、在レ空ニ無シレ終リ、開入ス泥洹ニ一云々、又云、無為自然ニ〆、次二於無為泥洹之道一云々、泥洹ハ新訳也、菩薩旧訳ナリ、同意也、為レ是ノ、四方ヲ建立スレハ法余ト〆而中央□ス、三世諸佛之境界、三身圓満之佛ト也、経云、非天非人皆ナ更リレ自然ニ一虚無之身、無極之躰ヲ一云々、此当処ヲ一法句本覚ノミタト尺

セリ、於二真言家ニ一、爰ヲ胎金不二之大日尊秘々中々ミタト秘尺セリ、大日経四五者、名二ミタト一、々々ヲ名二大日ト一、々々ヲ名二五輪一、五輪ハ万法ノ躰ナリ云々、ミタト大日ト別名同体義明也、故ニ中央ニ薗林遊戯門ト額ヲ云

廿三　四門ノ中ヲ龕持ノ役者周匝スル事三返ナリ、是則三菩提增邊之義也、右ヨリ左ニメクル事ハ、左ハ宅、右ハ恵也、下轉門之時ハ、宅ヨリ恵ニ下ル、上轉門之時ハ恵ヨリ宅ニ上ル、今ハ左ハ逆リ、右ハ順之レ、順逆ヲ淨ウ義ニ非ス、唯是者恵門ヨリ禅宅門移リ入リ義也、惑也故ニ右之者恵門ヨリ左リ之宅門ニメグル、此故ニ左メクリトハ云也。

四門をめぐるときの順序について異様なほど詳しく述べていることには注目しておきたい。その細部については別として、第二一に「四門の内は弥陀の浄土なり、その外は穢土なり。ゆえに六道歴然たり」とあり、四門を通ることについて第二二に「穢土を出て、浄土に入る」ことである、としているのは、四門についての当時の一般的な考え方を示しているのであろう。すなわち、四門に囲まれた荼毘所に死者が入ることは、それ自身すでに浄土）兜率天浄土にしろ極楽浄土にしろ）に到達したこと、泥洹＝涅槃の境地にいたることとみなされていた。四門に囲まれた葬所の中心には火屋が設けられていて、四門を何度も複雑に入ったり出たりすることで、死者は浄土への道行きをたどっていくと観念されていたのである。

また「圍垣を結ふ事は、七重欄楯之なり、幕を懸る事は七重門綱之なり、銭を懸る事は、皆是四宝之なり、四門ある事は十方浄土実無差別之なり云々」とあるのは看過できない。欄楯とは建物の縁に廻らす欄であり、浄土の建物を表す際よく用いられる表現である。これについては後述したい。

『無縁慈悲集』にみる浄土宗の葬送行儀

同じく浄土宗が四十九院を葬送のなかに組み入れた例として、宗研本『無縁集』より約一世紀後の一七世紀に入ってからの著作『無縁慈悲集』㉞をあげることができる。

『無縁慈悲集』の著者、無住報誉（不明～正保四年没）は江戸時代初期に活躍した浄土宗の僧だが、その伝記には不明な点が多い。彼は因幡国出身で、安芸国厳島の経蔵で諸経典を閲覧して『金玉掄集』六〇巻を編纂、伊予国崇源寺の住持となったという㉟。『無縁慈悲集』の奥付には「于時寛永三年大呂宿日功畢　□（心）光寺三世　□蓮社報誉」とある。心光寺は西国街道茅ノ市に位置する

浄土宗心光寺と推定されるが、その三世として住持している時、この著作を著している。ほかに『念仏諸経要集』六巻、『諷誦指南』四巻などの著作もあり、江戸時代初期に中国地方を中心として活躍したらしい。

本著は、特に浄土宗にこだわることなく、当時行われていた葬礼儀式の案内書で、教義的にはとくにきわだったところはない。しかし逆にいえば、浄土宗がごく普通の葬祭にどのように関わっていたかを知るうえでは格好の素材である。

やや煩雑を承知で、巻頭の目録（目次）を列記してみると、龕寸尺之事・龕前後鳥居額之事・龕四方掛幡之事・大幡之事・天蓋之事・六道札之事・地取之事・地取札之事・四門可打額之事・火屋之事・埒結幕張之事・杖書文之事・額付之事・沐浴之偈事・鬚髪剃除偈之事・入棺偈之事・鎖龕之事・（糸扁に弗）後綱地布打敷事・出時偈之事・喪送時路行次第之事・路行経之事・野送持物之次第之事・荼毘所出入之事・喪所亡者諸道具将往之事・山頭仏事次第之事・従野環本尊荘厳之事・取骨偈之事・骨納墓所時偈之事・入棺三匝大事事・松明三転大事之事・火喪之事・土喪之事・念誦之事・霊供箸立事・生飯取文之事・四十九釘大事之事・中陰之事・喪間世人忌重服〈忌火之事・割注〉・施物之事・精進堅固方式之事・位牌之書様之事・位牌寸尺之事〈付置字之事〉・位牌式目之事・武士逆修位牌〈付置字之事〉・死牌式目之事〈付置字事〉・出家位牌書様之事・浄土宗位牌之事・念仏時衆位牌之事・日連（ママ）宗位牌之事・山臥位牌之事・神祇家位牌之事・大名之位牌之事・尋常位牌書様・位牌上置字之事・下位置字之事・三家之者位牌之事・都率四十九院〈次第之事〉・四天王之事・率都婆書秘伝之事・追善経証之事・五輪之種子之事・石塔之事・卒都婆異名之事・卒都婆上可書事・七種発端之事・十三佛卒都婆之事・四角卒都婆書様〈大事〉・卒都婆可書要文事・卒都婆長短意趣〈員書〉・逆修卒都婆之事・庚申卒都婆之事・百万遍供養塔婆事・餓死供養塔婆事・五種開眼之事・入佛次第之事・浄土宗居士号付事・浄家位牌信士書事。

長々と引用したのは、その内容からある種の傾向がはっきりうかがい知られるからである。位牌についての項目数が極端に多いのに反し、石塔についてはわずか一項目しか見られない。五輪種子を含めても二項目、実際書かれている内容もごくわずかでしかない。

位牌に対する信仰が、現在の日本社会においても確かに大きな位置を占めていることは間違いないが、この比重の差ほどでないことも実感としてである。全体として眺めてみると、冒頭での葬礼の次第、特に龕についての詳しい記載も目を引く。また本論が注目している四門や四十九院についての記載も詳細である。

この書には元になった手引書が存在する。位牌に関しての記述はほとんどそこからの引き写しであり、他の個所にも参考にしていると見られるところが多々散見する。その手引書は『貞観政要式目』と呼ばれる室町後期の著作で、天文八（一五三九）年以前に書かれた[36]。作者は不明で東寺に関係のある真言僧と予想されているが、天皇家の葬儀に律宗が深く関係していることを強調するくだりがあるので、律宗系の僧侶の手になるものと推測される。とくに禅宗に対する攻撃は手厳しいものがあり、禅宗を天魔宗とも非難している。律宗僧と禅宗僧が葬祭の主導権を巡って対立している室町後期の時代を反映したものと解することができよう。「無縁慈悲集」は『貞観政要式目』の位牌に関する記述を概ね採用しており、このことからも独自の葬制・墓制を確立することに関して、浄土宗は後発であったことが明らかであろう。

『貞観政要式目』や『無縁慈悲集』は寛永期になると大坂の版元で刊行され、一般にも宗派系の葬制墓制の仕様が普及したらしい。江戸時代の初期という時代を想像すると、われわれが思っているほど人びとは墓や葬礼に対して淡泊ではなかったのである。今日われわれは、当時作られた石塔・墓石を中心として中世から江戸期にかけての葬制や墓制、ひいては死生観などを検討する場合が多いけれども、これらの書のように、当時の葬制墓制に携わり、時にはこうしてマニュアル本などを著したりする仏教側からの著作が次々に刊行され流布しているありさまをみると、当時の人びとの関心がいったいどのあたりにあったのか推測することができる。結論からいうと、当時の人びと（実は多くは地方寺院の住職もしくは村の有力者だったのであろう）はこの種の書に、それまでは多様な形式で区々に実施していた葬祭のスタンダードを学んでいたのではないだろうか。

さて、浄土宗の僧でありながら報誉はなにゆえ自宗以外の日蓮宗や念仏時衆、山臥・神祇家等の位牌の書き方を指南しているのか。それに対してなぜ天台・真言・禅宗諸派・浄土真宗などの位牌については言及がないのか。天台宗などはおそらくこうした葬祭に携わることが少ないのみならず、信仰する人びとも天台宗寺院にそれを求めていなかったからであり、もし求めたとしてもすでにそうした葬祭についての自宗のマニュアルがあったのであろう。また真言宗や禅宗系諸宗、浄土真宗などは逆に浄土宗よりも整った葬祭の軌式がすでに整っていて、寺院と檀家との関係が完成されていたからなのであろう。

浄土宗教団は江戸時代に入ってから徳川家の威信、幕府や諸大名の庇護を背景に、積極的な全国展開をはじめたのであり、まだ諸宗寺院が村落内、町場に混在していた地域では積極的に寺檀関係を構築する必要があった。そのためには報誉のような葬祭儀礼に明るい学僧の著作が求められた、と考えることも可能である。

そこで、もう一度この書を眺めてみると、葬礼や位牌、卒塔婆の準備などに相当な字数を費やしていて、石塔や供養にはほとんど関心を示していないことがわかる。このことをどう考えるべきだろうか。

まず葬礼の準備、とくに龕の設えについていえば、龕はおそらく寺院所有の葬礼道具であり、それを荘厳するためには寺僧が関与する必要があったであろう。四十九院卒塔婆以下各種の卒塔婆、位牌なども、種子・経文をはじめとして、多くの文字を書く必要があるため、寺の住職や有力檀家等に説明するためにこうした記載が求められていた。つまり当時の葬祭、とくに葬礼と卒塔婆・位牌には寺僧の関与が不可欠だったのである。

ここに書かれている内容は、当時の葬制墓制にとって不可欠なものばかりであったと考えるのが普通である。たとえば龕は、地方によっては輿とも呼ばれる棺を運ぶもので、車輪付きのものも最近までみられた。ほとんど使われなくなった現在でも、寺院の門や蔵などに今もしまわれている。この龕の前後に鳥居があると書かれている。実際龕の前と後、あるいは四方に鳥居が付けられている。中世の絵画史料ではあまり見えないが、今日見ることが可能な龕にはほとんどのものに鳥居が付いている。この鳥居に額が設けられ、それは葬礼があるたびに寺僧によって、そのつど書かれていたのであろうか。その額字は前に「念仏門」、後に「遊戯門」と書き、また龕の天井蓋裏側に卍字を書く。

葬礼に用いられる札も、六道札と呼ばれて最近でも時折見かけることがあるが、すでにこの書には六観音と六地蔵の札を準備することになっている。札のなかに地取札というのがある。この文に「日本大乗界　本地阿弥陀　一歩清浄人　必生安楽國」とある。

次に葬所（火葬場）の四門にも額を打つ。

一　四門可打額之事

発心門東、修行門南、菩提門西、涅槃門北

同四門之異

入近門東、大会門南、入宅門西、入屋門北

額字はやはり東門に「発心門」、南門に「修行門」、西門に「菩提門」、北門に「涅槃門」とあり、通常の四門と変わらない。ここで四門の異名が示されている。同じく東門から「入近門」「大会門」「入宅門」「入屋門」。この異名については宗研本「無縁集」

に「宅門」「恵門」という記述があり、おそらくは同じ根拠によるものと考えられるが、他の事例は今のところ見当たらない。

火屋の破風にも南北に門がある。

一　火屋之事　南北向棟可造也

　額之事　等覚門南破風打　妙覚門　北破風打也

一　埒結幕張事　娑婆與極楽堺也、并着綷□衣事

額字としては南に「等覚門」、北に「妙覚門」と書く。等覚と妙覚は涅槃の状態を示す最上の言葉である。破風のある火屋というのはそれなりに立派なものであろうから、いつでも、だれの場合でもこれが用いられていたのか、疑問である。少なくとも火屋の設えとして、成仏を示す南北の二門があった。

火屋には埒が設けられていた。埒とは荒垣、忌垣のことで、また幕も張られていたであろう。埒の説明として「娑婆と極楽との堺であり、この内部ではイロ衣を着るべき」としている。

火葬場すなわち茶毘所は、

一　茶毘所出之事　自修行門入而、回左三匝而、導師涅槃門内向棺居。馬棺前引回而、艮方繫学《(額カ)》而、自涅槃門引出而菩提門口立、其時導師方請取也。孝子涅槃門口立、棺付火即自発心門出而、順道出、別之路可還也。送山頭、自此岸至彼岸之意也。孝子等出河畔而洗足、棄草履事過三途大河踏捨雨露旧宅意也、云々。

一　喪所亡者世間諸道具等、将往事、流転三界貪欲故、貪欲妄執之道具、爰迄将来、悉取捨意也。然則三界遠離儀也。此故少不入四門内者也。但位牌霊供等入也。其故、彼四門内諸佛浄土也、依之登正覚位儀也。有口伝、可秘可秘。

ここに四門に対する考えがよく示されている。四門の内は娑婆世界と隔絶された諸仏の浄土であり、この内から正覚位に登る、すなわち成仏するのである。四門の内部がすでに聖別されている。

この書で目を引く箇所がもうひとつある。火葬と土葬についての考えが対照的に示されている点である。火葬については、

一　火喪之大事

　観経曰、如旋火輪婉転葉矣、火裏可開自性本蓮華也、釈ニ曰、願我身浄如香炉、願我心如智慧火念念焚焼戒定香、供養十方三世佛ト矣。以智慧性火焼盡諸塵労養也、如有火能破徳、十二光中炎王光佛、五智中佛智是也、我家終南大師

興起之、教外百丈起之也、他家護摩火、亦不動火性、三昧可得意也、亦大事有口伝、秘事略者也、云々。不他見。

一方土葬については、「一　土喪之事　捧墓之土放左堂、挙右五指向外先唱弥陀名号、次唱十二光佛、其後文唱云若在三途艱苦之處、見斯光明皆得体（休カ）息已上（後略）」とあるのみで、祀り（祭り）墓を造る時、土葬した埋葬地の土をとって移す際の要点を述べている。それ以上の詳しい記述はないけれども、ここに今日も行われている両墓制の場合の埋め墓（ミハカ）、祀り（祭り）墓（セキトウバカ）との関係が示されている。

火葬の記述に較べて土葬のそれがほとんどないことに関しては、仏教宗派としては中世以来、表向き火葬を勧めており、土葬に対する教理などというものはなかったため、このような記述にならざるを得なかった、と考えてよかろう。土に霊性を認め、それを浄土宗の教義である十二光仏を唱えることで土葬という両墓の習わしに対処しようとした苦肉の策が、そこからうかがわれる。

同書では「都率四十九院之大事」として四十九院の院名が列記されているが、基本的な院名の配列順は先述の興然四十九院名と大差がない。これは後述する禅宗の四十九院名とも同じであり、浄土宗が禅宗と同様、真言宗の四十九院教説をそのまま採り入れていたと考えられる。そして院名の後には「右此四十九院重ハ兜率天ニ囲繞シテ歴歴タリ、摩尼宝殿ヲ云内院、是中央也、兜率或云都史多ト」とある。

四十九院そのものではないが、それと深い関連があると思われる興味深い記載があるので、ここで紹介しておきたい。それは四十九餅と「四十九釘」に関する教説である。（原漢文）

一　四十九釘之大事　閻魔王ノ勘文ニ曰ク　四十九ノ釘ヲ打ツ事、眼ニ二ツ耳ニ二ツ舌ニ六ツ胸ニ十八腹ニ六ツ足ニ十五合テ四十九也、釘ノ長サ各ノ一尺也、善根ヲ為時キ、経師ノ請ジ奉時、足ノ十五ノ釘ヲ抜也、仏ヲ造、経ヲ写時腹ノ六ノ釘ヲ抜ク、是ヲ四十九日ト名ト云々　同ク四十九釘ノ大事　涅槃経ニ曰ク、人死シテ後、上根ノ人ハ有テハ、七日ノ内ニ生所定ル、中根ノ人ハ十五日ニ生處ヲ定ム、下根ノ人ハ四十九日ノ内、生處ヲ定ル也、然レトモ四十九日ノ間ニ鉄釘ヲ以テ其身分ニ打ツ、左右ニ各ノ十ヲ頭ニ五ツ左右ノ眼ニ各ノ一ツ口ノ中ニ二ツ左右ノ手ト足ニ各五也、是ノ如ク困苦愁悩スルコト称計スベカラズ、但シ妻子亡者ノ為、仏経ヲ書写シテ先ツ師ヲ請時、及以テ硯筆ヲ染ル時、左右ノ手足ノ十ノ釘ヲ抽ク、梵唄散華シテ題名称揚スル時、左右ノ二ノ眼ト口ノ釘ヲ抽ク。

さらにこの項の注として、

他宗ニ四十九餅ヲ用意シテ而、亡者ノ受苦ニ相代ル云々、此ノ儀他門者左右モ有ラバ在レ、吾カ浄土宗ニハ努力(努々カ)无用无用、若シ亦施主是非ヲ論ズ餅ノ化度有ラバ、供物可成間、苦カラザル者也。

浄土宗は、葬儀・葬祭に関しては真言宗や禅宗諸派、浄土真宗に後れを取っていたように思われるが、四十九院にしても釘念仏と四十九餅についても他宗がやっていることを概ね受け入れながら、自宗の儀礼のなかに受容していったことが知られるのである。その時期は「無縁慈悲集」が書かれた室町末から江戸時代前期であったことは重要である。

考えてみると浄土宗とこの時期ごろまで、あるいはこれよりも後の時代まで兄弟的な関係にあったのが時衆であった。時衆はむしろ浄土宗と連繋しながら実際の葬儀に携わっていたのであり、戦国期末まで浄土宗自身がこの方面に明るくなかったのはそのことが原因していたといえるのかも知れない。確信はないけれども、宗研本無縁集の筆者が「沙弥朽木」であったことを思い出す。もしかするとこの朽木某は、浄土宗に連なる時衆聖（宗派としてでなく、あくまで葬送に関わる時衆聖、三昧聖）であったのかも知れない。さらなる検討が必要である。

『諸廻向清規』と禅宗の葬送行儀

禅宗の行動の細目を定めた清規に、葬儀の規定があることは広く知られている。もっとも清規に書かれているのは僧侶の葬儀で、これを俗世間の人びとにも適用して葬儀が行われた。

中国禅宗で整えられた儀礼は日本にも伝えられ、それが実際に行われたが、基本的なプロセスに差はないとしても、日本のそれまでのしきたり、習俗にあわせて日本独自の儀礼にもとづいて実施されたろうことは容易に想像がつく。試みに、中国禅宗の基本的な清規とされる『勅修百丈清規』『禅苑清規』と、室町末期の日本禅宗の清規『諸廻向清規』とを比較しながら、両者の違いを見ておきたい。

次の図は、『諸廻向清規』に描かれている火屋之図で、こうした図は中国の清規にはない。また火屋の構造や作り方などについても中国の清規には一切記載されていない。

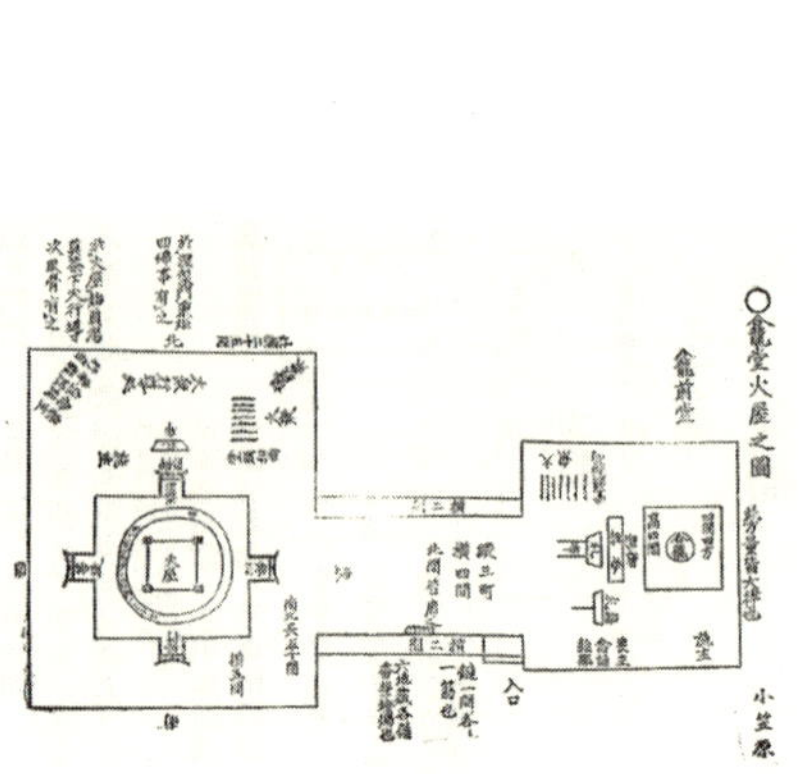

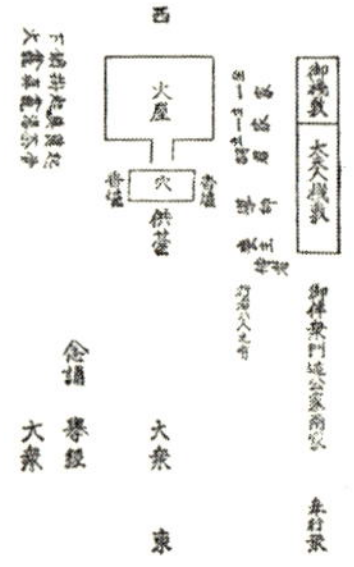

上：『諸廻向清規』火屋之図
左下：同、火屋の前での参列図

『諸廻向清規』の記述は、中国将来の清規と同じく「亡僧」とはなっているけれども、本文を詳細に見ていくと実際に行われた檀那の葬儀の記録をもとにして書かれていると考えられる。というのも葬列や儀礼の中に「家老」「嗣君」など、僧侶とは考えられない参列者の称号が見えるからである。

『諸廻向清規』の「龕堂火屋之図」には、火屋の東方に四間四方で高さも四間の龕堂（龕前堂とも）が設けられ、その中央に龕が安置されている。その龕の前面、龕堂の前には御影（掛真）が置かれている（絵像なら懸けられている）。龕堂での儀礼は掛真・鎖龕・起龕・念誦で、その後火屋では山頭（火屋と同じ）の儀礼が行われる。山頭では奠茶・下火・念誦・収骨・安骨と続くが、龕堂から山頭への葬列は先頭から順に、大明松二人・沈明松二人・牽馬二人・鷹二人・鉄砲二人・弓二人・鑓二人・長刀一人・甲二人・具足一人・挟箱二人・蓑一人・杖笠一人・葛籠一人・吸風呂二人・騎懸二人・乗物二人・鈴一人・御霊供男女各一人・鼓二人・大衆三〇人・燈籠二人・幡四人・刀筒二人・腰物一人・脇差一人・太刀一人・湯瓶二人・茶壺二人・香炉と香合各一人・鶴亀と花瓶各一人・骨桶一人・御影は子息が一人・位牌一人・龕は家老二人・天蓋家老一人の順となっている。ただ本文では龕を担ぐ力者が八人とか雪柳《しか》が行列に加わっているらしく、実際には他にも人数を要していたであろう。とりあえず員数に上げられているだけでも葬列の人数は総勢八九人、もちろん正式な行列だけの人数である。この他に異説として十仏事の場合の行列人数も掲げている。そこでは鼓四人・鉞鈸四人・掛真一人・位牌一人・湯一人・茶一人・花瓶一人・香炉一人・燭台一人・幡四人・雪柳四人の総勢二三人で、小規模である。

龕前堂（仏殿ともある）での起龕念誦が終ると火屋に龕を移す。その途中ではさまざまな儀式がとり行われる。特に仏殿より火屋に至る間に「雪柳を賦る」とあるのが目に付く。図によれば龕前堂と火屋施設の間には、柵で設けられた距離三町、幅四間の一本道が設けられることになっている。実に三百メートル以上の一本道が実際に設けられたかどうかは別として、この長い道のりは恐らく葬列上の演出でもあるだろう。その先に火屋の施設がある。

行列は通路を進んで火屋の所に至り、龕は火屋を三回巡る、これがいわゆる三匝である。図によれば火屋は、西方が奥になっていて、死者を収めた龕は龕前堂から西に真っ直ぐ向かうように作られている。それが西方阿弥陀浄土に向かうことを示しているのはいうまでもない。龕は火屋の施設の東側から施設内に入る。この施設は南北五〇間、東西二五間の長方形で、中央に正方形の垣で区切られた火屋が設けられる。この四門は火屋付属でなく、正方形の中に火屋が荒垣で囲まれて設けられ、その入口は東側に一門あるのみ。門には額もないが鳥居の形をしている。火屋の周りには四門が設けられている。先の図に見るとおり、四門には東南西北の順で、発心・修行・菩提・涅槃の字が扁額に書かれ、その門の形状は明らかに鳥居である。これを本文では中国式に華表と記している。位牌の前での儀礼が終了すると下火。その後檀方と嗣君は「草鞋を脱いで桟敷に入る」とある。

以上見たとおり、禅宗のかなり大規模な葬儀にも、中国伝来の禅宗方式から日本式に改められた部分がかなりあることに気付く。そしてその中には、今も民間で普通に実施されている儀礼が随所に見られるのである。

たとえば火屋の周りを三回巡る三匝や、雪柳を葬列の途中で配る、喪主が火屋を後にするとき草鞋を脱ぐなどがその例であるが、特にここでは火屋とそれを取り巻く施設に注目しておきたい。

『諸回向清規』に記された兜率天四十九院の名称は以下のとおりである。（二段組とする。なお※〈　〉内は異説の順番。筆者注）

兜率天四十九院〈東十四本西十四本南六本北十五本、
四十九院有異説故、別書于品数異説〉
○東方持国天　○南方増長天
○西方広目天　○北方多聞天

一　恒説華厳院　毘盧遮那仏　〈二十六〉
二　守護国土院　五大力菩薩　〈二十七〉
三　覆護衆生院　仏眼尊　〈二十八〉
四　般若不断院　般若院菩薩　〈二十九〉
五　念仏三昧院　大勢至菩薩　〈三十〉
六　彼但三昧院　転法輪菩薩　〈三十一〉
七　修習慈悲院　多羅尊菩薩　〈三十二〉
八　常念三昧七仏院　過去七仏　〈三十三〉
九　鎮国護方等院　仏頂尊勝仏　〈三十四〉
十　常念常楽院　釈迦涅槃像　〈三十五〉

十一　少欲知足院　戒波羅蜜菩薩〈三十六〉
十二　毘沙門天王院　多聞天王院〈三十七〉
十三　地蔵十輪院　地蔵願王菩薩〈三十八〉
十四　常念普賢院　普賢菩薩〈三十九〉
十五　精進釈子修行院　精進波羅蜜菩薩〈四十〉
十六　常念不動院　阿門シュク如来〈四十一〉
十七　恒説菩薩院　善財童子〈四十二〉
十八　三世真実院　善見尊者〈四十三〉
十九　廣明十悪院　世親菩薩〈四十四〉
二十　如来密蔵院　大毘盧遮那如来〈四十五〉
二十一　潅頂道場院　金剛手菩薩〈四十六〉
二十二　説法利他院　釈迦説法像〈四十七〉
二十三　常行説法院　文殊大士〈四十八〉
二十四　金剛修法院　大日如来〈四十九〉
二十五　法華三昧院　釈迦多宝如来〈一〉
二十六　恒念観音院　六観音像〈二〉
二十七　求聞地蔵院　海阿難像〈三〉
二十八　梵天帝釈四大天王院　天帝釈四大天王〈四〉
二十九　弥勒説法相院　弥勒菩薩〈五〉
三十　説楽悲田院　薬王菩薩〈六〉
三十一　金剛吉祥院　吉祥菩薩〈七〉
三十二　念観文殊院　文殊師利菩薩〈八〉
三十三　平等忍辱院　忍辱波羅蜜菩薩〈九〉
三十四　造像図畫院　修補仏像〈十〉
三十五　安養浄土院　阿弥陀如来〈十一〉
三十六　理正天王院　焔魔天王像〈十二〉
三十七　檀度利益院　檀波羅蜜菩薩〈十三〉
三十八　因明修習学院　龍樹菩薩〈十四〉
三十九　観虚空蔵院　虚空蔵菩薩〈十五〉
四十　招提救護院　摩訶迦葉像〈十六〉
四十一　唯学転法法輪院　諸経蔵輪蔵〈十七〉
四十二　常念総持院　五大明王〈十八〉
四十三　理観薬師院　薬師如来〈十九〉
四十四　伴衆行修行衆生院　金剛力士〈二十〉
四十五　供養三宝院　金剛手菩薩〈二十一〉
四十六　營他修福院　賓頭盧尊者〈二十二〉
四十七　不二浄名院　浄名居士〈二十三〉
四十八　光行如意院　禅波羅蜜菩薩〈二十四〉
四十九　常行律儀院　釈迦牟尼如来〈二十五〉

右之次第。南向自丑寅始之。南助角柱外各三本。両方各十四本十五本。或後與両方角外各十三本。両角外六本立。角亦四十九院数歟。不然各十三本角率塔婆別乎。

最後にこの四十九院は南向の場合で、丑寅から一がはじまり、右回りに一周して四十九院の塔婆を立てる、また角の柱は四十九院の内に数えない、というような内容が書かれている。四十九院率塔婆には異説もあり、おそらくは宗派それぞれが自説を展開して独自の立て方をしていたのであろう。

龕の四門についても『小叢林略清規』に規定が見える。この記述は「亡僧」にならった在俗の葬送についての記述である。

龕有四門者門別扁額左禅思、右智慧、前辨財、後総持〈若化壇不造堂者。下文発心等扁龕門。龕前爲北掲涅槃門字〉。化壇四門扁額東発心、南修行、西菩提、北涅槃　木簡六枚〈或富家彫其像則不用簡〉　書六地蔵号云（以下六地蔵の名を連ねる）

（下略）

火葬場に到着すると「喪到涅槃台。龕自東入、経南向西到北。如是三匝〈諸器前導〉。北到涅槃門税之」。東の発心門から中に入り、南と西を経て北に到る行道を三回行ったのち、火葬に付した、とある。

龕の四門といい、いまでも「六道」と呼ばれる六地蔵の制作、そして涅槃台（棺台）の周りを三匝することなど、この段階ですでにほとんど現在も一般的に行われている葬礼、葬列作法が詳細にわたって出揃っている。

同じ禅家の臨済宗では、やはり江戸期寛文年間以降になって、民間布教のために独自のマニュアルが必要になったとみえ、元禄二（一六八九）年の年記ではあるが『寂照堂谷響集』(37)がある。そのなかに四十九院として「客問。四十九院榜名。及各各種子字。何経説レ之。何祖傳レ之。答。経無レ説非二三國傳来一。蓋本朝古徳。善巧所二施設一。不レ可レ繹二説處一。従来已久。建造無レ妨。廟祠荘厳耳。」ここでは、四十九院の院名や種子はどのような教説によるものかとの問いに対して、もとより仏教の教説に四十九院の施設に関する記載はないことを弁明し、日本古来の廟祠、つまり墓の荘厳であると明言している。その後で弥勒上生経の兜率天浄土に関する節を引用しているが、それ以上の説明はない。曹洞宗の実際的な葬儀葬祭ほど詳細な規定を臨済宗は持っていなかったのであろう。

四十九院を盛り込んだ葬儀は室町までの『諸回向清規』、江戸時代の『小叢林略清規』など、禅宗の勧める葬儀の工程に則って現在も行われているということができよう。四十九院率塔婆が葬儀全体のなかで置かれている位置付けは、納骨する骨墓所の設えであった。当然ここには、死者に対する何らかの意味が込められていると考えるのは当然であろう。

修験道の四十九院

『修験道無常用集』[38]は室町期の修験道による葬儀の規式を記したものと考えられる。「四十九院　東十四本。南六本。西十四本。北十五本。都合四十九本也。従艮到巽十四本。」として「恒説華厳院」以下、四十九院の名前が並ぶ。四十九院の四辺には四門、四角には各二本ずつ合計八塔を示す柱書きがあり、これは八塔と呼ばれる。「右四十九院者准世間通例列之。随時宜而建龕之回。或中陰之間造立其墓所。而応令供養之」とあり、中陰の間墓所の設えとして設けられる施設である。

右側が火葬のために設えられる葬所の平面図、左は火葬後、集めた遺骨を収めるための四十九院を設えた祀り（祭り）墓の図である。先にみた禅宗の場合と大きな違いはない。火屋（葬所）の周囲には荒垣が廻らされ、四方にそれぞれ北・涅槃門、東・発心門、南・修行門、西・菩提門と扁額に書かれている。火屋はそのやや南寄り中央にあり四本の柱で囲まれている。その中には龕台があって、ここで死者は荼毘に伏された。

骨墓所に建てられる四十九院は、正面に扉があって、ここは鳥居とは形態が違う。南面した戸は閉ざされている。中央に「金剛蔵王　胎蔵権現」と書かれた大型の角塔婆が立てられている。四方に廻らされた垣は、板の一枚ごとに兜率天四十九院の名が記される。

『修験道無常用集』に四十九院に関する記載は次の通りである。

四十九院〈東十四本。南六本。西十四本。北十五本。都合四十九本也〉
従レ艮到二于巽一十四本
恒説華厳院一〈廿六〉
（以下、『諸回向清規』に同じ故、略す）
四門八塔
発心門　東　　浄飯王宮生処塔　丑
　　　　　　　菩提樹下成仏塔　寅
修行門　南　　鹿野園中法輪塔　辰

給孤獨園名称塔　巳
曲女城邊寶階塔　未
菩提門　西
耆闍崛山般若塔　申
菴羅衛林維摩塔　戌
涅槃門　北
婆羅林中圓寂塔　亥

右四十九院ハ者准〆二世間通例ニ一列スレ之ヲ。随テ二時ノ宜ニ一而建二龕之回リニ一。
或ハ中陰之間造二立〆其墓所ニ一而應ニレ令ムレ供二養之ヲ一。

火屋・葬所と四十九院は、たとえば葬所の垣には四門があって四十九院の表現がないこと、一方四十九院には四門がなく一門であることなどの相違がある。この姿をみると、四門がなくて四十九院が刻まれている千葉県地方の石造ラントウ＝ミヤボトケはまさに、修験道の表す四十九院に由来しているとみなしてよいかも知れない。しかしミヤボトケの場合、入口の表現は明らかに鳥居であることから、両者の折衷的な表現といえるかも知れない。

修験道の火葬に対する考え方は明解である。たとえば同書の「火葬拾骨之式」では舎利礼の時に、金剛合掌しながら次のように唱える。「如来舎利　在寶塔中　逝者白骨　魂入寶塔」。宝塔（石塔）には釈迦如来の舎利が収められている。死者は白骨となるが、その魂は仏と同じく宝塔の中に宿る、という意味である。律宗による舎利信仰と石塔造立の論理も、これと同じものだったのだろう。ちなみに五来重は、四十九院の思想と行儀を整えたのは修験道の力によるものとしているけれども、この「修験道無常要集」をみるかぎり、そこに独自性があるとは到底思われない。むしろ真言宗や禅宗のやり方を真似た型通りのものであり、逆に修験道が真言宗や禅宗の葬制・墓制を追いかけているようにさえ思える。

以上、中世から近世初期までに、仏教教団が示した葬制墓制の手引書を通観してきた。もっとも初期の真言宗から浄土宗、禅宗、そして修験道までみて気付くことは、真言宗が鎌倉期から南北朝期までに提起したと考えられる四十九院を墓地の設えとして用いる論理が、ほとんど大筋で踏襲されていることであろう。それぞれの宗派は、自らの教義や文化に従ってところどころ改変したり修正したりしているものの、四十九院が真言宗の兜率天浄土思想を移入したものであるという点でほぼ一致している。このことは中世の葬制墓制を中心となってリードしていたのが、少なくとも前半期までは真言宗とその影響下にあった律宗であり、四十九院率塔婆も彼らの創造した墓所の施設であったということを示している。

3　四十九院を設える事例

室町期の葬送史料にみえる四十九院

明応三（一四九四）年七月二八日、山科言國の家に強盗が押し入り、その際防戦した息子定言が翌々日三〇日に死去した。『言國卿記』にはその後の葬送から埋葬にいたる一連の法事が、簡潔ながらも漏らさず記入されている。そのなかに四十九院率塔婆のことも出てくるので、順を追って四十九院設置までの記事を列記してみる。

（卅日）
一、今日夜明テ、内蔵頭（定言）ツヒニ手大事ニ成、圓寂也、言語道断次第、不便無申計不運至也（下略）
一、本撰寺ヘ申後之事申合也、即御僧被来畢、智慧坊タノミ畢（下略）
一、以兵衛太夫内蔵頭子細　禁裏申入了、三十ケ日此方ヲ申請穢也（下略）
一、暮々ニ彼倉部向寺本撰寺ヘ出畢竟
（八月二日）
一、今日於竹阿所、彼口ヲ寄トテ東向各被行畢、高倉御乳ヤ、来畢、口寄ヲ聞畢、其後是ヘ来
一、サウノキ《葬の儀》明旦寅剋之間、地下僧・比丘尼コト〳〵ク上、暮々ヨリ上畢、其外此方番衆、サウノ供ニ地下者廿人計上（下略）
（三日）
一、今日サウノ儀、暁寅ノ剋之處ニコクウツリ七時分有之、自本撰寺出善長寺長老・僧衆廿人、其外地下僧・比丘尼十五六人出、禅雲院衆十人計フキンニ被出云々（中略）サウノ在所ハ方ヨキノ間、センホン《千本》ノ寺ノ中云々、土サウノ分申付也、言語道断、、、（下略）
一、今夜ヨリ於此方如形中陰ノイトナミ申付也（下略）

（五日）
一、明日初七日ソトハ沙汰也
（六日）
一、今日初七日之間、御僧又両人中陰御僧アヒソヒ被来（下略）
（八日）
一、今日又二七日トリコシ沙汰也、此方ノ御僧ニ又両人請招クワヘ四人来畢、ツトメ畢、ソトハ同前、
（以後、取越し沙汰で三七日、四七日、五七日、六七日を二日置きに行う）
（一六日）
一、両人ロウ僧七度ノナカレ《（流れ）》潅頂用意也、晩影ナカシニ御僧両人被行畢（下略）
（一七日、彼岸入）
一、大工早来、彼ハカ《（墓）》所ノカキ《（垣）》、四十九院ソトハ《（卒塔婆）》作也、又大キナルソトハヲモ申付了
（中略）
一、夜ニ入マテ四十九院ソトハニホンシ《（梵字）》、其外色々智慧坊・トウ善坊被書畢（下略）
（一八日）
一、時之後四十九院ノカキ、同ソトハヲ持彼ハカ所へ此方此間籠僧両人持行（中略）同彼ヲサメ所へ参、イトヽ弥今日愁傷無申計

（（　）は筆者。また適宜、カタカナ部分の読みとしてルビに漢字を宛てた）

この後、四十九院卒塔婆がどうなったのか、記載がないのでわからない。四十九院卒塔婆を墓所に置いたのは八月一八日で、死去より一八日目であった。しかしこの間、葬式が八月朔日、以後二日置きの取越沙汰で中陰の法事を行うため、四十九日は死後一八日目の八月一八日となったのである。其前日、大工に定言の墓の垣となる「四十九院ソトハ」を作らせ、その中央に立てる大型の卒塔婆も同時に作らせている。同日夜に籠僧二人を招き、四十九院卒塔婆（大型卒塔婆もか）に梵字を書かせ、翌日の四十九日に「ヲサメ所」すなわち千本寺に定言の死体を埋葬した墓所に置いた。

これらの記事から、埋葬の墓所には中陰の七日毎の追善供養に卒塔婆（おそらくは七本塔婆）が供され、四十九日の前日には非業の死であったためか流れ潅頂が挙行され、中陰最後に墓所の垣である四十九院率塔婆と大型の率塔婆が設えられている。こうして板率塔婆が墓地に林立する近世以降の墓地の景観が、すでに京都では一五世紀に出現していた。

四十九院を四十九日に立てるのは今も多くの地域で行われているが、逆に埋葬したその時に四十九院や忌垣を葬地に立て、四十九日には取り去ってしまう例もあるので、どちらが先かはあまり重要ではないのかも知れない。次の例は、埋葬時に四十九院を設ける場合である。

浄土宗や時衆、あるいは浄土真宗とは別に、室町期になって天台宗内部から独自の念仏宗派が登場する。天台宗真盛派、江戸時代には天台律宗とも呼ばれた一派がそれである。宗祖の真盛は永正三（一五〇六）年に後柏原天皇から圓戒国師諡号を贈られている。真盛は明応四（一四九五）年二月三〇日に亡くなっていて、先の山科定言の一年後であった。

『真盛上人往生伝記』は弟子の真生が翌年著した真盛の伝記で、信ぴょう性が高い。そこには真盛の往生と葬送の様が詳細に書き記されているが、ほかにも興味深い記事がある。たとえば真盛の教えに感化されて念仏を唱えて自死する若い僧が頻出することがあった。

（長享三・一四八九年）同じき三月朔日道珍という僧〈二十五歳、東近江の者なり〉支那の渡しの沖中に於て、舟の中より海底に入る。涙痕未だ乾かざるに同じき四日盛竹という僧〈生年十九歳、大和古市の者なり〉西教寺の仏前に於て自害し訖んぬ。是の時も上人引導あり。同じく墓所を庭前の山に安置し、四十九院の卒塔婆を立て、厳重の弔い数度に及ぶ。其の以後、西光寺の住侶盛舜という僧の夢に、下品下生に生ずと告ぐ。上人の夢にも慥に盛竹の往生の躰を見たもうと云々。

（罫線は引用者。以下同じ）

支那の渡しは琵琶湖の渡しのひとつで、道珍という僧が入水したのに続けて、若い盛竹という僧も真盛教団の拠点である西教寺の仏前で自死した[39]。その時真盛は引導を施し、西教寺の庭の山に死体を安置し、四十九院卒塔婆を立てて供養した。火葬は行っていない。四十九院卒塔婆はこの場合、葬送の儀に用いられているのであり、埋葬した墓所に設えたのかどうかは不明である。

明応四年二月三〇日、真盛は布教の途中、伊賀国西蓮寺で死去する。そこで、本寺である西教寺や坂本も亡き骸を坂本に戻そうとする動きがあったが、西蓮寺に拠る伊賀国の弟子と信徒たちはそれを強硬に防ごうとした。

然れば、六日の葬礼を延ばし八日となすべし。その間に必ず越前等の近国の徒弟参着あるべし、と僧衆中より使者度々に及ぶと雖も檀方同心なし。既に一七箇日置き奉るあいだ、機縁純熟の道俗、皆已に来臨あり。其の上往生の刻限より連日天気少しも曇りなし。若し相延ばして風雨之あらば結縁定めて薄かるべし。或は寸善尺魔に依りて、万一不慮の子細出来せば還って不孝たるべきのあいだ、上人の真前に於て延促の日を決めんが為に籤を取るところに六日に定まる。その上は力なし。廟所は則ち存生の時の丈室なり。四壁を毀ち、板敷を取り放し、深く地を掘り、白砂を蒔き、四方に鳥居を立て、土葬し奉るべき分なり。僧衆評判して云く、葬送一定当国たる上は、闍意し奉り、遺骨を取り、所々の寺々へ分附すべし、と。然りと雖も、上人の内証計り難し。而るに、又、真前に於て籤を取るに、土葬に定まる上は左右に能わず。

こうして闍意、すなわち荼毘（火葬）を諦め、死後七日目の六日に西蓮寺に土葬することが決まった。廟所は生前真盛が用いていた丈室に定め、その四壁を取り払って床下を掘り、四門を設けて廟所とした、という。結局伊賀国の弟子・信徒たちの意見に従って葬送が行われることになるのである。

三十余端の布を善の綱に用いるに、猶、白虹の如し。廟所に入りては右に繞ること三匝。その後、十重禁等上の如し・・・（中略）・・・次に廻向終りて皆各々焼香し、已後、先ず芝を以て築籠め奉り、四十九院の率塔婆を立つべき分にて、即時に土台を居え、柱四本梁棟等之を修造す。時に見聞の人の中より黒柿の念珠を投ぐ。然れば、道俗の男女我劣らじと面々手毎に持つところの数珠を悉く投げ尽し、後又、扇子・手巾・帯或は片袖を解き、男女共に髪を切り投ぐる事幾千万をや、その数を知らず。・・・（中略）・・・彼の数珠・扇子・手巾等皆之を焼き、入定の処の土に和して之を埋む。彼の四十九本の浮図は翌日に造立し訖んぬ。一基の五輪の石塔を之を安んずと云々。

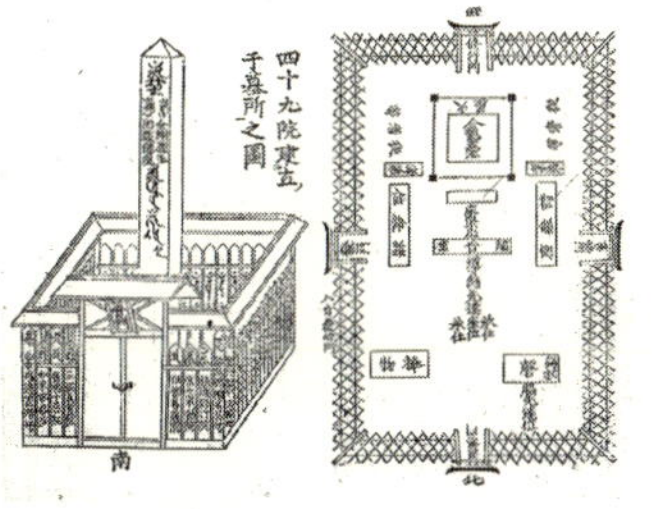

「修験道無常要集」火屋の図

「四柱と棟梁を修造す」は「土台をすえ」とあることからもわかるとおり、廟所としての建物を指す。丈室を壊した跡に廟所を建てた様子が詳しく述べられているのである。生前の居室を葬所とするのは、源信が二十五三昧起請で唱えた往生院や、高尾山神護寺の明恵が往生の時使った土室と同じで、僧等の伝統となっていた。

床の板敷きは取り除かれて白砂を撒いた土間とし、そこに直接鳥居を建てている。葬礼後は土間に穴を掘りおそらくは棺に納めてから「芝を以て築き籠め」た。本来ならすぐその時四十九院の卒塔婆を設えるところ、準備の関係であろうかそれは翌日となった。土台のみ据え四柱と梁棟を建てた。多くの信者たちが手に持った数珠をその中に投げ込んで別れを悲しんだ様子がよくわかる。翌日、一基の五輪塔（石塔）を立てるとき、周りを取り囲むように四十九院を建てたとある。

真盛の墓所に立てた四十九院は、四門鳥居、四柱、梁と棟を整えたもので、今われわれがふつう眼にする四十九院忌垣とはかなり違っていたようだ。おそらくは京都市北部、旧京北町中江のラントウがそれに近いのであろうが、中江には四門鳥居はなく、入り口や扉は正面だけである。もっとも姿の似ているのは、長野県佐久市跡部の踊り念仏用いられる四十九院に囲まれた道場であるが、このことについては『墓前祭祀と聖所のトポロジー』を参照していただきたい。簡単に言えば四門鳥居は、火屋の四門、あるいは葬送の際に葬列が行道する四門に繋がるものであり、すなわちここでは葬送のための施設が四十九院と合体しているのである。

さらに注意を喚起しておきたいのは、土に埋葬する時「先ず芝を以て築き籠め奉り」とあることである。芝を土葬の土饅頭の上に積むのは、千葉県の安房地方でみたことがあるが、鳥取県地方では埋葬した上に人の背丈ほど高く芝を積む例がある。芝を埋葬地の上に被せるのは、『中右記』保安元（一一二〇）年九月二六日条にみえる西御方の葬送で、火葬の時に地面に「柴」を敷き、火葬の跡に墓を造る時にも「柴」でそれを造っている。ここでの柴は木の小枝であり、現在は芝生などを用いて土盛りの上を覆う、あるいはサンマイシバといって芝生を三枚重ねて土の上に重ねるのがほとんどである。サンマイシバはもともとは三昧芝（柴）であろうが、埋葬地を柴（芝）で覆うのは、墓を青山にする意味があるのではないだろうか。五来重が青山型モガリといっているのと関係があると思われる。

柴は特定の樹木や草を指しているのではない。草木を刈り取ったものが一般的に柴・芝である。たとえばそうしたシバを埋葬地に用いている例が茨城県にある。猿島郡の総和町、猿島町、三和町では土饅頭の上に竹を細かく割ったものを挿し、先端を束ねたりあるいは竹で籠に編んで被せた。これをイヌハジキと称している。かつては七歳以下の子どもに限り犬除け・山神除けと称して、同様に竹を数本束ねたことが七会村辺りでも伝承されている。古く常陸ではこれを殯と称したといわれる。興味深いのは、「この他、勝田市辺りではアマショウジンと称し、土饅頭の上に柱を四本立てて、屋根代わりに油紙で覆うなどが近年まで行われていた」という。そして現在ではこのアマショウジンに代るものとして「飾り棺・捨棺と呼ばれる棺を置くところが各地に見られる」という。今でも関東周辺で土葬を行っているところでは、ソトガンと呼ばれる飾り棺を墓地でみかける。茨城町では、墓穴に棺を納めたのち「墓穴の周囲に棺が見えないくらいに杉や針柏の葉枝を挿して覆うなどの風習」があるという。まさに「青山」の中に死者が籠っている様子を思わせる㊵。杉や針柏の青々としたシバの塚は、墓地をまるで「山」に見立てているかのようだ。

「往生伝記」によれば真盛は明応二（一四九三）年八月、伊勢国司北畠材親の同国住民に対して行っていた横暴を非難する書状を、安養寺（明和町・現松坂市）に陣所を置いていた北畠に差し出している。その文使いの僧として真明の名がみえている。真明はいまのところこの史料しかみつかっていないが、真明が開創したとされる寺院が若狭小浜市内にある。天台宗真盛派の極楽寺がそれで、その境内墓地に天文二〇（一五五一）年銘の石造ラントウが残されている。

若狭から敦賀にかけては石造ラントウが今も多く残されているが、この極楽寺ラントウが年代、素性などを含めて基準とされるべき事例であろう。総高二二〇cmの堂々たる石造ラントウで、石質は凝灰岩、青みがかった白色で、福井の笏谷石製である。

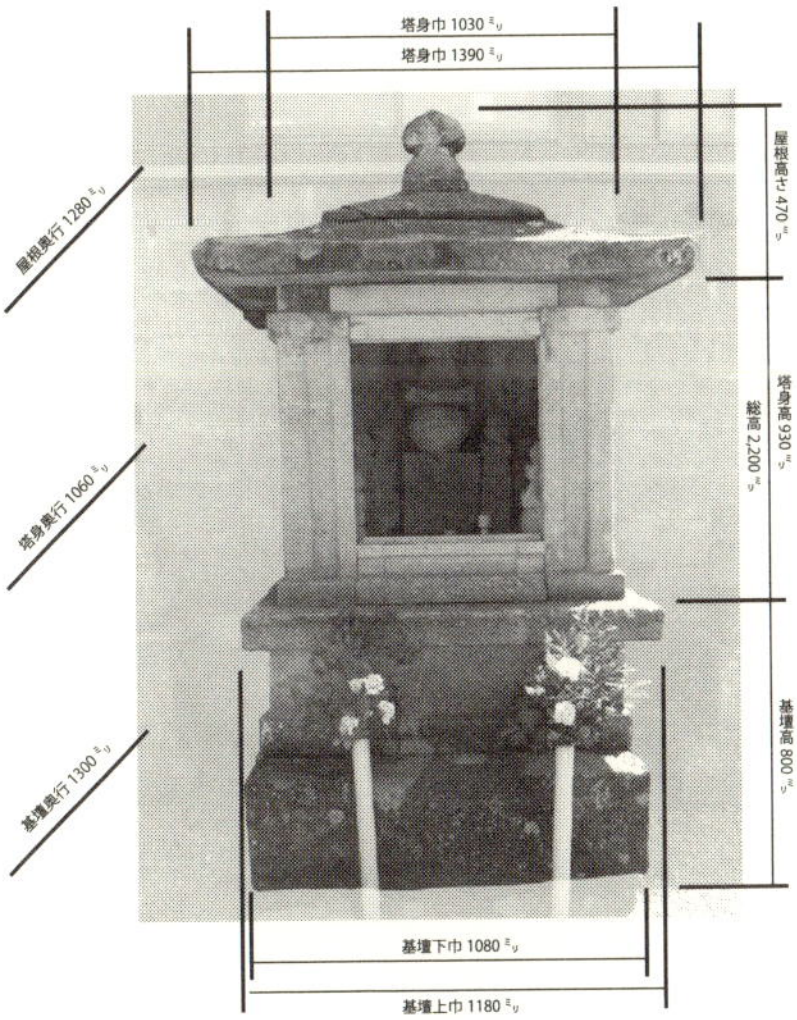

福井県小浜市極楽寺開基真明ラントウ

内部には「圓戒国師」すなわち真盛の五輪塔が納められ、その他にも天文二（一五三三）年銘一石五輪塔が納められている。

ラントウの正面に次のような銘文がかすかに読み取れる。

（正面向かって右）

奉造立一宇石塔當寺開基為一顆真明大法師之御（廟カ）也

（正面向かって左）

右本願者葉林禅門勧結願意令造之者也

天文廿二癸丑年二月十九日敬白

極楽寺開基とされる真明の来歴はまったく明らかでないが、先に引いたように「往生伝記」に一度だけだが登場しているので、実在する人物だったことは確かである。本石塔も真明のために造られたものであることが左の銘文から判明する。
この笏谷石製石造ラントウのある極楽寺は、若狭湾を襲った大津波により、海岸線近くにあった旧地から近世初期ごろ現在地に移転したと伝承され、残念ながら資料はほとんど残っていない。本尊の鎌倉時代制作の阿弥陀如来坐像が中世来の由緒を物語っているのみである。

さて、真盛の「往生伝記」に記された墓と四十九院についてまとめておこう。真盛は、生前使っていた丈室を取り壊して、そこに新たに廟墓が造立された。葬法は遺骨を分骨できる火葬でなく、亡骸を一個所に埋葬する土葬が選択された。廟墓は四本柱と梁・軒（おそらくは屋根も）を設けた木造ラントウの形式で、四方には四門鳥居と四十九院の垣が廻らされ、中央には五輪塔が、埋葬の翌日置かれたのである。こうしてみると、真盛の墓は単墓制であり、墓塔としての五輪塔、墓の設えとしての木造ラントウ、垣としての四十九院がすべて完備しており、ある意味で中世後期から近世初期までの単墓制の完成された形式であると評価できる。

火葬にして遺骨を葬地とは別の場所に納めて廟墓として選択する道も実はあったのだが、いろいろな経緯を経てそれは選択されなかった。西教寺に拠る弟子らは「葬送一定当国たる上は、闍維し奉り、遺骨を取り、所々の寺々に分附すべし」と主張したのである。それに対して伊賀国の弟子・信徒らは、師がこの地で往生したのにはそれ相応の理由があるとして頑なに抵抗し、あくまで土葬を主張。結果、土葬か火葬か、西教寺に亡き骸を移すかここを葬地とするか、籤によって決められた。このように土葬、火葬の決定は籤という「神意」＝真盛の意思によって選択されたのであった。

四十九院率塔婆の成立

山科定言の場合と真盛の場合とを比較しながら、室町後期における墓地の設えとしての四十九院について考えてみたい。ほとんど同時期にかたや伊賀の国、かたや京都で行われた葬送は、いずれも土葬であった。それぞれやや特異な事情があるとはいえ、中世も後期になるほど火葬よりも土葬を選択する例が増えるのはよく知られている。火葬から土葬へという流れを説明するのは容易でないが、火葬の本来的な理由が遺骨を取って舎利にして祀るところにあったとすれば、遺骨信仰、舎利信仰が当時薄れてきて、死者を祀る別の方式に移行しはじめたことを表している、と考えることは可能であろう。

土葬であっても、葬地を仏教的に荘厳しさえすれば亡き骸は浄化され、死体のケガレはほとんど問題視されることはない。火葬に変る浄化のための装置がラントウ、すなわち四十九院率塔婆であった。その設置は埋葬してから四十九日目（定言）か、あるいは埋葬するその時（真盛）なのかも大きな問題ではない。少なくとも中陰という、死霊が不安定な期間、率塔婆でその周囲を結界し、霊が「寸善尺魔に依りて、万一不慮」（真盛）の事態、つまりは浮遊する精霊・悪霊が亡き骸に取り憑くことを防ぐためには、一刻も早く火葬なり土葬にして垣を廻らすなどすることで、不慮の事態に備えたいという気持ちが強かったのである。

四十九院が亡き骸を他の霊に取り憑かれないようにする垣の役割を果していたことは明らかである。と同時に、それが単なる垣、荒垣、忌垣ではなく、この時代、廟墓としてのラントウ施設の仏教的荘厳、浄化装置として採用されていることは確認してよいであろう。理由はさておくとしても、火葬から土葬への道が「ケガレの浄化」という場面に関しては四十九院率塔婆の採用によって、ある意味で打開されたのである。

こうした墓地の設えとしての四十九院率塔婆成立のプロセスには、おそらく異論もあるだろう。章のはじめにも検討したように、五来重は四十九院率塔婆は墓所の忌垣型施設が仏教的に表現されたものとしていた。確かに墓所の周囲に垣を廻らす習俗は一般の人びとの墓制として、日本古来より行われていた。

『山槐記』治承四（一一八〇）年一〇月三日条に、今夜、高松中納言藤原実衡の後家の尼君を葬送したが、一廓のなかに竹垣で隔てたところに土葬したと記されている。竹垣が忌垣・荒垣と同じものであることはいうまでもないが、そもそもこうした葬送に関する細部が記録として書き残されること自体、あまり期待できないので、資料の提示には限界がある。ただ縄文・弥生・古墳各時代の墓地遺構から、墓地を集落と隔絶する溝とともに、柵列の遺構が見つかるケースを挙げればキリがないほどである。古墳の周囲を楯や埴輪で取り囲むのも、ひろい意味での忌垣の原形であろう。こうした当たり前ともいえる習俗は逆に、記録された資料としては残りにくいのはしかたがないともいえる。

忌垣が墓地の設えとして用いられてきたのがいつごろからなのか必ずしも明確にはできないとしても、その意味については一応整理しておく必要があろう。忌垣は墓地の周囲を外部から隔絶させるための施設であるが、それはいうまでもなく日本のケガレ観にもとづいている。

ケガレのなかでもっとも重大なものは死穢であるが、死穢をふくめ多くのケガレは、ケガレが発生した場所に所在する、ケガレを負っている人・物に接触することによって感染する、と考えられていた。感染の度合いは甲・乙・丙・丁と徐々に軽くなり、ケガレを負う期間は減少する。この感染の原理・原則についてはあいまいな点もあるけれども、限定された空間内にいるかどうかがその条件であった。

山本幸司のまとめによると[41]、ケガレの発生した場が、建物の壁や垣で区切られていれば、その内側にいる人、ある物には、最高レベルの甲のケガレが感染する。ケガレが発生した宅を訪問する際、『延喜式』では、着座飲食しなければケガレの限りではないとしており、康和二（一一〇〇）年二月八日に藤原師通の二条第の雑屋が焼けて女が死んだ際、三〇日のケガレとなった師実のもとにきた左大弁基綱と顕雅は履を履いたまま南廊の縁上に上って話をしたが、これは着座でないからケガレの限りではないとされている[42]。

墓地に埋葬された亡き骸や、火葬された灰骨が発する強烈なケガレは、忌垣などの垣で遮断される必要がどうしてもあった。そのため葬所は、多くの時代を通じて閉じた空間として表現されている。『小右記』治安元（一〇二一）年一〇月二四日に、藤原資平の家の東宅で藤原知章娘が出産のために死亡したが、そのために資平宅は触穢となった。東宅は本宅とは別の建物であるが、ひとつの垣内に囲まれていて、門をともにする建物であるため、本宅にまでケガレがおよんだのである。垣と同様、門もケガレの遮断には関係がある。

西垣晴次が指摘したように、『延喜式』の触穢規定を詳細にした「新儀式」では「牆を隔て門を別けるの処、同処といえども穢たらず」とあって、垣と門がケガレの感染を防ぐ施設であった。

墓地の設えとして忌垣がケガレの外部への波及を防ぐための施設であることはこうしたことからも明白であるが、ここでわかるのは垣とならんで門がやはり同様の働きをしていることである。門は両義的な施設である。門内に入ったとしても、着座飲食しなければケガレに感染することはない。ただ門が設けられている空間の内側がケガレの第一次的発生源と考えられていることに変わりはない。

忌垣が葬所に意識的に用いられるようになったのは、ケガレ観が極端に社会通念化したといわれる一〇世紀以降、とくに平安京を中心として重要視され、発達したころからであろうことは充分推測できる。四門を備えた卒塔婆による四十九院は、そうしたケガレを遮断する施設としての忌垣と門を原型とし、その機能、役割を引継ぎつつ中世後半に登場した。垣と門はケガレをその外に放出しないようにする目的を担っていた。しかし同じその施設内部の空間を逆にケガレの浄化された聖所とみなす意識の転換が、弥勒信仰によって標榜された。それ以降墓は、社会的にも精神的にも聖所としての新たな役割を担う装置に変容する。死によってケガレていた場所を、現世の兜率天浄土として聖所に逆転させたのが、ほかならぬ四十九院卒塔婆だったのである。

四十九院卒塔婆は観念的には兜率天浄土の「移し（写し）」である。しかしその実体としての形態と、装置としての役割は忌垣を引き継ぐものであった。忌垣の持つ、内側と外側を結界遮断し、内部の死体に悪霊が取り憑くことを封鎖する「死体保護」の役割を果たすと同時に、外部にいる現実世界に内部の恐るべき力が影響を及ぼさないようにするという「鎮魂」の役割も果すのが忌垣であった。そうした忌垣の形態と役割を引き継いだ四十九院卒塔婆は、弥勒兜率天浄土の「移し」という装いをまとうことで、明らかに浄土をこの世に現出するという意味的な変容を遂げるのである。

頼瑜の『四十九院事』を引用した江戸初期の高野山学僧、頼慶はその著『四十九院縁起』で「客ありて、来たりて吾に四十九院の来由を問う。此は今時強に目に習《みる》ふて、これを建て、もって逝者の依止処とするが故か。然れども其の周覧の人と尚し事に泥む。」（原漢文、以下同じ）。頼慶は、こうした世人の四十九院に対する疑問に答えるため『四十九院縁起』を著した。巻末に慶長九（一六〇四）年、南山桑門にて頼慶記すとあり、頼慶が高野山で第一級の学僧として活躍していたころである。

弥勒上生信仰の中心経典のひとつである『弥勒上生経』を引用しつつ、

夫れ四十九院とは、都率の内院弥勒の浄土なり。彼を用いて此に移して之を建てて、亡者をして此内に住せしめ、則ち弥勒の内宮に契建せしむるの義なり。例えば今の人卒都婆を造りて霊魂を引導し、大日の所住の法性塔に依止せしむるが如し。

（訓読筆者。以下同）

太子牢度跋提は修行の時に一誓願を発し、自分が弥勒菩薩となった暁には善法堂を造立し、わが額には自然に珠が出現する。願を起すと同時に額には百億の摩尼宝珠が出現し空中を照り輝かせ、それは化して四十九重微妙の宝宮となった。

一一の欄楯萬億の梵摩尼宝の共に合成するところなり。諸もろの欄楯に自然に九億の天子五百億の天女を化成し（中略）

一一の渠の中に八味の水有り、八色を具足す。其水の上涌いて、梁棟の間に遊ぶ。四門の外に四花を化成す。水花中より出で宝花流るるが如し。

ここには『弥勒上生経』に描き出された兜率四十九院の詳細な様子がそのまま記載されているが、その中に四門、四花などの語がみえる。四門はいうまでもなく『弥勒上生経』のもともとの文言であって、葬列でいまも用いられる四花（雪柳）＝シカバナは弥勒経典の世界観に由来していることをいま一度確認しておこう。兜率天浄土に往生するものは、こうした霊花が彼＝亡者を荘厳するばかりでなく、天子・天女の出迎え、妙なる音楽を聞くことになる、として兜率天浄土への往生を説いているのだが、それは実際の葬列の様を美しく表現してもいる。阿弥陀信仰者が極楽往生を説くことで阿弥陀仏と二十五菩薩による来迎の様を葬列の姿として演出するのと同じく、兜率天浄土に迎えられる人も浄土の四門と、その周りに咲き誇る霊花、四花を見るのである。そしてまた「宮の四角を持する四の宝柱あり。一一の宝柱に百千の楼閣あり」とある記述も、四十九院率塔婆の四柱に表現されている。「此の如く天宮には百萬億無量の宝色」に充ち満ちている。

『弥勒上生経』の記述は、中世後期にはほぼ定まったと思われる日本社会の葬制・墓制に少なからず影響を与えた。なかでもシカバナは、民俗事例では東北から九州地方にいたるまで広く行われているが、その仏教的なルーツは弥勒上生経のこの記述にもとづいているのである。『弥勒上生経』で四十九院の様子は「四十九重の微妙の宝宮」と表現され、四十九本の率塔婆で荘厳する姿は日本独自の起源としても、四門と四柱、中央の宮殿など、四十九院ラントウはそうした記述の具現化したものと考えるほかはない。

頼慶は『四十九院縁起』において、四十九院を建てるのが真言宗に多いとも書いている。「真言家において人々、菩提のために、あるいは五輪塔婆を建てあるいは四十九院を造る。その回向の意趣は、その人を大日法性の制底に入らしめ、慈氏都率の内院に至らしめんがためなり」とする。

鹿児島市郡山町文正元年銘ラントウ。内部と外部の壁面に、墨書と刻文で四十九院が施されている

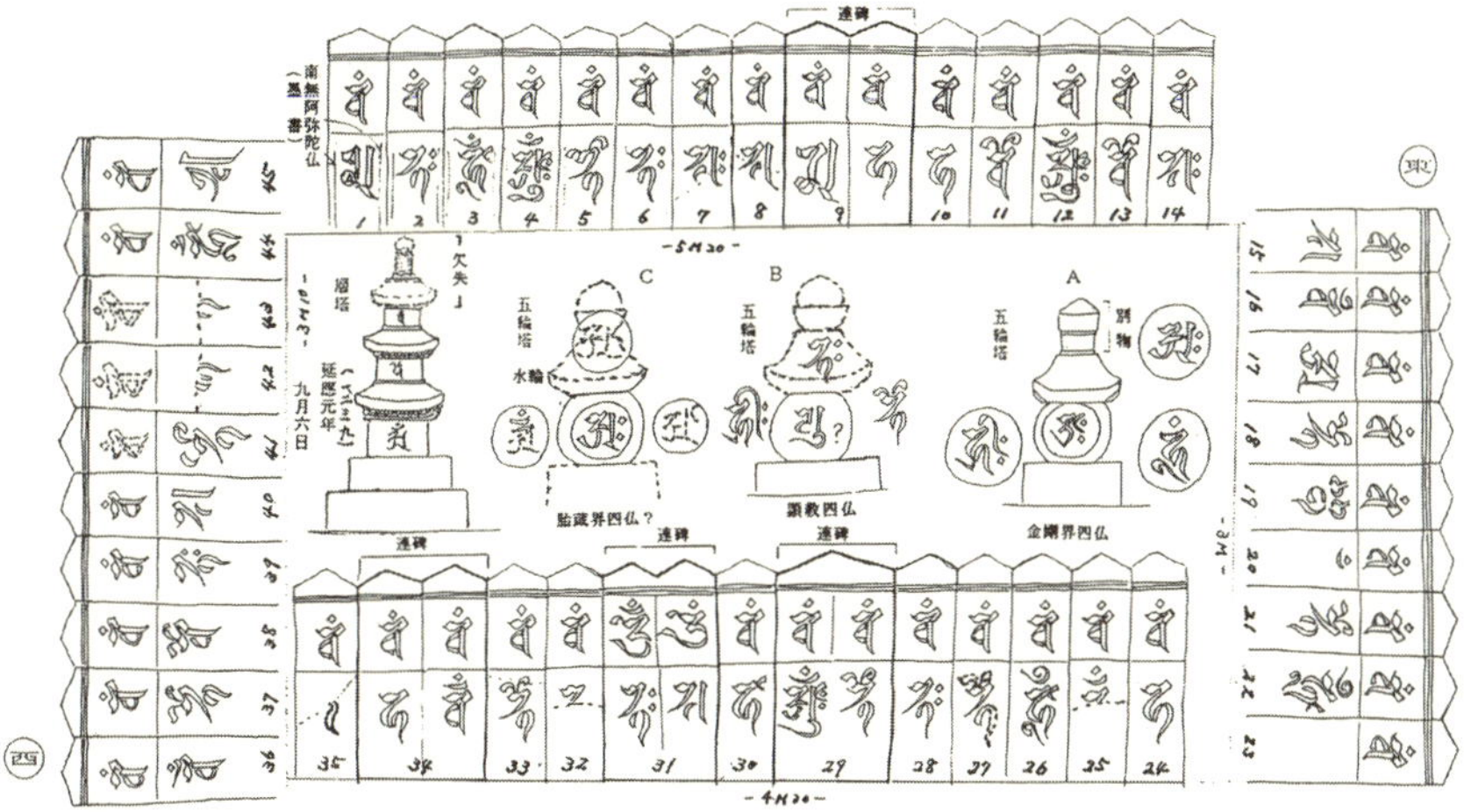

沢家墓地の四十九院率塔婆（藤浪三千尋氏調査。『隼人町の石造物』より）

鹿児島県隼人町沢家墓地。斜め背後から撮影（復元した遺構）

東京都八王子市大和田町中世墓（『八王子市埋蔵文化財年報 平成元年版』より）

真言密教において四十九院が意味するところは、釈迦の後継者である弥勒が、釈迦の遺骨を継承しつつ現に住している浄土であり、釈迦遺骨、または全身と見做される釈迦の霊的存在の象徴としての塔婆を取り囲む欄楯である、とある。とすれば、欄楯の「欄」＝垣と楯、つまり欄干を廻らした建物を表す語として日本独自に用いられたのが「欄塔」「檻塔」(43)であり、欄楯の塔こそがラントウのもともとの用語だったのであろう。

先述したように、『無縁集鎮西聖光上人』では、第二一から二三が四門に関する記述で、そこには、

廿一　四門、述二浄土宗意ヲ一云、四門ノ内ハ弥陀ノ浄土也、外者ヱと（穢土）也、故ニ六道歴然タリ、先四方ヲ圍繞ス

ル事ハ、経云、四邊階道之なり、圍垣ヲ結フ事ハ、七重欄楯之なり、幕ヲ懸ル事ハ七重門綱之なり、銭ヲ懸ル事ハ、皆是四宝之なり、四門アル事ハ十方浄土実無差別之なり云々

とあった。「圍垣ヲ結フ事ハ、七重欄楯之なり」の文言こそ、この場所が聖所であり、「七重の欄楯」すなわちラントウと同じ意味を持っていたことを明確に示している。「七重の宝宮」とは弥勒兜率天の四十九院を意味する時の慣用句であることを想起すれば、この表現からラントウが兜率天を「移した」タマ（霊）の住処として設けられた施設であることは、充分了解できるのではなかろうか。

四十九院塔婆で取り囲まれた五輪塔婆は、もともとは釈迦の遺骨である舎利塔を本義としていた。その舎利塔婆に、死者の火葬骨、または身体を火葬した灰をともに収めることで釈迦と一体になり、弥勒仏の下生を待つのが日本における仏教的な墓制の思想であった。しかし遺骨・舎利を納める観念的な宮殿は、実際の現世世界では清浄な地である高山・霊山にあった。それが全国にある山岳霊地の四十九院である。一一世紀以降の霊山納骨信仰は、遺骨や遺髪を兜率天浄土に擬せられた霊山に納められ、そこで弥勒下生の時を待つ。奈良県各地では、葬式の日に死者の霊は高野山や善光寺などにお詣りをする、といって枕飯を供える習俗は、四十九院信仰のもとが霊地霊山から発していたため、それがイエの墓地成立後も完全には捨てられず残った習俗であろう。

鹿児島市郡山岳町のラントウと隼人町の四十九院板碑

鹿児島市郡山岳町の里嶽集落、福留ふさ氏の屋敷内には、四十九院を表現した総高七五・五㎝の立派な石造ラントウがある。内部には石造宝篋印塔があって、その正面には「文正元年丙戌六月五日　妙徹」（年号が造立年か妙徹没年かは不明）とあり、文正元）一四六六）年に近いころの製作と考えられるが、その覆い屋にあたるラントウもこの宝篋院塔と同時期の制作とみられ、筆者の知る限り現在のところ四十九院名を配したもっとも古い石造ラントウということになる。被葬者の妙徹についてはまったく情報がない。この石造物がある福留家は、小地名ではテラと呼ばれている。道を隔てた村の集会所にも同家の近世墓石が数基残っていて、本石造物も福留家由来ものとされている。

四十九院は塔内部に、線刻文とかすかな墨書で書き残されている。長足五輪塔形で、ラントウ内部の奥壁に八本、同じく側壁に各七本、外壁の正面左右に各二本、同じく左右側壁に各一〇本、そして裏面に三本の、合計四九本で、これまで挙げた四十九院論の配列と比べて異例ながら、明らかに四十九院である。驚くのは、この長足五輪塔形とその彫り方で、線刻による割付け線の描き方や、卒塔婆上部の刻み方など、後の戦国期末から近世初期に全国各地で用いられた四十九院彫刻の技法がほとんど同じであり、文正年間からまったく変わっていないことである。内壁と外壁に四十九院を配置する事例は他に見られないことから判断すると、四十九院をラントウに施した事例としては初発期のものであることを予想させる。

墨書はかなり流れ落ち摩滅してはいるが、風雨に当りにくい内部にはかろうじて読み取ることのできる部分があったのは幸いというべきであろう。写真で示した二行のうち最初の行は、五輪塔婆の空・風・火・水・地の陰刻内にキャ・カ・ラ・バ・ア種子が墨書され、その下に続けてマン字）空点アンに荘厳点が付く）が墨書されている。そしてさらにその下に「常行□□院」との墨書が微かに読める。その次の行は、上は前行と同じで、その下にバン字らしき種子形がみえ、その下に「金剛□□□」とある。これを手掛かりに推測すると、禅宗の「諸回向清規」の四十九院名中に「二十三 常行説法院〈四十八 文殊大士〉二十四 金剛修法院〈四十九 大日如来〉」と符合している。他の個所をさらに精査する必要はあるが、マン字は文殊菩薩を表し、バン字は大日如来を表しているので、おそらく間違いはないであろう。とすると内壁左端が四十九院の末尾となることから、石塔の正面向かって左から四十九院名が始まっていることになる。このラントウの四十九院は、院名によるかぎりでは『諸回向清規』と同じ四十九院院名に拠っているということになる。

郡山の石造ラントウは以上のように、石造ラントウとして最古期に属する上に、四十九院をラントウに表現したものとしても格段の古さである。本石造ラントウがこの地域に残っている理由に関して、現時点で充分な説明ができないことははなはだ残念だが、鹿児島県内にはこの他にも興味深い事例がいくつもあって注目される。

霧島市隼人町には、大隅正八幡宮の社家で、田所職家でもあった沢家の墓地に板碑の四十九院があり、同じく正八幡宮をとりまく寺院のひとつであった真言宗の正高寺跡にあったといわれる石造五輪塔銘文にも四十九院名が刻銘されている。

まず沢家墓地は、正面の幅四二〇㎝、奥行三一〇㎝、高さ約六〇～七〇㎝の長方形の塚上に、三基の五輪塔と一基の層塔、そして塚の四方を取り囲んだ四五基の板碑で構成されている。さらに塚手前には三基の板碑が置かれていた。これらの石塔は隼人町教育委員会の復元によるものである。まず塚の中央左に立てられていた層塔の基礎には「延応元年九月」の紀年銘がある。その右側に並んで建てられた五輪塔三基に銘文は判別されていないが、いずれも鎌倉期の制作と判断されている。さらに塚の正面に建てられた板碑三基のうちの一基にも「嘉禎三年三月廿二日建立者永慶」の銘文があり、嘉禎三（一二三七）年、延応元（一二三九）年が塚の製造時期であるとしたら、この特異な塚は一三世紀前半における貴重な塚墓の事例ということになる。

さて塚の周囲に建てられている四五基の板碑には、ほとんどにある特徴がある。それは紀年銘も建立者名も刻まれておらず、種子だけが彫られていることである。四五基のうち四基は二基を一石で造った連碑であり、これを二基と数えると全部で四九基、すなわち四十九院になる。板碑による四十九院率塔婆が塚の四方に廻らされていることになり、板碑の制作年代がもし嘉禎三年、延応元年に近いものであるとすれば鎌倉中期の四十九院として貴重な事例であることになるが、周囲の板碑は若干時代が下ると考えられている。後考を俟ちたい㊹。

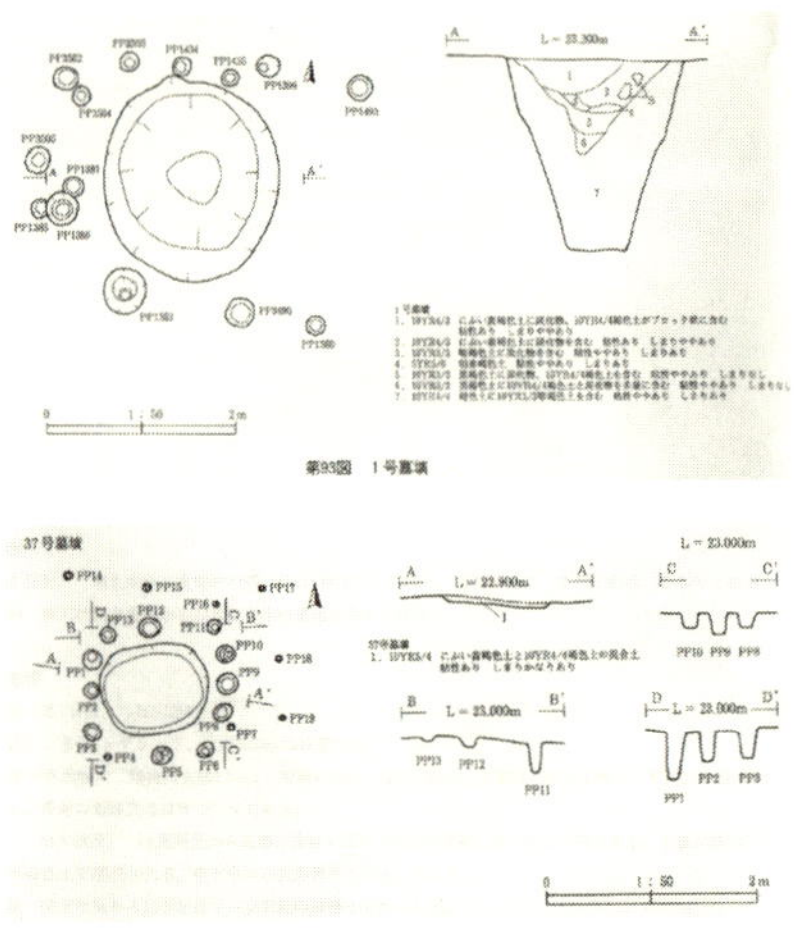

墓壙の周囲に率塔婆を立てた遺構のある事例（『岩手県文化振興事業団埋蔵文化財調査報告書』第410集「本町２遺跡第二次発掘調査報告書」による）

板碑はいずれも山形の額部の下に二条線、その下にバン種子）二基にはオン種子）、さらに一本線で画された下には一六種あまりの種子が施されている。種子の両側に墨書で南無阿弥陀仏が墨書されているものもあり、それらは建立当初のものでなく、恐らくはやや後の時代に上書きされた可能性がある。いずれにせよ鎌倉期、少なくとも南北朝期以前の石塔をともなう塚墓として貴重な存在であり、まして塚の周囲に四十九院を配している点で注目すべき存在である。

こうした事例がこの地方で他にもあるかどうか未詳であるが、旧隼人町郷土資料館には、沢家墓地以外からも紀年銘のない板碑や連碑が発掘され、収蔵されているのを筆者は確かめているので、あるいはこの地方で他の事例がこれからも発見される可能性は高い。今後の調査の進展に期待したい。

東京都八王子市大和田町のマンション建設にともなう工事現場からみつかった中世墓は、横穴の内部に板碑をコの字に配するという特異なものであった㊺。横穴の内部は「奥壁と東壁に沿って床に溝が掘られており、焼いた骨を埋葬したのちに溝の中に板碑を立てて泥で溝を埋めている。焼骨が埋葬されていた位置は、東壁前の溝、板碑（No.三）の奥の穴、板碑（No.八）の前の穴の三個所であり、それぞれ板碑が焼骨の中に立てられていた」という。

横穴壁面に立てられていた板碑は全部で八基あり、そのいずれもに金泥が施されていた。板碑は奥壁中央に立てられた永仁二（一二九四）年正月日と延慶二（一三〇九）年八月一六日の、ほぼ同じ法量をはかる二基を中心として、その左右に三基ずつ、すなわち右側には元亨二（一三二二）年一一月日、正中二（一三二五）八月日二基、左側にも延慶二年九月日、元亨二年四月日、元亨年六月日（年がない）である。すべてキリーク一尊種子である。重要なのは、すべての板碑に被供養者名も供養者名もないことで、八基の板碑の建立が、ある意図を持って行われたと推定できることである。建立年にも規則性が認められ、報告者の持田は金箔の残存状態から推定して、古い年号のものはもともと屋外に立てられていて、最後の正中二年板碑が造立されてまもなくこの横穴内に収納されたのであろう、としている。「薄暗い室状の施設の中で、金色に輝く板碑群は壮観であり、まさに極楽浄土の世界である」（同上）と、発掘時の印象を記している。

最初の板碑建立から最後の板碑建立までが足掛け三一年で、三十三回忌の可能性がなくもない。それは別として気になるのは、板碑すべてに年号と光明真言以外の銘文がないことである。先に紹介した大隅正八幡宮社家沢家墓地の四十九院板碑にも、被供養者と供養者の名前はない。同じような事例を探してみると、宮城県桃生群河北町の海蔵庵板碑群、仙台市東光寺遺跡、利府町道安寺横穴墓群など、宮城県内でいくつかみつけることができる㊻。

河北町の海蔵庵は現在は曹洞宗であるが、戦国期以前の寺歴については不明。しかし寺に残る板碑から一四世紀中ごろに開創された天台宗寺院であったらしい。出土した板碑は弘安一〇（一二八七）年から応永三〇（一四二三）年にかけての五〇基におよんでいる。斜面を削って造成した段には鎌倉時代後半期、同時代末期、南北朝期などに断続的に作られた板碑群をともなう遺構がみられ、とくにその形態は中心となる板碑を天井石と側石からなる石組で囲むという特異なものであった。それぞれの石組群には数基の板碑が立て並べられ、石組内の崇拝対象となるべき板碑は一時に立てたのではなく、回忌（三十五日から三十三回忌にわたる）に合わせて順次立てていったものである場合がほとんどであることが、銘文から判明する。火葬骨をともなうものもあるが少量であり、火葬や埋葬の跡は認められないから、それらの葬送行為は別の場所で行われ、ここには分骨された可能性が高い。また個々のブロックが家族または一族の遺物で統一されている例が多く、家族墓、一族墓と考えられる。出土状況からは充分明らかにできない面もあるが、中心となる板碑の他に、多数の小型板碑があることなどからも、それらは板碑による忌垣であった可能性が高いのではないか。

同じく仙台市の東光寺裏山遺跡には石窟内に応長元（一三一一）年銘板碑が、道安寺横穴墓では板碑と弘安六（一二八三）年の写経石が収められていた。他に、瑞巌寺雄島には小型の板碑が現在も多数海底に沈んでおり、それらはやはり種子しか認められないということである[47]。それらの小型の板碑が中央の墓を囲む忌垣の機能を有していたことが充分に推測され、こうした事例はこれまで注目されてこなかっただけに、調査・報告も少なかったのかも知れない。

岩手県平泉町の本町2遺跡は中世墓の遺跡であるが、一二～一三世紀にかけての土壙墓が四五基発見された[48]。県内に限らず東北地方で同時期の墓壙遺跡は類例が少なく貴重であるが、そのなかの一基に明確な率塔婆建立を示す一〇数個のピット（一号・三七号土壙）がみつかっている。

この一号墓壙内からは火葬骨が出土していることからこの墓地が骨墓所であることがわかるが、墓地全域からは板碑などの石造物はみつかっていない。中世墓地遺跡の少ない現状での評価はむつかしいが、少なくともこの遺跡が東北地方では火葬の骨墓所をつくりはじめた初期の事例に相当するものであることは確かといってよいだろう。そうした初期の火葬墓地に、実測図のごとく木製の率塔婆を埋葬地周囲にほぼ円形に巡らしている形跡がはっきりうかがえるのは注目したい。注意深い発掘作業が功を奏した結果であるが、こうした微細なピット遺構は今後、他の中世墓遺跡でも必ずや発見されることであろう。

率塔婆あるいは忌垣、釘貫を埋葬地の上部に設置する場合、必ずしも穴を掘って挿し立てたとは限らず、先に木を組んでから墓上に置くのが一般的なので、その場合にはまったく遺構は残らない。墓上施設を考古学的に明らかにするのはほとんど不可能に近いが、こうした希少な例もあることは心強い。ただしこの地域の一二～一三世紀の段階では、率塔婆はまだ四十九院にはなっていないのであろう。

大隅正八幡宮社家沢家墓地、八王子大和田町横穴墓、宮城県・岩手県など各地の事例から、墓地、墓室を荘厳する忌垣として、または金箔を施した忌垣率塔婆として、木製卒塔婆や板碑が用いられたことがあった、と考えることができる。とくに板碑は、これまで多くの場合、一基ごとに評価されるのが普通であったが、このように一種の墓地の荘厳装置として用いられる例も少なからずあったのではないだろうか。

本章冒頭で触れた平安末期作「餓鬼草紙」の「疾行餓鬼」の場面にはおよそ五基の塚が描かれている。その一番右側に描かれた塚には、石を椀形に積み上げた上に短めの卒塔婆を五〇本余りもまとめて立て、その中心に三仏を彩色で描いた笠付塔婆、その両脇に二本の塔婆が立てられている。隣りの塚にも中心に墨書のある三本塔婆が立てられている。同じく「食糞餓鬼」に描かれている塚にも、中央に三本の塔婆が立てられ、傍らにはそれよりも小型の塔婆四本が方形に立てられている。墓塚の塔婆は、中央の三本とその周りを囲むようにして立てられる数本から数十本の塔婆を立てる形式が基本であった。鎌倉末期から南北朝期の事例ではあるが、鹿児島県沢家墓地の四十九院板碑や宮城の大型板碑と小型板碑との組み合わせは、「餓鬼草子」に描かれていた墓地での塔婆の立て方をそのまま、板碑で表現したものといってよいだろう。

四十九院の登場

大隅正八幡宮の膝元にはほかにも、墓地への四十九院の展開を考えるのに恰好の素材が見いだされている。隼人町旧正国寺跡（かつて正八幡宮に縁の深かった五正寺のひとつ）に残されていた五輪塔は地輪部分のみが発見されたが、その四面に施されている四十九院名を以下に示しておく[49]。

「正面向かって左側」

（ア）

□□□（「于時明」カ）

恒説荘□□　□□那如来　□

守護□□□　五大力菩薩　二

覆護衆生院　佛眼尊菩薩　三

般若不断院　般若菩薩　□

念佛三昧院　大勢至菩薩　□

「第二面」

□□□□院　轉法輪菩薩　六

□□□□院　□□□菩薩　七

常念七佛院　過去七佛　八

鎮護方等院　佛頂尊勝菩薩　九

常念常楽院　釈迦涅槃像　十

小欲知足院　普賢菩薩像　十一
毘沙門天院　波羅密菩薩　十二
（ア）
地蔵十輪院　地蔵菩薩像　十三
常念普賢院　普賢菩薩像　十四
精進修行院　精進波（羅）密菩薩　十五
常念不動院　阿しゅく如来像　十六
恒説菩薩院　善財童子□□　十七
□□□□□　□□□□□　十三（十八？）
「第三面」
「　」
□□□□□　大毘盧遮那如来　二十
潅頂道場院　金剛手菩薩　廿一
説法利他院　尺迦説法像　廿二
常行説法院　大聖文殊師利菩薩　廿三
金剛修法院　大日如来像　廿四
（ア）
法華三昧院　尺迦□宝如来　廿五
恒念観音院　観世音像菩薩　廿六
求聞持蔵院　海阿難像　廿七
梵天四王院　梵天天帝天大王像　廿八
弥勒法相院　弥勒如来像　廿九

説楽悲田院　薬王菩薩　卅
金剛吉祥院　吉祥天菩薩　卅一
「第四面」
□□文殊院　文殊師利菩薩　卅二
平等忍辱院　忍辱波羅蜜菩薩　卅三
造像図□□　修補佛像　卅四
安養浄土院　阿弥陀如来　卅五
理正天王院　焔魔天王像　卅六
檀度利益院　胎蔵　卅七
（ア）
因明修習学院　龍樹菩薩像　卅八
観虚空蔵院　虚空蔵菩薩　卅九
招提救護院　摩訶迦葉像　四十
唯学傳法院　諸経論　四十一
常念総持院　五大明王像　四十二
理観薬師院　薬師如来像　四十三
□□□□院　金剛力□□　□□
「正面右側」
□□□□
□□□□□　□□□□　□□
□□□□□　□□□□　□□
□□□□□　□□□□　□□

鹿児島県霧島市隼人町旧正国寺跡出土五輪塔地輪の銘文（霧島市教育委員会藤波三千尋氏採拓）

□□□□□　□□□□ □□
□□□□□　□□□□ □□
（霧島市教育委員会藤波三千尋氏のご教授による）

この四十九院名は、禅宗の『諸廻向清規』と順番が同じで、一部院名が違うのみであるため、同じ教説に基づいていると考えられる。

地輪の正面には四十九院の第一「恒説荘□□（華厳院）□□（毘盧遮那如来」にはじまり五番目まで、二面には六番から一八番、三面には一九番から三一番、四面が三二番から四四番、そして正面に戻って刻銘は不明ながら、区画線から見て四五番から四九番までの院名と本尊名が右回りの順で刻されている。正面の左右に五院ずつ、左右、背面それぞれに一三院が列記されていて、後の四十九院の配置とは若干ながら異なっていることを特記しておきたい。なお写真に見るとおり、四十九院名の上部枠外には、おそらく院名に対応するような順序で種子も刻まれているが、必ずしも上下が対応していないため、あえて銘文から省いてある。

この四十九院名を刻した五輪塔は、残念ながら現在土砂崩れのために土中にあるとのことであり直接確かめる術はないが、地輪の四面に施された（ア）字種子から見て、少なくともこの地方の特徴から南北朝期前後の製作と考えられる。四十九院の最初の行のその前に、「于時明□」と読めるところがあり、これが年号であるとすれば、南北朝室町期あたりでは明徳（一三九〇～一三九三）と明応（一四九二～一五〇〇）しかない。同時に出土している五輪塔に永徳二（一三八二）年銘のものがあり、製作手法等から見てそれと大きな開きは考えられないので、明徳あたりと考えるのが妥当であろう。いずれにせよ沢家墓地の四十九院板碑とならんで、現時点では、実際に四十九院が石塔に施されたもっとも初期の事例と思われる。

なぜ南九州地方に四十九院の事例が多いのか、残念ながら詳細はまったくわかっていない。鎌倉・南北朝の時期以降この地方は、大隅正八幡宮を中心とする一大政治勢力が結集していたことはよく知られている。律宗・禅宗・時衆など、当時さかんに勢力拡大を目指していた宗派と、それ以前からこの地方に絶大な勢力を誇っていた真言宗を中核とする密教勢力が力を拮抗させており、たがいに刺激し合っていたのは事実である。その上、琉球経由で大陸や半島からの文化、交易品、人物交流がさかんになっていたのは明らかであり、そうした特別な事情が、墓制にこうした新しい考え方を表現することにつながっていったのであろうと推測するほかはない。真言宗正高寺については残念ながら十分な資料がなく、本石塔と同寺、そして被供養者についても現時点で特定できないのは残念である。

郡山の石造ラントウが造られた文正年間当時、南九州地域は島津氏による大隅・薩摩支配に向けた政治的な大変動期にあたり、その上、日明貿易開始以前の南北朝期から、島津氏が活発な琉球交易を主軸とした南海貿易を展開している。また応仁年間ごろ、和泉堺湊から四国、九州東岸を経て大隅、そして薩摩南端の坊津にいたる海路が琉球貿易、日明貿易のために正式に開かれたことも広く知られている。つまり十四・五世紀以降、薩摩・大隅は日本の表玄関としての地位を確実にしており、それは南九州地域における異国情緒溢れる独特な石造文化の盛行にも現れている。

今後の課題であるが、宮城県など東北地方の小型板碑群がもし四十九院に関係するものだったとすれば、瑞巌寺など臨済宗の教線が関係していた可能性も出てくるのではあるが、これについては今後の課題としておきたい。

郡山町の地域は、いまでこそ市街地から隔たった山村地域になってはいるものの、大隅・薩摩の中心であった錦江湾沿岸と九州西岸部や肥後地方との境界にあたる拠点でもあったため、古代・中世を通じて多くの政治勢力がその帰属をめぐって争っていた地域であった。そのために古くから宗教拠点も多く、なかでも郡山岳集落上流には智賀尾六所権現（現智賀尾神社）、厚地山権現（現花尾神社）などの古社、大社とその別当寺（真言宗系）が大きな勢力を有していた。厚地山権現の別当寺、真言宗平等王院は島津氏や大蔵氏、伊集院氏、税所氏などと深い関係を有しており、薩摩・大隅の諸豪族との結びつきは強かった。また室町期以降九州、中国地方に教線を拡大した曹洞宗石屋派開祖の石屋真梁は、伊集院氏の出身であったことはよく知られている。このような政治的、宗教的、文化的な環境が、あるいは四十九院とラントウとの習合をもたらしたのかも知れない。

南九州で墓制文化の上に出現したこの特殊な出来事は、その後どういうわけか、関東平野の最北地域である上州に飛び火してゆくのだが、このことはまた別の機会に考えなくてはならないだろう。

注

① 「大菩提山等縁起」平安末期から鎌倉初期ごろの成立と推定される。松尾寺蔵。『山岳宗教史研究叢書一八』「修験道史料集　二」。名著出版。
② 「道賢上人冥途記」。
③ 「多武峯略記」。建久八年、『群書類聚』所収。
④ 『太平記』谷堂炎上の条。
⑤ 「筥根山縁起并序」、箱根神社体系本。『山岳宗教史研究叢書一七』「修験道史料集（一）」所収。名著出版。
⑥ 「白峰寺縁起」、応永一三年。『群書類聚』所収。
⑦ 「彦山流記」。『山岳宗教史研究叢書一八』「修験道史料集　二」。名著出版。
⑧ 千田稔氏『天平の僧　行基』中公新書、一九九四。
⑨ 大阪府立狭山池博物館図録五『平成一五年度特別展　行基の構築と救済』、二〇〇三・一〇。
⑩ ⑧に同じ。
⑪ 「貞慶敬白文」『弥勒如来感応抄』。
⑫ 「一遍聖絵」第二。
⑬ 「大山寺縁起」、『伊勢原市史　古代・中世資料編』。
⑭ 「大山寺縁起絵巻」、平塚市博物館蔵。
⑮ 佐伯英里子「大山寺縁起絵巻小考」『平塚市文化財調査報告書』三一。
⑯ 神奈川県立金沢文庫『龍華寺の天平仏』、二〇〇四。
⑰ ⑯掲載。前出『龍華寺の天平仏』解説。
⑱ 千々和到「六浦のやぐらと幻の寺」『月刊百科』二七四、一九八五。平凡社。
⑲ 大三輪龍彦編『中世鎌倉の発掘』。一九八三。有隣堂。
⑳ 平岡定海「平安時代における弥勒浄土思想の展開」『日本弥勒浄土思想展開史の研究』、一九七七。大蔵出版。
㉑ 「叡岳要記」、「如法経濫觴類聚記」。
㉒ 『山形県史』第一巻原始・古代・中世編、一九八二。
㉓ 承和一二年九月一〇日「民部省符」『東寺文書』。
㉔ 藤沢典彦『日本の納骨信仰』。『仏教民俗学大系』四、一九八八。名著出版。
㉕ 『高野春秋』。
㉖ 勝田至『死者たちの中世』。二〇〇三。吉川弘文館。
㉗ 『覚禅抄』。
㉘ 鎌倉期の真言密教僧。他に『後七日法』（文永三年・一二六六）などの著作あり。
㉙ 「頼瑜—その生涯と思想—」、『智山伝法院選書』七、二〇〇〇・三。
㉚ 『十住心論衆毛鈔』、『真言宗全書』一〇。
㉛ 『釋浄土二蔵義』巻六。『浄土宗全書』。
㉜ 文禄二（一五九三）年書写『無縁集鎮西聖光上人』内題「葬送次第一大事也　聖光上人御作」、知恩院浄土宗学研究所蔵。
㉝ 神居文彰「桃山時代末期の葬送史料—文禄二年『無縁集鎮西聖光上人』—」『宗教研究』三一一、一九九七・三。「四十九院の展開—本願に一を加える思想—」『宗教研究』三二五、一九九八・三。

㉞ 報誉無住著、寛永三年作、万治三年刊。お茶の水図書館蔵本。
㉟ 『浄土宗大辞典』。一九八二。山喜房仏書林。
㊱ 小林大二『差別戒名の歴史』一九八七。雄山閣。なお同書に一部翻刻されたものを参照した。小林大二によると本書は、差別戒名を掲載する書物としては天文八（一五三九）年以前成立とされる『貞観政要格式目』以来、近世にいたるまでに多くの書物と刊本が出された。本「無縁慈悲集」もそのひとつで、内容には『貞観政要格式目』をそのまま引用した箇所も多い。小林大二『差別戒名の歴史』では、葬儀・葬礼・葬祭に関するこうした一種の手引書がいくつも紹介し、本書もそのなかで紹介されている。ただし同種の手引書に較べて本書は、位牌などの書き様については『貞観政要格式目』などと同じであるものの、四十九院は浄土宗の方式として記載されている。
こうした手引書が、戦国期以降、江戸初期まで、各宗派とその檀家たちの要求に従って著された事情については、当時の寺檀関係の成長などを考慮に入れてさらに深く考察する必要がある。もちろんそこでは、本書にも記載のある「三家ノ者」など、中世から近世社会への移行期における差別問題という大きなテーマが立ちはだかっていることはいうまでもない。「三家ノ者」とサンカが同じ系列の人びとを指していたとするのがわたしの立場であるが、氏は諸手引書に頻出する「三家ノ者」とサンカを同一視する視点を示しておらず、また沖浦和光も『幻の漂泊民・サンカ』では、サンカは幕末の社会変動期に村落を欠落した人々が山間部にとどまり、流民化したことにはじまるとしている。しかしすでに室町期から江戸初期に、位牌の作り方まで区別されている「三家」と呼ばれる一団がありながら、それはサンカではない、といっても納得できない。本論と直接の関連がないのでこれ以上の考察は控えるが、さらなる検討が必要であろう。
㊲ 『大日本仏教全書』。
㊳ 『日本大蔵経』所収。成立不祥。
㊴ 「西光寺の住侶盛舜」とある西光寺は、越前一乗谷にあった真盛派の拠点寺院。「実盛坊過去帳」に盛舜上人越前岡西光寺とある。永正十二年二月二十三日、法勝寺周興、同寺木寺越前光照寺住持盛舜に上人号を賜らんことを請うと『守光公記』に見える。
㊵ 『日本の葬送・墓制』一九五六・三。明玄書房。
㊶ 山本幸司『穢と大祓』一九九二・一〇。平凡社。
㊷ 『園太暦』。
㊸ 『看聞御記』。
㊹ 『隼人町の石造物』。隼人町教育委員会。
㊺ 持田友宏報告「板碑を伴う中世の墓地」、平成元年五月調査。その他『八王子市埋蔵文化財年報 平成元年版』八王子市教育委員会、一九九〇。
㊻ 大石直正「北上川の中世のはじまり」『石巻の歴史』第一巻 通史編）上）中世編、一九九六。勝倉元吉郎『北上川下流域のいしぶみ』一九九四。仙台市教育委員会『東光寺遺跡』、仙台市文化財調査報告書第一一二集、一九八八。宮

城県教育委員会『海蔵庵板碑群』、一九九九・三。
㊼　瑞巌寺宝物館新野一浩氏のご教授による。
㊽　西磐井郡平泉町長島字本町『岩手県文化振興事業団埋蔵文化財調査報告書』第四一〇集「本町2遺跡第二次発掘調査報告書」二〇〇三・三。
㊾　なおこの銘文は、霧島市教育委員会の藤波三千尋氏からいただいた拓本写しをもとにした。掲載をお許しいただいたことに感謝したい。

おわりに

四十九院は死体を葬る際のモガリとしての覆いや忌垣が、仏教的な解釈にもとづいて荘厳された構築物であった。それが用いられるのは「葬」の場である。死者を葬る行為はたんに死体を処理する行為としてばかりでなく、死体が持つ強力な力を鎮め籠める行為としても必要であり、そうした複雑な信仰観念がモガリや忌垣・荒垣を設ける主な理由だったのである。

仏教的な死体の処理法として火葬が一般化するのは一三世紀以降まで待たなくてはならない。それまでは主に王朝国家、年中行事政治を政治の根幹とする体制が主流となっていく王朝貴族社会と京師で採用された。その典型的な例が藤原氏北家の木幡墓地であったが、あれほど藤原氏の純粋性の核として機能していた木幡墓地と浄妙寺さえ、鎌倉期に焼失した後再建されることなく廃されていったのであり、藤原北家の求心力は衰え、中世的な王朝貴族が家督と家職を継承することで生き残りを模索する新たな社会体制に入りつつあったことを表している。

石造ラントウの四十九院は、当然のことながら石造物に四十九院が刻文されるか墨書されている。祀り（祭り）墓としての石造物が残存しやすいため、かつての信仰表現として四十九院が採用されていたことがわかるのであるが、一方の埋葬墓地でも、設えとしての木製率塔婆や木造ラントウ、あるいはもっと簡便な柴や藁などで拵えた墓上施設が用いられていたかも知れない。それらは数百年という年月には到底耐えきれず、というより数ヶ月、数年以内に朽ち果てることを前提に設置されていたのではないか。それらは当然のことながら消滅してしまっている。つまり現時点で四十九院が石造ラントウにしか残っていないからといって、必ずしも埋葬墓地の設えとして用いられていなかったとは断言できないのである。

われわれは現在、数百年以前に作られた石造ラントウに四十九院の刻文が施されているのを見ている。しかしもし当時、埋葬墓地にも木製・竹製などの四十九院が設えられていたとしても、現在のわれわれがそれを確かめるすべはない。このことは一章で、埼玉県鴻巣市勝願寺の伊奈家墓地においてすでにみたとおりである。

ラントウ＝四十九院は、本来石塔墓にも埋葬墓地にも用いられていたが、一方は石造物であるため今日までそのかなりの事例が残存しており、一方は早くに消滅してしまった。もともとラントウ＝四十九院は、埋葬墓と石塔墓の両方に施される墓地の設えであったため、ラントウ＝四十九院に長老衆の墓の設えとしての特別な意味を持たせてきた大和高原地方や大和盆地地方では、今日までラントウの語が伝承されてきたのであろう。このことは、京都市北部京北町周辺に木造のラントウが今日まで伝承されてきたことと一脈通じるところがある。中世において山国荘と呼ばれてきたこの地域は、木材が豊富であるという独特な理由によって、石造によるラントウを必要としなかった。しかしもしこれが、何らかの理由で木材産出が困難になっていたとしたら、あるいは石造ラントウに変わっていたかもしれず、もしくはラントウを建てるという習俗そのものが消滅してしまったかも知れない。奈良の場合では埋葬墓のラントウが残り、中江の場合には詣り墓の木造ラントウが残ったのである①。このことから、ラントウ＝四十九院が、もとは埋葬墓にも詣り墓にも用いられていた可能性のあることを指摘しておきたい。そしてそれは、四十九院自体が、墓制の歴史に深く関わっていたことを示してもいる、と筆者は考えるのである。

ラントウバの呼称は、埋葬墓に「ミラントウ」、祀り（祭り）墓には「ラントウ」「ウチラントウ」というように、両墓それぞれに用いられていることを見逃してはならない。新谷氏はおそらく、ラントウバなどラントウが墓地の意で用いられることが当たり前になってから、埋葬墓も「身」を埋ける「墓地」の意でミラントウの語が生まれたと想定したに違いないが、それはやはり無理がある。イシラントウ（石塔の墓地）とミラントウという両墓制語彙は、祀り（祭り）墓も埋葬墓（葬所）も、ともにラントウを用いるラントウバだったゆえに両方をラントウと呼ぶ事例がある、と考えるべきであろう。

注

①　大和高原の四十九院について、読者が恐らく疑問に思われてきたであろうことに対して答えておく必要があろう。前章で述べたように、両墓制地域の石造ラントウの多くは、詣り墓や詣り墓の墓地に用いられている場合がほとんどであった。ちなみに石造ラントウが広く分布する千葉県、群馬県、岡山県は現在単墓制地域である。ただしそれら各地でもかつては両墓制であった事例がいくつもある。にも関わらず、大和地方のラントウは、埋葬墓地の四十九院に対する呼称であって、石塔墓地の呼称ではない。

〈付篇一〉

「四十九院事　頼瑜」（東京大学図書館蔵）解題と若干の考察

四十九院は弥勒仏（菩薩）の浄土、兜率天内院にある四十九重の宝宮のことで、弥勒仏については「弥勒下生成仏経」「弥勒大成仏経」「観弥勒菩薩上生兜率天経」の弥勒三部経がもっとも重要な経典として知られている。弥勒三部経では、五六億七千万年後、弥勒は現世に下りてきて龍華樹のもとで三度説法し、その時に多くの衆生が解脱し、救われると説いている。弥勒信仰には下生信仰と上生信仰があるのはすでによく知られており、下生していない現在、弥勒が住しておられるのが兜率天ということになる。下生信仰は、弥勒が下生される五六億七千万年後まで「待ち続け」、三会に列会して救われたいと願う信仰であり、一方上生信仰とは死んだ後、弥勒がおられる兜率天に往生してその傍ら、つまり四十九院に住みたいと願う信仰である。弥勒信仰の詳細については和歌森太郎、宮田登他多くの優れた研究がすでに知られており、敢えてここで述べることはしないが、四十九院に関してはこれまであまり仏教史で研究されることはなかった。

ところで、弥勒がおられるという兜率天の四十九院を廟所である建物や墓石に表わす例が、鎌倉期以降日本国内に多く造られている。その形式はほとんど全国一様であって、明らかに宗教的な関与の存在が予想される。

私見によれば、広範に流行するのは戦国時代末期から江戸時代初頭にかけてで、全国各地にある大名家やその家臣たちの廟所、そして地域によっては一般の人びと―特に上層に多いが―もそのころ建立するラントウ系墓石や木造の霊屋の四方に四九本の長足塔婆を描き、それぞれに四十九院の名を刻むか墨書するなど、装飾的に四十九院を表わすことが増えている。

筆者はこれまでラントウ系墓石に関するいくつかの論考のなかで四十九院についてふれてきてはいるけれども、なぜ四十九院とラントウが結び付いているかに関しては明言を避けてきた。それは四十九院の思想的背景、特に宗教者の側からの理論的な説明に触れることがなかったためであり、漠然と四十九院＝兜率天信仰とすることに疑問を感じていたからである。

ところで先日この四十九院に関して、坂本正仁氏から非常に重要な事実をご教示いただいた。それは、『本光国師日記』慶長一八（一六一三）年四月一七日の記事に「就四十九院之儀。真言宗曹洞宗申分有之由承候。諸宗共ニ候。可被成其御心得候。具ニ宗薫（今井宗薫、茶人。筆者注）へ申入候。尚面上之時可申上候。」という崇伝書状の文面があることである。宛先は松平陸奥守すなわち伊達政宗で、崇伝は政宗に対して、真言宗・曹洞宗に関わらず四十九院についてはそれぞれ言い分があることなので、よく心得ておく必要がある、と述べている。

『徳川実記』の同年月二六日条にも「松平陸奥守政宗が封内真言洞家四十九院争論の事。金地院崇伝もて。大御所へ訴ふ」（『駿府記』、『国師日記』）とある。政宗は伊達藩内でおこった真言宗と曹洞宗との「四十九院」をめぐる争いについて、崇伝を通じ家康に裁許を仰いでいたらしい（坂本正仁氏「真言宗と祭道」、『豊山教学大会紀要』四号、一九八四）。

真言曹洞の争論が四十九院についての何に関してのものだったのか不明だが、当該時期は諸宗が仏事、葬儀への関与の仕方についてさかんに宗論を繰り返している時期に相当しており、四十九院も単に弥勒浄土四十九院についての観念的な宗論では決してなく、具体的な葬儀、仏事に関連した四十九院すなわちラントウ＝霊屋に付随した四十九院についての論争であったことは間違いない。

さらに崇伝書状に、四十九院は「諸宗」それぞれに言い分がある、ということから分かる通り、四十九院を用いていたのは真言宗や曹洞宗ばかりではなかったことも確かなようである。実際近世初頭ごろから全国的に造られるようになっていた大名の御霊屋をはじめとして一般人の廟墓である木造ラントウおよびラントウ系墓石には四十九院が施されている例が多く、それらは特定の宗派に偏っている様子はみられない。近世初期にもっとも勢いのあった真言宗（特に新義系）と曹洞宗が四十九院についてお互いの考えを戦わせたのも、四十九院が仏事や葬儀の実際に深い関わりを持っていたからにほかならない。

さてここで紹介する『四十九院事』は、真言宗系の学僧の手による四十九院に関する解釈をまとめたものである。

『四十九院事』は頼瑜の著とされるが、頼瑜はいうまでもなく新義真言宗中興祖といわれ、中世近世を通じて真言密教を代表する理論家であった。『四十九院事』が実際に頼瑜の著作であるかどうかを確かめる術はいまのところない。また未定稿であった可能性もあるので、必ずしも翻刻に適しているとはいい難い。しかし類本が見当たらない以上、頼瑜著作の可能性が高い本書を紹介する意義は決して失せるものではないだろう。

底本とした刷り本は、東京大学総合図書館所蔵『四十九院抄』に収められており、作成年月日は奥書に「寛文十有二歳次壬午林鐘上旬沙門慧通書」とあることから、寛文一二年（一六七二）六月、沙門慧通の編纂によるものであったことがわかる。その底本は頼慶がまとめたものであるが、頼瑜『四十九院事』を引用した頼慶は慶長年間、高野山遍照光院住持となり、その後一時は徳川家康に重用された当時一流の学僧として知られている（『大日本史料』慶長一三年七月三日条等）。

本冊子の表紙には「四十九院抄　頼瑜記」の表題があり、柱には「四十九院抄」と墨書され、「履中法堂蔵」とある専用箋を用いて筆写されている。ただし、表紙の次の一葉と最後の二葉の柱には同じ「履中法堂蔵」とありながら「四十九院抄」の題がなく、扉用に別の紙を足して綴じ、冊子を補強したものと思われる。

専用箋のサイズは竪二七七ミリメートル、横二二〇ミリメートルを計る。

本来の冊子部分には柱に一から三十九までの紙数番号が振られており、これが本来の『四十九院抄』冊子である。

『四十九院事』は枚数にして一五枚。表題部分に「頼瑜記」とあるのみで、年月日等は本文中にもみられない。そのため何時ごろの作か不明である。

その後に続く『四十九院縁起』は二五枚。表題部分には「四十九院縁起　私　頼慶」とありまた、末尾には「慶長第九甲辰林鐘七日　南山桑門　頼慶記之」とあって、頼慶による慶長九年（一六〇四）の著作である。

冊子の最後尾すなわち裏表紙には「本抄并四十九院縁起分二冊依東京帝国大学図書館美本複写ス　明治廿八年五月　日　應理末学　宅胤」とあり、明治二八年（一八九五）に東京帝国大学図書館が筆写したものであるが、その原本は判明しない。

なお、翻刻にあたって、特に旧字、異体字にこだわる必要を認めないため、フォントにない漢字は新字体に改めたことをお断りしておきたい。返り点は原資料にもとづいたため、一部不自然な個所もあるが、そのままとした。句読点は適宜入れた。種子の記載は（ア・胎蔵界）とし、割注は字が細かくなり読み難くなることを考慮して［割注］のようにした。本文には助詞や送りがな、読みがながカタカナで記入され、また返り点等も施されているが、両書を編纂した慧通は奥書に「元の書を改正せずに写した」旨記していることから、両書にはもともと訓点・返点が記されていたと思われるので、それをそのまま表記した。文字の続きを示す「-」記号も原本通り記入したが、これらが原本でどう区切られ、かつ実際に読まれていたかを知るためである。

今回は紙数の都合上、翻刻は頼瑜著『四十九院事』のみ掲載することとし、「四十九院縁起」は後日を期することにした。

（表紙）

四十九院抄　頼瑜記

（内題）

四十九院事

頼瑜記

欲界ノ第四天ノ目ヲ号ス兜率天ト。此天ニ有リ内院外院ノ両院。外院ニハ即有五百億ノ寶宮殿。天人聖衆充満雲集〆、而種種ノ伎楽管絃アリ。外儀修行ノ者ノ往生ス此天。内院ニハ有リ四十九重ノ摩尼寶殿。是則菩薩所居寶場也。其ノ四十九重ノ摩尼寶殿者、四方ニ各各ニ有十二天宮。即四十八重ノ院也。中央ニ有リ大寶摩尼殿。弥勒説法院ニシテ是レ弥勒菩薩ノ珠寶宮殿也。然ルニ内院往生ノ人、下界ニ〆持シ戒律ヲ、十善業道ノ心地観行ノ人忽《タチトコロニ》直往生ス。舎利弗尊者説法利他院ノ三古寶閣殿ヲ写造ル祇園精舎ニ。即七十二間ノ講堂、一百餘間ノ舎堂、三千六百間ノ僧坊、六十四院ニ懸鏡ヲ、磨玉ヲ、七珍珠寶、幡蓋瓔珞不可カラ稱テ計、荘厳重重也。精舎ノ當テ西方ニ療病院アリ。本尊ハ薬師如来。往生院ノ之御本尊ハ阿弥陀如来ナリ。其後チ唐ノ玄奘三蔵、写シ祇園精舎ノ一院ヲ、造ル唐ノ西明寺ヲ。道慈律師写シ西明寺ヲ、日本大和國造ル大安寺ヲ。弘法大師、以テ此寺ヲ為本寺ト、以西塔院ヲ為玉フ所居處ト也。西方ノ弥陀ニ有リ四十八願。加テ正尊即四十九重也。都率ニ有リ四十八殿。加ヘテ中央ヲ四十九重也。楽ノ有ルヲ名ケ極楽、喜ノ在ルヲ心ニ号ス喜足ト。色心不二両部冥合ノ故ニ、共ニ是四十九ナリ。西方ハ在テ地ニ心ノ誓ヲ為宗ト故ニ願ニ有四十八。兜率ハ居〆心空ニ、身殿ヲ為スルガ宗ト故、建四十九殿ヲ。六道衆生各々有八識。開テ之為スレバ心蓮ト、六八四十八願也。中尊ハ此レ法界休(体ママ)性智也。弥勒ハ亦唯識殿ノ主、以テ八識為宗ト、約〆六趣ニ、開セバ八識ヲ、中殿ハ即チ第九奄摩羅識是遣相證性唯識也。四方ハ即四重唯識也。東方ノ十二宮殿ハ、此遣虚存實唯識也。南方ノ十二宮殿ハ、即摂末皈本識也。西方ノ十二宮殿ハ、此隠劣顕勝識也。北方ノ十二宮殿ハ、捨濫留純識也。一一ノ唯心ニ〆各々有リ四分三性五法事理ノ唯識。故ニ四方ニ各ノ有十二院。唯心ノ観行成就スル、此ヲ名テ号ス喜足ト。亦ハ云知足トモ也。外院ハ即顕〆胎蔵ノ土ヲ、五百億ノ宝殿アリ。此レ胎蔵界ノ五大楼閣。此レ胎蔵ノ身殿也。内院ノ四十九院ハ、金剛界ノ密嚴浄土也。亦西方極楽ハ台蔵界花蔵世界也。以切利為ス不二ト。諸尊ノ道場両部ノ大-法悉ク以忉-利ヲ為ス不-二ト。委-細ノ甚-秘略ス之ヲ。一-乗法華ノ普賢品、以テ忉-利兜率ヲ為所居ト。此意ロ在之ニ。大師ノ云ク、安-養都-史本-来胸-中、此レ以テ二-土ヲ、為密-嚴花-蔵ノ二界ト、（ア・胎蔵界）字ノ地-輪ノ上ニ建-立ス之ヲ。西-方ノ土ハ在ル地ニ故ニ花-蔵-界也。密-嚴ハ宮-殿居空ニ、既ニ云フ此ヲ知-足ト。弥勒ハ是密-嚴浄-土也。故云フハ慈-氏菩-薩、即毘-盧-舎-那如-来也。凡ソ以テ一-世-界ヲ為一-道-場ト時ハ、兜-率-天ヲ為ス中心ト故ニ、諸佛ヲ為ス自-證ノ心ト也。一-切世-界ヲ為一-曼荼-羅-会ト、於テ弥-盧山-頂ニ、上至リ有-頂-天ニ、下及マデ金剛-輪-際ニ、為テ一-道-場宮ト、知-足-天ヲ為スル中心ト也。此兜-率四-十-九-院ノ御-願ハ閻-浮ノ十-界移-転シ、而六-道輪-廻受-苦ノ衆-生、消-滅ス重-罪-業ヲ。依テ此ニ現-當二-利テ為〆祈ト、祓（抜カ）-苦與-楽ス。彼ノ四-十-九-院新ニ奉移シ大-日如-来種-子三-形ヲ、為〆ニ聖-霊ノ佛-果菩-提ノ造-立スル處也。自下-界ノ海ミ、三-十二-萬由-旬也。修スルハ上-品ノ十-善ノ中ノ下-品ヲ、生シ彼ノ天-衆ニ、宝雲ヲ為地ト。五ニ、楽-変-化-天都-率上ヘ三-十-二萬由-旬過テ、有リ於自ノ妙-欲ノ境ニ、自-在ニ転-変スルガ故ニ為ス名ト。修〆上-中-品ノ十-善ヲ、生ス。六ニハ、他化楽-天ヨリ六-十四-万由-旬過テ上ヘニ在リ。他ノ変-化セル妙-欲ノ境ニ自在ニ転スルカ故ニ為ス名ト。是欲-界-地、修シ上-品ノ十-善ヲ、生ス。此ノ四ヲ名ク空-居-天ト。其第-四ノ兜-率天ト者、又ハ云都-史-多-天ト。唐ニハ変〆云知-足ト。知-定満-足ノ名也。下-位ノ天ハ者、覚-恵過テ放-逸也。自リ此ノ天上ノ三ノ諸-天ハ、定-心過ニ闇-鈍也。此天ハ定-恵満-足スルカ故ニ、名ク知-足ト。住-心-論ニ云。下天ハ放-逸也。上-天ハ闇-鈍也。故ニ云知-足ト。一-生補-處ノ菩-薩當ニ生ス其中ニ云々。故ニ於此ノ天ノ中、有弥-勒ノ浄-土。是ヲ号都-卒ノ内-院ト。其ノ外-方ハ、是天-衆ノ生-所也。外ニ有五-百-億ノ宮-殿。勝劣重-重也。近キヲ内-院ニ為勝ト、彼ノ天-人依テ満業ノ勝-劣ニ、所-住ノ宮ニ有勝-劣也。此天ハ於テ欲-楽生スルカ喜-足ノ心ヲ故ニ、都-史-多-天又翻〆云喜-足-天ト也。其内-院ノ浄-土ハ、廣キコト法-界ヲ為ス量ト過タリ言-心ノ分ヲ。於テ中ニ有リ四-十九重ノ大-摩-尼ノ-寶宮-殿。謂四-方各々十-二-重ノ寶-殿アリ。中-央ニ有リ弥-勒ノ住-宮云々。[台蔵曼荼羅前後四重左右三重、中ニ如有八葉歟] 下-位ノ喜-見-城猶シ其-珠錠-光重-重映徹耀ヤカス天-地ヲ。況ヤ上-界ノ尚浄土ナル荘-厳光-明可知也。私云、或書ニ云、釈-尊説-法ノ祇-園精-舎-舎-利-弗以テ通力ヲ詣シ兜率ニ、移シ彼ノ四-十-九-院随-一ノ説-法利-他-院ヲ造ス之。学フニ其一院ヲ、七-十二-間ノ講-堂、一-百餘-間ノ金堂、三千六百間ノ僧坊、分テ六十四院ニ、懸ケ寶鏡ヲ、磨テ珠玉ヲ、寶幢幡蓋珠鬘瓔珞光明辱シム日月ヲ。當テ精舎ノ東方ニ、建ツ療病院ヲ、本尊ハ釈尊自刻彫玉フ薬師ノ像。當テ西方ニ、往生院アリ。安阿弥陀云々。唐ノ玄奘三蔵、又写シ祇園精舎ノ一院ヲ、造ス西明寺ヲ。道慈律師、亦摸〆西明寺ヲ、造ス大安寺ヲ云々。四十九院一一ノ院内、広大ナルコト以テ此等ヲ可知ス也。又法相宗ノ抄ノ中ニ云ク、以テ三界唯一心ヲ作サハ身土ノ成立ヲ者、都卒ノ内院四十九重云何。唯識ヲ以テ変ス之ヲ。謂ク六道ノ唯識ニ各各ニ具ス八識ヲ。開テ之ヲ為ス四十八ト。中央ニ弥勒ノ内院ハ、遣相證性ノ唯識也。東方ノ十二宮ハ遣虚存實識也。南方ノ十二宮ハ摂末帰本唯識也。西方ノ十二宮ハ隠劣顕勝ノ唯識也。北方ノ十二宮ハ捨監留純ノ唯識也。四方各各ニ有ヘシ四分三性五法事理。十二院豈ニ非ンヤ唯識所変ニ乎。［末学ノ所相定本拠並ニ作者可尋ヌ。］私ニ云、法相宗ハ別ノ以弥勒ヲ為ス内證ト。可シ用彼説云々。猶可尋彼ノ宗ノ所明ヲ也。物語ニ云、小嶋先徳［眞興］初ハ為タリ法相宗、後ニ入テ真言ニ、弊フ聖天内證ニ。故ニ以テ天供修行ノ力ヲ、故ニ於テ下界ニ現ス都率ノ内院ヲ。或時キ参内ス。蒙ル可ノ現ス之ヲ勅ヲ。依テ老亡ニ不可ラ成ス由シ、被ルニ陳辞申。勅命難シ遁レ。祈精（請）スルニ、即チ都率ノ内院現ト掌内ニ云々。天宮一一ノ行相、追テ引テ経論ヲ、委細ニ可辨之ヲ。下界修行ノ持戒ノ功力、能ク引テ令生セ彼内院ニ。是都卒往生也。又結縁ヲ弥勒ニ、生シ其外院ニ、作ル外眷族ト。亦是可是ナル歟。例セハ如云カ十方佛土ノ中ニハ以テ西方ヲ為テ望ト、九品蓮台ノ間ニハ、雖トモ下界ナリト可ト足ス。都卒浄土ノ間ナラハ外院也トモ可足ヌ也。外院モ亦聖衆アル歟。葬送表白ニ［右徳傳也］、極楽化生弥陀如来九品界会諸大菩薩兜率天上弥勒慈尊内院外院一切聖衆ト云々。往生要集ニ云、都率内院ハ不退ノ土也。外院ハ有リト退。已上。都率建立如シ是。後日ニ可明ス之。

二三ハ擧ス四十九院本説ヲ者、凡初メ従リ恒説華厳院、終至マテ常行律儀院ニ。其一一ノ院号載スル之本文未勘也。若クハ法苑珠林等ノ中ニ載ル之ヲ歟。若シ又従リ都率下界ニ縁起ノ以来、唯シ此本ノミ相伝〆用イ来歟。古榮泉坊、於南都ニ、弥勒下生経ノ説ニ曰ク、處ヲ於第四都率天四十九重摩尼殿ニ、昼夜恒ニ説キ不退ノ行ヲ、無数ノ方便ヲ以、度スト云人天ヲ。文是四十九院ノ惣説ノ本拠ト云々。但シ予聞ク之ヲ後ニ披覧スルニ下生経ヲ、無此ノ文。若シ異本ニ有ル之歟。或人ノ曰、此文弥勒成道経ノ説云々。追而可決ス之。何ノ経ニモ是レ其ノ無本拠也。

三ニハ、明サハ安-養-都-史不-同ヲ者。問云。今造〆四十九院ヲ、為当来住處ト、是并ニ応シ都率上生ノ意楽ナル。而ルニ真-言-宗又期極楽ヲ。今ノ来-世道俗多ク両方ヲ望トス。亦此娑婆世界ノ衆生、西-方ニ有縁ナルコト見タリ経-軌ノ中ニ。故ニ天-台大-師披-閲スルコト一-切経-論ヲ、凡十五遍ノ後チ、尺〆云ク、諸-経-論ニ唯シ勧テ衆生ヲ、偏ニ念シ阿-弥-陀-佛ヲ、令ムト求メ西-方極-楽世界ヲ云々。此故ニ、目-連所-問-経ニ云、是ノ故ニ我-説ク無-量-寿-佛國ハ、易ク往易ケレトモ取、而モ人不能ハ修行ノ往-生スルコト、反テ奉ツカフ九十五種ノ邪道ニ。我レ-是ノ人ヲ名ケ無-眼ノ人ト、名クト無-耳ノ人ト云々。般-舟三-昧-経ニ云、未-来ノ衆-生云-何ンカ、得ン見コト十方一-切ノ佛ヲ。以テ此佛殊ニ與ト娑婆世界ノ衆生有ルヲ縁也云々。佛ヲ。教ヘテ令〆ハ念セ阿-弥-陀-佛ヲ。則見シ十-方一-切ノ佛ヲ。以テ此佛殊ニ與ト娑婆世界ノ衆生有ルヲ縁也云々。経-釈一-致也。然-者、為ニハ亡者等ノ、必ス可作ス極楽往-生ノ浄業ヲ。棄テ之何ソ労ンヤ都-率上-生ノ業ヲ乎。答云。滅-悪修善ノ方-便、欣-求浄-土ノ因-縁、依テ機ニ無-窮也。佛ノ説-教ハ并ニ-是為ナリ令ンカ起信ヲ。故ニ弥-陀起-信ノ機ニハ説クコト西方ヲ如シ上ニ引カ。都率有-縁ノ人ニハ以テ上生ヲ為勝ト。依テ之弥勒上生ノ経ニ云ク、弥勒菩薩功-徳無量也。若シ但シ聞ク名ヲ者ハ、不堕ヒ闇-黒-處ニ、一念モ稱スル名者ノハ、除-却ス千-二-百-劫生-死ノ罪。有レハ皈-依者ノ、於テ無-上道、得不退転ヲ云々。又若諸ノ犯シ禁戒ヲ、造ス諸悪業ヲ者モ、聞カハ其菩薩ノ名、生スト十方浄土ニ云々。心地観経ニ云。我カ今ノ弟子ハ付ス弥勒ニ。龍花會ノ中ニ得ヘシ解脱ヲ。文　如来ノ弟子ト者、受ル一-代ノ正-説ヲ諸-機也。受ル往-生極-楽ノ教ヲ人、又何ソ漏ンヤ今ノ弟子ノ言ニ乎。又玄奘三蔵［往生要集経云］西-方ノ道-俗并ニ作ス弥勒ノ業ヲ。為セリ自ラ欲界ニ〆其行易シト成シ。大小乗ノ師、皆許ス此ノ法ヲ。弥陀ノ浄土ハ、凡鄙穢ト〆修行難成シ。如キ舊経論ニ云。七地已上ノ菩薩、随分ニ見ルコト報-佛ノ浄-土ヲ、依ラハ新論ノ意ニ、三地菩薩始テ可シ得見ルコトヲ報佛ノ浄土ヲ。豈容ケンヤ下-品ノ凡夫即得往-生スルコトヲ云々。恵-心ノ僧-都ノ往-生要-集ニ経ヲ會〆云ク。西-域ノ行-法、暗ニ以テ難シ決シ。今試ニ會〆云ク。西-域ノ行者ニハ多クハ有小-乗上-生スルコトハ都率ニ大小トモニ許ス、往クコトハ他方ノ佛土ニ大ハ許シ小ハ不ス許。彼ラ共-許スル故ニ、并ニ云都率ト云々。唐ノ三蔵ノ説、深-信ニ依-用セヨ之ヲ。雖會之ヲ、不如不ルニハ會セ歟。依テ上-代ノ所-判ニ論セハ其ノ信不ヲ、浄土ノ先徳ノ釈ニ云。兜率ハ大-小共-許、西方一-許一-不-許。令ルコトハ用セ四十九院ヲ、是レ依ル通門ニ也。何執〆浄-土門ノ所立ヲ、忽難センヤ之乎。少シ雖散スト疑ヲ、有不ルコト知尓者。要集経ニ云、何ニ況ヤ、祇・園精・舎ノ無常院ハ、令ムト病者ヲ〆西ニ向テ作往ク佛ノ浄刹ニ相ヲ云々。佛ケ何ソ病・面ヲ不ンヤ向都率乎。懐・感禅・師群疑論ニ、於テ極楽ト都・率トニ立タリ勝劣ヲ。其第・一、化・生佛菩・薩別ナルカ故ニ、第十ニ滅罪ニ多少アリ。謂ク、稱セルハ弥勒ノ名ヲ除キ千二百劫ノ罪ヲ、稱スルモノハ弥陀ノ名ヲ滅ス八・十億・劫罪ヲ。十二ニハ、受生異ナリ兜率ハ在リ男女ノ腋・下懐・中ニ、西方ハ蓮華裏殿中ニ有リト云々。此外ニ又、立リ十五ノ同八ノ異義ヲ。又慈恩ハ立十勝劣〔如西方要決〕。今何ソ執ルヤ兜率ヲ乎。答云。不可過前ノ答説ニ、對〆兜率ノ機ニ、強テ論セハ具ノ勝劣ヲ、何又上・生ヲ為勝ト西・方ヲ為劣ト義無ンヤ之乎。且先會シ難ノ所ヲ出ス。第一ニ化・主佛・菩・薩ノ異ト者、非難ニ。法花ノ龍女ハ往ク南・方無・垢世界観音ノ浄土ニ。是レ為究・竟ノ得・果ト也。亦夕色界頂ノ知・處城ハ是レ受・用・佛浄土也。何ノ浄土ノ機、棄テ西・方ヲ不ンヤ取ラ此ヲ乎。況ヤ弥勒ノ宮・殿入ル善財ヲ。是レ花嚴ノ極説也。亦於イテ密嚴ニ有ル深意也。次ニ滅罪多・少トハ者、念シ弥・勒ヲ稱・讃禮・拜スル者ノハ除ク百・千・萬・億阿・僧祇・劫ノ生死ノ罪。是レ虚空蔵佛名経ノ説ナリ。同ルヲヤ一・念弥陀佛即・滅無量罪ニ乎。千二百劫滅罪ハ約スル薄・信ノ一機ニ歟。化・生ヲ不・同是レ又約〆天ノ外院ニ云也。世親菩薩内院ニ蓮華化・生スル事後ニ可辨之ヲ。對

論畢・竟要集若シ適々生ル極楽ニ者ハ晝夜随テ念ニ往生ストモ、都・率・宮乃至竜・花・會ノ中ニハ新ニ為タラン事對揚ノ上首、猶シ如富貴ニ〆皈ルカ於故郷ニ。誰ノ人カ不欣楽セ此事ヲ耶。懐・感法・師ノ云、志求スル都率ヲ者ノ勿毀ル事西方ヲ。求西方ヲ者莫毀ル事兜・率ノ之業ヲ。各々随ヒ性・欲ニ任テ懐《ココロ》ニ修学〆莫レ相是非ル事。何ソ但不生セ勝處ニ亦乃輪・轉セン三途ニ云々。任テ情軌不可是非ス者歟。但シ依ル此釋ニ。弥勒ノ會處ヲ云故郷ト、弥陀ノ浄土ハ似タリ客舎ニ。今ニ私ニ云、其不同ヲ、或釋云ク、身ニ有ルヲ楽云極楽ト、心ニ有ルヲ悦云喜足ト云々。是具・足成・就ハ是満足ノ極究・竟圓満ハ則至極ノ義也。楽ト與喜其レ同也。極楽兜率天得名已ニ同ナル事也。天ト與土是レ心・身所住ノ不・同也。依身ハ陰ヲ主ス、心法ハ者主トス陽ヲ。即是横・竪也。故ニ心ノ浄處ハ竪ニ均シ上天ニ、身ノ浄刹ハ横ニ在西方ニ。密教ノ深・意ハ西方ハ蓮・華世・界台・蔵万・茶・羅所表也。都率ハ密嚴佛國ノ月殿、金界ノ法刹也。横・竪也。施・身心・身ハ昇流ノ性也。大師ト〆身ヲ高野ノ樹下ニ〔花蔵界同西方〕、遊シム魂ヲ兜率ノ雲上ニ〔金剛界心月殿〕、此ノ義也。亦唱ヘテ称名ヲ生ル西方ニ、覚テ一心ヲ詣ス兜率ニ、善導六時ノ禮法ニ設無トモ餘行但シ依テ禮拜ニ亦得往生ヲ云々。私云、今遊・行上・人ノ流依ル此説ニ歟。又要集云、調達誦レトモ六・萬・蔵・経ヲ猶ヲ不免那落ヲ。慈章ノ發ヒシハ一念ノ悲

願ヲ忽得タリ生ル事ヲ兜率ニ云々。両處依レトモ三業ニ西方ハ以テ自業ヲ為ス首ト。其意可知ル也。問云、若-然-者何ソ阿弥陀ハ發シ四十八願ヲ〔意業〕、弥勒ハ建ル四十九院ヲ耶。答或カ。云、身心互ニ為能住所住ト。弥陀ハ酬回果報ノ無量光佛也。是報身ノ躰也。弥勒ヲ号ス慈氏ト。是慈悲喜捨ノ四無量心ノ躰也。弥陀ノ身ハ以誓願ヲ為シ所反ト、乗〆願ニ住ス。是レ依-身住スル心法ニ也。弥-勒ノ心ハ以テ院郭ヲ為ス所住ト。住〆院ニ有ル心-法ハ住色-法ニ也云々。亦四-十-八-願ニ實ニ加テ弥-陀ノ惣願ヲ可云四-十-九-願ト。且ク付ク別-願ヲ故ニ云四-十-八ト云々。四十九ハ者所-謂成就ヲ取義也。所謂色-法最-初微-塵ノ一-法成就スル事、是四-方上-下中-央ノ七種不レハ具足不成セ。乃至三-千-界モ亦此七ヲ不出ヲ故ニ以ス七種ヲ。為ス一法ノ成就ト。其七ハ是成-就亦成-就アリ。四-十-九ノ所-表身-心不-同ナレ共二尊ノ本誓以テ可知也。花-嚴ニハ九-世ニ加テ惣世ヲ談ス十-世無-量ト。四十九院ハ加中-央-院四-方ノ別院開覚ス。四十八願ハ唯別願也。惣願ヲ加テ云シニ四十九願ト、亦-妨-無ヲヤ歟。二尊如此有リ同異ノ義。所詮不〆依弥-陀ニ依ル事兜率ニ者、西-方ハ他力浄土門ノ義也。上-生ハ自力聖道門ノ意。他-力ハ浄-土宗ノ別立也。自力ハ諸宗ノ通-門也。今依テ通-門ノ義ニ表天上令神祈覚了セ。本意歟云々。猶尋テ明師ニ可決之也。

四ニハ弁ス慈氏ノ内證ヲ者。慈氏ハ者大-日-経疏云。慈-氏菩-薩ハ者謂ク佛ノ四-無-量-心也。今以慈ヲ為首称ト。此慈ハ従リ如来種ノ中生〆能ク令シム一-切世-間ヲ。不断セ佛-家故ニ曰フ慈氏ト。上云普-賢ト是自-證ノ徳也。本願已ニ満〆欲力化〆衆生ヲ令ント得此ノ道ヲ故ト云々。普-賢慈-氏ハ一-尊ノ上ノ自證ノ化-他ノ不同也。亦初-地ト與十-地トノ不同也。横ハ則自利ノ故ニ初-地ハ普-賢金-剛薩-埵也。竪ハ則利-他ノ故ニ十-地次第此ノ生ニ満足〆至ル因満ニ。是弥勒也。常途ニ以テ弥勒ヲ為等覚ト。於佛果ニ帯ス羅穀隔ヲ。密教ノ深意ハ八葉ノ中ノ四隅ノ随一也。實ニハ四-佛四-菩薩豈ニ異身ナランヤ乎。即一-毘-盧-遮-那也。其中ニ此尊居ス円満ニ。密-教ハ因ノ外ニ無ケレバ果因-満即果-満也。但約セハ其ノ所-覚所-證ノ法ニ、即是六大所入ノ塔婆也。開テ之ヲ為第-十-一-地ノ妙覚ノ果ト。約レハ其能-證ノ人ニ是則四-万也。能入ノ弥-勒也。常途ニハ談ス人-假法-實ト。故以テ真如ヲ為極ト。究竟絶セル密-教ハ人-法法-尓也。慈氏持ス塔婆ヲ。是能覚ノ人-法法-尓ノ深意也。四十九院豈ニ異躰ナランヤ。即是弥勒所持ノ塔婆也。大日持〆五輪塔ヲ以塔婆ヲ為所-住-處ト。謂ク非異身、唯異名ノミ。故ニ以弥勒ヲ為秘尊ト。大師住シ玉フ此三昧ニ。可習。憶持抄ニ〔道範〕以弥-勒ヲ為南-方事-轉不-二ノ人ト。亦名ク大金-剛薩-埵ト。又付テ本-性-家ノ(シャ・

求聞持）字-門ニ弥-勒ハ即チ事妙-覚-地ノ能-居ノ人也。凡夫弥勒同一薩-埵ト云々［深意更問］。密-教ニ此四十九院ヲ用ルハ別〆為ス甚深ノ表像ト。大日経疏云、（シャ・求聞持）字門一切諸法本性寂ノ故ト。○諸法ハ従本来常ニ智生スル時モ復與凡夫ト何異ナル○若シ弥勒菩薩以ノ本性寂ヲ故ニ得一生ノ記ヲ者、一切衆生皆-又應シ-得記ヲ。若シ一-切衆-生於テ本-性-寂ノ中ニ妨修学スル事凡夫ノ事ヲ者、弥勒菩薩又應修学ス凡夫ノ事ヲ。而令修差別惣ヲ。豈ニ非ンヤ戯論ニ耶云々。猶可習也。問演密抄ニ［覚苑］云、観音持ル事ヲ佛、佛ハ現在ノ故也。慈氏持ル事ハ塔ヲ師滅度ノ故也。又菩-薩万-荼-羅-経ニ云、慈氏頂ニ帯ス如来率都婆ヲ、故ニ亦名帯塔尊ト也云々。此釋問ノ意、観音ハ為弥陀ヲ師ト現在故ニ、頂現在ノ佛-像ヲ。弥-勒ハ釈-迦ヲ為師ト、釈迦ハ入-滅ノ故ニ以滅後ノ造塔ヲ頂戴ス。是只為メ師孝ノ歟。尓者如何。答云、常途浅-略ノ義皆-皆以如此。何以テ異門ヲ難異門ニ乎。大-日経疏云、慈氏即○此邱如ル事ハ率塔婆ノ以テ持ルカ一-切如来ノ法-身-塔ヲ故ニ云々。因-人豈ニ持ンヤ果-佛ノ本誓タル法-性-塔ヲ。猶ヲ重重ノ内-證閣之者也。五ニ明下界縁起ヲ者、語傳云、如来滅-度九-百-年過テ天-竺-國ニ有リ無著世-親師子覚三人ノ大士。弥勒阿瑜闍國ニ下生シ給フ時、三-人倶ニ成ル弟子ト。後チニ三人相擔テ云、中ニ先ニ入滅セン者詣〆都率ニ即チ下界ニ告ント所到ノ験

ヲ。而ニ獅-子-覚入滅ス。二人弁ニ諸弟-子-等待ツ其験ヲ。三年満ツレトモ未タ来至セ。門人等誹謗〆生〆不信ヲ定テ云テ墮セリト悪趣ニ、或還ル外道師ニ。其後三年過テ遥テ後、如〆夢ノ此四-十-九-院ノ院号ヲ記来テ以テ授ク其上-足ノ弟-子ニ。時ニ弟-子問テ悔フ其遅事ヲ、獅-子-覚ノ云、吾レ兜-率ノ内-院繞堂スル事後レタリ。今其終リニ即チ告テ之ヲ還リ去ト云々。従尓以-来展-轉相-承〆此本用イ来ル也。而ニ彼本ハ天竺所用ノ可梵本ナル。於テ唐土ニ翻譯誰-人ンヤ耶。未勘也。亦傳語ノ説尤トモ不足依用歟。西域記［玄奘三蔵］云、阿瑜陀国ハ周《メグリ》五千餘里、國ノ大都-城周《メグリ》二十餘里ナリ。○大城ノ中ニ有故伽藍是伐蘇畔度菩薩［唐言世親］数-十-年ノ中於テ此製-作ス大小乗諸異論ヲ。其側ニ故基アリ。是世親菩薩ノ為ニ諸國王四方俊彦沙門婆羅門等ノ講セン義ヲ説法-堂也。城ノ西南五六里大奄没羅林ノ中ニ有リ故伽藍ニ。是阿-僧伽［唐言無著］菩薩ノ諸益〆導ク凡ヲ處ナリ。無著菩薩夜昇テ大宮ニ於テ慈氏菩薩ノ所ニ受瑜-伽-師-地-論大乗経論中邊分別論等ヲ、晝ハ為大衆ノ講演シキ妙-理ヲ。菴-没-羅-林ノ西-北百-餘歩〆有如-来髪-爪ノ率都婆。其ノ側ノ故基、是レ世親菩薩従都史多天下テ、見ル無著菩薩ヲ處ナリ。無著菩薩ハ健駄羅國ノ人也。佛ケ去テ世ヲ後チ一千年ノ中ニ誕霊ヲ利見〆承風ヲ悟ル道ヲ。随テ弥-沙-塞-部ニ出家ヲ修学ス。頃之《シハラクアッテ》廻-信ス大乗ニ。其

弟ト世親菩薩ハ於テ説一切有部ニ出家〆、受業ヲ傳聞強識ニ〆達シ学ニ研ク機ヲ。無著ノ弟子佛陀僧訶〔唐言獅子覚〕也者密行莫ク測リ、高戈ニ〆有リ聞ヘ。二三ノ賢哲毎ニ相謂テ曰。凡ソ修行業ヲモテ願クハ観ラン慈氏ヲ。若シ先ニ捨壽ヲ得ハ遂ル事ヲ宿心ヲ當ニ相報語〆以テ知シム所至ヲ。其後ニ獅子覚先ノ捨壽命ヲ三年マデニ不報。世親菩薩尋テ亦捨壽ヲ。時経レトモ六月ヲ亦無報命スル事。時ニ諸ノ異学咸ク皆議誚〆以為世親菩薩及ヒ獅子覚ハ流轉〆悪趣ニ遂ニ無霊鑑。其後チ無著菩薩於テ夜ノ初方ニ為ニ門人ノ教授定法ヲ。灯光忽翳《クラクメ》空中大ニ明ナリ。有テ一《ヒトリノ》天仙乗〆虚ニ下降テ即チ進テ階庭ニ敬禮ス無著ヲ。無著曰ク、爾チ来ル事何ソ暮《オソシ》、今ノ名ヲハ何トカ謂フ。對ヘテ曰、従此捨テ壽命ヲ往テ都史多天慈氏ノ内衆ニ、蓮花ノ中ニ生ス、蓮花纔ニ開、慈氏讃テ曰玉ハク、善来廣恵ト、旋繞纔ニ周レリ。即来テ報命ス。無著菩薩ノ曰、獅子覚ハ者今何處ニ在ルヤ。曰ク施繞ノ時見レハ獅子覚ヲ在テ外衆ノ中ニ執着〆欲楽ニ無シ暇相顧ルニ。誰カ能ク来テ報。無著菩薩ノ曰ク、斯事已ンヌルカナ矣。慈氏ハ何ノ相ヲ以テ演説シ玉フ何ノ法ヲ。曰ク、慈氏ノ相好ハ言ヲモテ莫シ能ク宣ル事、演説シ玉フ妙法ヲ義不異此ニ、然レトモ菩薩妙音清暢ニ〆和雅ナリ。聞者忘レ倦事ヲ、受ル者無ト厭フ云々。傳語過半相符セリ記文ヲ。獅子覚雖生スト外院ニ密行高戈ナリ。非凡人ニ。弥勒有リ契。其後告之推可ナリ矣。三國傳来従テ之起ル歟。又於テ其ノ院号ノ上ニ各安ス種子字ヲ。是未與ラ唐土ノ義ニ、計リ知ルニ是於日本ニ真言ノ祖師安ス之ヲ歟。作者可尋決ス。問種子ト者有ル何義。答有リ了因ノ義。有リ生因ノ義。了因ト者如シ依烟ニ了知スル火躰ナリト。生因ト者如シ穀麦等ノ種子生スルカ萌芽ヲ。且ク聞ク阿聲ヲ時、以知ルヲ本不生ノ聲ナリト故生ス本不生ノ解ヲ。是レ了因也。此阿ノ聲ハ最初開ス口ヲ先ツ自有之。是レ法爾ノ音聲也。故ニ阿ノ聲生ス本初不生ヲ等ハ是レ生因ノ義也。此義聲ノ浅也。付テ師ニ更ニ問ヘ耳。此ニハ則台家ニ所書スル正了縁ノ三因佛生中ノ初ノ二ツ也。已上畢。

経云、或説ニハ弥勒下生経ト云々。或説ニハ弥勒成道経ト云々。處〆於第四ノ都率天四十九重摩尼殿ヲ、晝夜恒ニ説キ不退ノ行ヲ、無数ノ方便以テ度人天ヲ文。

夫レ四十九院ノ之建立ハ者兜率ノ内院ト云事、自ノ上ニ引懸テ可意得事専一也。一切衆生色心實相常是毘盧遮那平等智心色心不二萬法一如ノ之處四十九院之建立ナリ。面テ六本ノ卒都婆ハ者六大法性本有常住ノ佛心。右ノ方ノ十四本ハ瑜祇ノ十四尊。後十五本同ク瑜祇ノ十五尊。左ノ方ノ十四本ノ左右合〆二十八尊也。前後合〆二十一本三十二土也。佛部蓮花部金剛部ノ三部ノ諸尊ノ内證也。色心二法ニ配スル時、四十九ハ色法ノ建立テ而中臺ノ心法也。是六大分別ノ時ハ色法ニモ心アリ、心法ノ處ニモ色アリ。是ラ各各自建立ト云。委ク秘口有之。亦云、四十九院ノ建立ニ付テ観-心ト随-分トノ両説アリ。観-心ノ方ハ密、随-分ハ顕ニ用ル也云々。

後書きにかえて

論文の完成はもちろん、本書を上梓するまでに、多くのかたがたからご協力、ご指導をいただいたことに感謝申し上げます。

ラントウのひとつ、ミヤボトケの呼び名を覚えていて教えて下さった千葉県銚子市等覚寺のご住職夫妻。そのことが私のラントウに注目するきっかけを与えて下さいました。全国行く先々で、たくさんの方々にお世話になりました。ここでいちいちお名前を上げることはできませんが、心から感謝の意を捧げます。ラントウの存在に気付きはじめたころ、東北地方と南九州にもラントウらしき石造物があると教えて下さった三宅宗議氏、私のぶしつけなお願いに快く四十九陰刻銘五輪塔の拓本をお貸し下さった鹿児島県隼人町（現霧島市）の藤浪三千尋氏、真言宗教学に疎い筆者の質問に辛抱強くお答え下さった大正大学の坂本正仁教授、社寺史料研究会（代表・群馬大学名誉教授西垣晴次先生）の会員の方々、その他数え切れないほど多くの先輩、友人に助けられました。この場を借りてお礼を申し上げます。とりわけラントウ、ミヤボトケの発見、調査に一方ならぬご協力を下さいました野尻かおる氏には、心より感謝の意を捧げます。また学位請求論文では、破天荒なテーマにもかかわらず、適切にご指導下さった明治大学上杉和彦教授に、お礼申し上げます。有り難うございました。

最後に、いまも私の心の師である故萩原龍夫先生に、お礼を申し上げなくてはなりません。先生は生前、私ども学生に対してきびしくかつ適切な指導をされました。特に私に対しては、「史料」と「伝承」を両輪として、日本および人間の歴史を凝視する眼を持つよう、何度も叱咤されました。先生の真意をまったく理解できない私ではありましたが、いまこうして小さいながらもひとつの成果を世に送り出すにあたり、先生の学風が私の体のなかにしっかり脈打っていることを、改めて思い知りました。なにもお返しすることができないまま長い歳月を無駄に過ごしてしまったことを恥じつつ、いまも天国で出来の悪い弟子を見守っていて下さると信じております。同じくいまは亡き父水谷勇夫も、この書の完成を喜んでいることでしょう。子どものころ、祭りや民俗の世界に引き連れていったのは父だからです。萩原龍夫先生と父の墓前に、この拙い書を捧げたいと思います。

二〇〇九年三月記

■著者　水谷　類　みずたに　たぐい

博士（史学）。博士学位請求論文「廟墓ラントウと墓前祭祀の研究—中近世移行期の墓制と先祖祭祀—」。
現在、明治大学兼任講師。明治大学博物館調査研究員。

1952年、愛知県名古屋市に生まれる。
明治大学文学部史学地理学科日本史専攻卒業。同大学修士・博士課程修了。
元共立女子大学非常勤講師・元日本女子大学非常勤講師。

おもな業績：『深川江戸散歩』新潮社とんぼの本シリーズ共著、新潮社。「『宗教センター』と『宗教サロン』—中世尾張・三河宗教文化圏のダイナミズム」『中世一宮制の歴史的展開』共著、岩田書院。「鹿島社大使役と常陸大掾氏」『茨城県史研究』42号、「国司神拝の歴史的意義」『日本歴史』472号（その後、『現代神道研究集成 第2巻 神道史研究編Ⅰ』神社本庁教学研究所編に再録）、「総社の成立」『駿台史学』63号、「ラントウ考試論—下総東部のミヤボトケを手掛かりとして—」『地方史研究』301号、「今宮神社の祭礼と氏子」『鹿沼市史研究』鹿沼市、その他論考多数。

平成21年6月10日　初版発行　（検印省略）

廟墓《びょうぼ》ラントウと現世浄土《げんせじょうど》の思想《しそう》
—中近世移行期《ちゅうきんせいいこうき》の墓制《ぼせい》と先祖祭祀《せんぞさいし》—

著　者　水谷　類
発行者　宮田哲男
発行所　（株）雄山閣
〒102-0071　東京都千代田区富士見2－6－9
電話　03（3262）3231　FAX　03（3262）6938
振替：00130-5-1685
http://www.yuzankaku.co.jp
組　版　水谷　類
印　刷　三美印刷
製　本　協栄製本

Printed in Japan 2009
ISBN　978-4-639-02089-9 C1021